共享发展 共同富裕

上海郊区集体经济新发展、新实践

周建明◎主编

上海人民出版社

序　言

总结上海郊区坚持中国特色社会主义道路的经验，是在上海市委宣传部直接指导和支持下，作为上海市中国特色社会主义理论体系研究中心的一项工作进行的。开展这项工作有其深刻原因。

当历史进入2016年，从党的十一届三中全会算起，改革开放已经走过38个年头。在中国特色社会主义的旗帜下，38年来我国生产力、综合国力、人民的生活水平有了巨大的发展。同时，经过改革开放，生产关系、经济基础、社会环境、人们的人生观也都发生着巨大的变化。这是一个伟大与平凡并存、崇高与丑陋共生的年代。这既是一个追求个人利益被普遍化、发家致富时髦化、发财被看作成功标志的年代，也是一个仍然坚守理想和信念的共产党人用自己的努力不断奋斗的年代。和全国一样，在上海郊区就有这样一批共产党人，有这样一些党的基层组织，他们把走中国特色社会主义道路作为自己的理想，把坚持发展集体经济和发挥好村一级“统”的功能作为自己的信念，把实现乡亲们共同富裕作为自己的奋斗目标，把建设好自己所在的乡村作为人生的大舞台，用他们的一生在书写着什么是中国特色社会主义在上海郊区的实践。

在这个充满不同选择的时代，他们选择了一条忠诚于自己的理想信念、但也充满挑战与坎坷的道路。在改革开放和经济社会大转型的重大关头，他们以极大的勇气和智慧，带领乡亲们奋斗，在上海郊区这片土地上镌刻出了“中国特色社会主义”这样几个灿然大字。本书中的这15个村，在整个上海郊区虽是少数，但他们走在时代的前列，代表着上海郊区的方向。

我曾在其中一些村调研，也深为这些村和这些带头人的不平凡经历和事迹所感动。总觉得作为理论工作者的我们，应该为这样一段历史留下记录。这既有利于历史经验的总结，找到其中具有普遍性的启示，为发展中国特色社会主义理论，为完善我们党的方针、政策服务，也是为了把上海郊区建设中国特色社会主义新农村的实践中具有代表性的行政村和带头人所走的历程、事迹记录下来，教育后人。这个设想得到上海市委宣传部的大力支持，并作为上海市中国特色社会主义理论体系研究中心的一项工作得以实施。

虽然与工业和服务业相比，上海的农业所占比重不足为道，但在上海这个国际性大都市的郊区，同样有着农村、农业和农民这“三农”问题，面临着在工业化、城镇化、国际化、农业现代化的过程中怎样坚持中国特色社会主义道路和解决好“三农”问题的挑战与实践。它们既是上海，也是中国在这个历史阶段发展的一个侧面和缩影。如果要记录和研究上海在中国特色社会主义道路中的实践，就不能没有上海郊区，就不能没有上海的农村、农业与农民，就不能没有在这个领域走在前面的这些先进村及其带头人。在上海市委宣传部的统一组织和各区委宣传部、各街镇和这些村的支持下，我们较为系统地对上海郊区这些走在前列的村的发展历程进行了总结，来反映中国特色社会主义伟大事业在上海郊区的实践。

这些村的区位、条件、发展的方式各不相同，但从坚持中国特色社会主义道路的角度来看，有这样一些共同点：

一、坚持发展村级集体经济，坚持“统分结合”

以家庭承包为基础的“统分结合”双层经营，是改革开放以来我国所选择的农业、农村发展道路。这三十多年的实践证明，在实行家庭承包之后，能否坚持好“统”的功能，已成为解决好“三农”问题的关键。本书中这些村，一个共同的特点是坚持好了村的“统”的功能。而之所以能如此，根本性原因是这些村始终坚持着村级集体经济的发展，以村级集体经济为基础，这些村能够按照党中央关于建设社会主义新农村的要求、关于城乡一体化的要求，充分发挥“统”的功能，全面地开展经济、政治、文化、社会、生态五大建设和党的建设，完成好上级政府交办的各项任务。因此，坚定不移地发展村级集体经济、坚持村级组织发挥好“统”的功能，是这些村的共同点，而坚持好“统”的基础，是坚持发展集体经济，也是这些村坚持中国特色社会主义道路中最为重要的内容。

从坚持发展集体经济的角度来看，上海郊区走过了一条曲折的路。改革开放之前，在农业集体化的基础上，上海郊区在工业化方面已经走在全国的前列。从20世纪60年代后期起，就陆陆续续有一些人民公社和生产大队，借上海郊区的地理优势、交通优势和上海有大量国有企业可以依靠的优势，从简单加工业开始搞社队企业，主要形式是“工农联营”，由工方提供技术、原材料、销路，农方提供土地、厂房、劳动力。社队企业的发展解决了上海郊区人多地少、发展空间有限的问题。

上海农村在1984年普遍实行了家庭承包责任制。同时，在“无工不富”的口号下，上海郊区的社队企业（后称为乡镇企业）也遍地开花。但随着改革开放的深入，工业化、城市化、市场化、国际化的浪潮汹涌而来，到20世纪90年代，国有企业面临着外企、民企的冲击，纷纷陷入了困境。“工农联营”的发展方式难以为继，绝大部分原来的社队企业经营不善，农方更是不掌握经营权，许多村因企业经营失败背了一身债。20世纪90年代，上海郊区的集体工业企业发展进入了低谷期，在这种条件下，集体经济的发展道路是否还要坚持？当时中央并无统一的政策。相当部分村通过对原来的社队企业改制，出让了土地厂房，转制为民营经济，导致失去了集体经济发展最重要的资源。这是包括上海在内的许多省市农村集体经济发展陷于困境的重要原因。

也有相当部分村在这个过程中或多或少保留了集体的土地和厂房，作为集体资源，这也成为以后在城镇化过程中，这些村保有集体经济收入的主要来源。只有极少数村，比如我们可以在这本书中读到的新曹杨、九星村、杨王村、瀛东村等，仍然坚信只有坚持集体经济才是走社会主义道路，才能实现共同富裕。他们仍然保留以集体的统一核算为大前提，统一经营与多种生产责任制与各子企业的分级核算相结合，有的继续搞工业化，有的转向第三产业，在市场经济的大风大浪中，克服种种困难，不断地发展壮大。而那些把集体非农用地保留下来的村，以集体的土地资源、厂房参与到工业化、城镇化的进程中去，如嘉定区的联西村、太平村、北管村，金山区的东方村，宝山区的合建村，青浦区的郏一村，获得稳定的集体经济收入。即使有的村耕地都已承包到户，但在发展农业的过程中，也通过由村党支部带领农村搞产业转型与专业合作社，在发展农业的过程中，找到壮大村级集体经济的道路。

从城市化的角度来看，上海郊区的一个村是否发展集体经济，也是能否发挥“统”的功能，组织农民平稳进入城市化的关键。改革开放以来上海的城市化迅速发展，城市的建成区面积迅速扩大。在城镇化的大潮中，土地开发的主体是政府。城镇的发展由政府来规划，农村集体所有的土地根据需要由政府来征用。政府再根据规划和土地的用途，把征来的土地通过不同的方式出让给使用方，而其中土地的差价也成为地方政府财政收入的重要来源。土地被征用的农民虽得到补偿，但十分有限，最重要的是失去了赖以发展的根基。政府对被征地农民虽然也进行就业安置，但他们通常缺乏在第二、第三产业中的劳动技能，只能在城市里从事相对简单的劳动，收入也较低。随着国有企业改革，这些征地工中的相当部分又遭遇下岗。退休的、已接近退休年龄的征地农民，养老保障的标准也是最低的一种安排。各种调查显示，特别是早期在征地补偿、住房安置标准都不高的条件下，被征地农民就是户口进了城市，他们在融入城市方面还面临着许多困难，仍然生活在城市的底层。

在城市化的过程中，农民是否只有被动征地这样一条路？农民是否能够取得主动的发展权？在改革开放过程中，能否再一次把农民组织起来，依靠集体经济的力量，主动地适应市场经济化、融入城市化，走出一条使村民能够共同富裕、融入大上海发展的道路？这正是改革开放以来摆在上海郊区农村的道路选择。正如九星村的原党委书记吴恩福所说："农民文化少、进入市场化时代的竞争力普遍不强，如果没有人把他们组织起来，靠着他们自己跑单帮，其命运就难免如浮萍缺乏根基，如大海中的一艘小木船，风雨飘摇中随时都会有倾覆的危险，所以只有靠培育和壮大集体的力量，才能为他们提供遮风挡雨的屏障，开拓生存和发展的空间，创造美好的生活和未来。"这个选择是指村级组织主动在城市化过程中承担起"统"的功能，同时也是这些村的艰苦创业过程。

20 世纪 90 年代，从当时的嘉定县划入普陀区的长征镇新曹杨村，为了避免土地被政府征用而失去自己独立发展权的命运，大胆向银行贷款，由村集体取得本村土地使用权，从而确保了在城市化进程中自己开发自己土地的权利。闵行区九星村根据地处城市边缘的优势，在办工业失败之后，把村里集体使用的非农土地集中起来，办起全国著名的大市场，一举成为上海村级集体经济的领头羊。奉贤区杨王村 20 世纪 90 年代在社队企业经营失败、背了一身债的不利处境下，通过村自行创办工业园区，走上了翻身和壮大之路。这是上海市级规划认可的 104 个园区中，唯一由行政村创办的工业园区。他们把这种道路称为农民依靠集体经济的主动城市化。而像太平村、联西村、北管村、界龙村、东方村、合建村、郏一村通过经营、盘活保留下来的集体土地、厂房、资源，也是以一种主动的姿态，以集体经济为依托，参与到城市化的过程中去。

从农业现代化的维度来看，走集体经济道路也显示出它的优势。

从 20 世纪 50 年代起，上海郊区和全国农村一起走上了互助组、合作社、人民公社化的集体经济的发展道路。改革开放以后，上海郊区也像全国一样普遍实行了家庭承包责任制，把耕地分给了农户耕种。实行家庭承包制有利于调动广大农民的积极性，但是，缺少劳动力和生产资料的农户也有很多困难，一家一户的形式成为生产力进一步发展的瓶颈。浦东新区的棋杆村、塘北村，松江区的黄桥村通过把农民再组织起来，在党支部带领农民创办专业生产合作社的过程中，把集体经济也发展起来，不仅生产发展了，而且依靠村级集体经济，把所在的村建设好，使村民的服务与福利一步一步得到改善。而瀛东村从依靠集体的力量在长江滩涂围垦开始，搞养殖场起家，到后来再转向休闲旅游业，始终坚持集体所有、集体经营，依托集体经济不断发展。

在我们国家所实行的"以家庭承包为基础，统分结合的双层经济体制"中，村级集体经济能起一种什么作用？为什么那么重要？

在"统分结合的经营体制"中，村级集体经济是对"统"的功能的保障。哪些是"统"的功能呢？按照原来农村体制改革中的设计，所谓"统"，就是指农业经营过程中一家一户的农户办不了、办不起来、办了也难以办好的事。从本书的案例中可以看到，这种"统"的功能首先是指经济发展中的统一经营或统一安排保障生产能够顺利进行的各项事宜。本书的这些村中，有的始终保持着由集体统一经营的生产方式；有的是由集体经营着村级集体土地、资源和资金；有的是在家庭承包制的基础上，由党支部带领村民合作化，在合作社中重新发挥统一经营的功能。其次，"统"的功能是指村内的道路、桥梁、安保设施等各项公共建设、保洁、保安、为村民提供的各种福利，包括对养老、新农村合作医疗保障政府规定上再作补充安排，对村民子女的奖学金，对困难户的帮扶，组织和支持村民搞各种文化活动等等，为村民迈向共同富裕起了非常重要的作用。

之外，随着国家公共服务体系、社会治理体系、社会保障体系的不断完善和建设，行政村所承担的功能内容又不断增加，成为在农村基层落实国家这三大体系的责任单位。这时，行政村就成为在农村基层反映国家意志，落实国家职能的代理机构或协助落实机构。在这个意义上，"统分结合"中的"统"，就是上代表国家在农村基层落实各项行政职能，下代表和组织农民，办好一家一户办不起来、办不好的事。行政村承担这种"统"的功能，就必然需要资源。农业税费改革之前，行政村有集体经济的靠集体经济收入，没有集体经济的靠向农民提取公积金、公益金、管理费作为办公经费、村干部报酬的来源。农村税费改革之后，行政村不再向农民提取经费，运转困难的改由国家财政转移支付来保障。据统计，2012 年全国行政村的运转经费平均仅 7 万元，其中 4.2 万元要靠财政的转移支付。而看一下国家整个财政支出的结构，涉及“三农”的支出已占到整个财政支出的 23%左右，表明尽管各级财政对行政村一级的投入越来越大，但行政村要发挥好“统”的功能，难以完全靠国家的财政投入来保障。

这样，有没有村级集体经济就成为村级组织能否承担“统”的功能的重要资源保障。到 2014 年，全国大约 58.8 万个行政村中，没有村级集体经济经营性收入的大约占 50%，集体经济经营性收入 5 万元以下的村占 30%，经营性收入在 5 万元以上的占 20%。从这些数据来看，我们书中的这些村所创造的发展村级集体经济的经验是多么难能可贵。党的十六届五中全会提出按照“经济发展、生活宽裕、村容整洁、乡风文明、管理民主”的要求建设社会主义新农村，十年时间过去了，到现在并没有形成可普及、可推广的路径，进展迟缓，原因之一就在于没有解决社会主义新农村建设的经济基础问题。一家一户的小农经济无法作为建设社会主义新农村的经济基础，仅有经济功能的农民专业生产合作社也无法承担建设社会主义新农村的功能。只有发展村级集体经济，才能与财政的投入一起，作为村里承担起经济、政治、文化、社会、生态环境建设功能的主要资源来源，行政村才能组织农民进行社会主义新农村建设。

归纳起来看，这些村坚持走发展集体经济的道路，就是坚信集体经济对建设好农村、实现共同富裕的重要性，把集体经济作为建设社会主义新农村的经济基础。在上海，这些村虽然为数不多，但为中国的农村、大城市的郊区怎样走社会主义道路，作出了极为重要的示范。

这些村也用它们的实践进一步说明，我国农村所实行的“统分结合”的经营体制中，以村为单位进行“统”的功能的重要性。正是因为有了这些村的实践，再一次证明了我们国家农村集体经济是社会主义经济基础不可或缺的一个组成部分，也是我国基层政权的经济基础，作为我们国家社会治理体系、公共服务体系、社会保障体系在农村基层落实的重要资源，是建设社会主义新农村的主要资源来源之一，也是农民实现共同富裕的重要保障。在这个意义上,这些村在怎样走中国特色社会主义道路上作出了方向性的示范。

二、 整体工作中的先进性离不开农村党组织的建设

“火车跑得快,全靠车头带”,这样一句话对于形容在中国特色社会主义事业中农村基层党支部所起的作用是完全正确的。农村基层党的建设虽然年年讲,年年抓,但不少地方的农村基层组织缺乏凝聚力、缺乏号召力,先进性不足。这个核心的作用不能很好发挥,农村的各项工作就缺乏保障,各种问题就会发生,甚至影响到社会稳定。

一个村就是一个小社会,要向前进,就需要一个能带领方向的核心。更何况上海的绝大多数行政村在21世纪初都已进行过合并,已不再是原来的一个生产大队,一般为两个生产大队的规模。一个行政村的工作千头万绪,科学发展观所要求的经济、政治、文化、社会、生态环境五大建设全部包括。行政村的工作又连着几百家村民和几千个外来务工经商的人员,有的村里往往还有大量的企业需要服务和监管,要能够把各方面的工作都搞好,非常不易。还要在这个基础上坚持和发展集体经济,更为不易。从本书中可以看到,这些村之所以能够在各项工作中创出先进,关键在于自觉地抓好党的建设。有了党组织这个核心,就有了战斗力、凝聚力,也可以调动起广大党员通过自己的先锋模范作用,为群众服务,带领群众共同奋斗。正因为如此,这些村都自觉地把党的建设作为所有工作的政治保证,下大力气抓好。

本书中所述的九星、新曹杨、杨王、界龙这几个村已经建立了村级党委,大部分也是总支。他们不仅有健全的党的组织,有规范的制度,关键是能够自觉地通过抓党的建设,使党委、总支、支部这一班人紧跟党中央、市委、区委的要求,自觉地为村民带好头、做好服务工作;能够团结和教育党员跟上时代,在村里起模范带头作用;能够凝聚村民,共同创业,共同富裕。随着越来越多的企业在村中落户和来沪人员在村中工作和生活,一些村级党组织

还自觉地把这些来沪人员中的党员组织起来，参与到村党组织中，使党组织能够在驻村企业和来沪人员中很好地发挥作用，使这些离开家乡的党员在上海也能找到党组织，参加组织活动。

三、 一个好的集体，一个好的班子，一定离不开好的带头人

这些村的带头人是时代的先锋，他们的贡献不仅为所获得过的国家级、市级、区级的各种荣誉所证明，更重要的是深受乡亲们的信任和爱戴。他们的文化程度都不很高，但都是农村中的能人，心灵手巧，多谋善断，充满智慧，也善于与各式人等打交道、处理各种复杂的矛盾。与人民公社时期的带头人不同的是，除了吃苦耐劳、模范带头之外，这个时代集体经济的带头人还要舍弃发财致富这个诱惑。凭个人的能力，这些带头人要自己发家致富都不成问题。但是，他们没有追求小家庭的发财致富，而是质朴地坚守着自己的信仰，在是为小家庭还是为村集体奋斗的选择面前，毅然决然地担负起了带领全村人共同富裕的责任，挑起了一个村的发展重担。当一个村发展起来了后，固然也给这些带头人带来各种荣誉，但很少有人知道的是在整个发展过程中，他们听着无数的怨言、承受着无穷的压力，这种怨言和压力有的来自上级，有的来自村民，也有的来自自己的家庭。任劳任怨，是这些带头人共有的品格，而任怨比任劳要有更强大的内心、更宽阔的胸怀、更坚定的意志。回过头来看，这些带头人的舞台虽然只在一个村，但却演出了中国特色社会主义事业中一幕幕精彩的活剧。

四、 行政村的工作离不开村民自治

当 1988 年《村委会组织法》颁布时，许多村干部对于行政村作为“农村基

层群众自治组织”,要实行“村民自治”并不怎么理解。在农民嘴里,还习惯于把行政村叫“大队”,把“村民小组”叫“队”,即生产队。村干部们学会村民自治,不只是通过三年一次的村委会选举,更是在村的发展中,随着各种矛盾的积累而发生在村民与干部之间的冲突。正是这种冲突让村干部们懂得了村务公开的必要性,懂得了只有让村民知情、监督,才能取得群众的理解和支持,学会了用村民自治的方式来发展农村基层的民主。太平村关于村民自治的故事,讲述着在村一级的农村基层如何从实践中学会实行民主,其实这种情况几乎每个村都遇到。如今,在乡镇政府的推动下,每个村委会的墙上无一例外地都挂着彩印的行政村的各项制度、村规民约,每个村也有村务公开的专栏。但是,从本书中的那些村里可以看到,这些心里装着群众的村党组织、村委会,通过不断创新的各种做法,在自觉地把村民自治作为实行党的群众路线和社会主义民主的方式。

五、 抓精神文明建设

对于党中央提出的物质文明和精神文明要两手抓、两手都要硬的要求,这些村的带头人有着自己的理解和独特的体会。一位村书记是这样告诉我为什么要下大力气抓精神文明建设的:“过去搞集体经济时,人的心是红的,眼睛是黑的。现在搞市场经济后,人很容易变成心是黑的,眼睛是红的。要坚持发展集体经济和村的共同富裕,怎么办?只有花力气搞精神文明建设。”因此,精神文明建设不只是“摆摆样子”,而是在组织群众的基础上还要教育群众,要引导群众向前看,在前进中统一他们的思想。这些村在精神文明建设上都有自己的特色。界龙村、杨王村首先倡导每家每户搞家训,把家训作为群众自己教育自己的重要方式。杨王村在此基础上搞起了村训、村歌,用来统一村民的思想、振奋精神。九星村、瀛东村也很快开展起用家训进行村民自我教育的活动。太平村、界龙村更办起了村民学校,让村民通过时事政治、文化知识、科学技术、健康保健、城市家庭生活方式的学习，提高自己的素质，提高生活质量。

有了集体经济的基础，这些村就能够建立和完善各种文化体育设施，在村民中组织起文体活动的团队，使村民在生活水平提高之后，能够有更为丰富的精神生活。

改革开放以来，上海郊区的中国特色社会主义新农村建设已有三十多年的实践经验，所涵盖的内容更为丰富，更为多彩，也更为多元。本书所涉及的 15 个行政村只是先进代表。由于受种种条件的限制，还有一些值得记录、反映的村的事例没能在本书中得到反映，此外许多经验教训也没有得到系统的总结。我们希望本书作为一个开端，通过对上海郊区在中国特色社会主义道路中的实践进行更全面的总结，能够有助于中国特色社会主义理论的发展，有助于完善我们党有关农村、农业、农民的政策，完善有关新型城市化的战略，完善有关城乡一体化的战略。

最后需要指出的是，这项研究能够以今天的面貌呈现，得益于上海市委宣传部的支持，市委宣传部理论处季桂保、黄亚同志为此付出了大量的心血，上海郊区各区委宣传部、街镇宣传科给予了大力支持。最后要感谢参与本书撰写和提供素材与各种支持的单位和作者，他们是：九星村党委、杨王村党委、界龙村党委、太平村党总支，以及陈慧懿、杨飞鹏、周海春、管文飞、杨晓佶、黄佳妮、何大鹏、夏一梅、曹边防、王平、刘意扬、贾佳等同志。在这里也要感谢上海人民出版社对本书出版付出的劳动。没有以上各方面同志的共同努力，要完成这项工作是难以想象的。本书中如果有不准确、不妥当的地方，则应由我负责，欢迎读者的批评指正。

周建明

2016 年 5 月于上海

目　录

中国市场第一村的主动城市化之路

——闵行区九星村坚持中国特色社会主义道路的实践

改革开放以来，随着社会主义市场经济的确立，中国几十万个村和亿万农民都面临着新的历史性选择。一个村的盛衰兴败，取决于村的领导班子，而在村的领导班子中起决定性作用的是班子的带头人。带头人对于道路、方向的把握，取决于他的境界与觉悟。带头人对于发展环境和机遇的把握，又取决于他的眼界与魄力。九星村从 20 世纪 80 年代作为一个当地的穷村，在带头人吴恩福和村班子的带领下，走上了“以市兴村、强村富民”之路，创办了中国最大的村办市场，为我们提供了这样一个鲜活的案例。

上海市闵行区七宝镇九星村地处上海西南部，隶属于闵行区七宝镇，村域面积 1.06 平方公里，19 个村民组、1 185 户、4 600 名村民。村党委下设 6 个直属党支部，归口领导“两新”组织九星市场党委，下设 8 个党支部，共计 14 个党支部、433 名党员，其中在职党员 60 名、老龄党员 101 名、市场党员 272 名，市场经商务工人员大 25 000 多人，年交易额 280 亿元。

一个 20 多年前在全国 63 万个行政村中既普普通通又默默无闻的贫困村，一跃成为上海郊区的全国文明村、首富村和中国十大名村。而这一切正是在全国劳动模范、中国十大杰出村官、九星村老书记、上海九星控股（集团)有限公司董事长吴恩福带领下，坚持中国特色社会主义道路，以极大的勇气和智慧，开拓进取、攻坚克难，成功找到“以市兴村、强村富民”和“市场化实现自主城市化道路”来实现的。这不仅改变了一个村庄的传统面貌，也使村民的生活形态从根本上得到改变。这两种改变使九星从一个村变成市场，让村级集体经济持续发展；从村民变成股民，让广大村民群众持续增收，创造了中国市场第一村的奇迹！同时，还生动展示了我国社会主义新农村建设的广阔前景，而且深刻昭示了新农村建设同我国快速城市化、工业化有机融合的内在规律。

一、 顶住压力，知难而上，在逆境中走出一条主动城市化之路

20 世纪 90 年代中期的九星村，从互助组、合作社、人民公社、村办企业一路走下来的集体经济发展之路，面临着绝境：

1994 年，原来整个村所有的 5 009 亩土地，在上海的城市发展中，不断被政府征用，最后只剩下了 1 307 亩。农业的产值低，人均耕地又少，靠农业已难以让九星村民富起来。而且一旦政府再征地，九星人就可能失去仅有的土地。征地后虽然政府给予安置息劳，但失地农民要融入城市生活却面临着难以逾越的障碍：一是就业难，失地农民缺乏技能，只能被安置在简单劳动岗位，待遇低，一旦企业改制减员，首先是这些征地工下岗失业；二是保障低，政府对征地农民提供的保障标准往往起点低，标准低；三是融入城市的生活难，尽管有了城市户口，但失地农民与城市文化往往存在着难以跨越的隔阂。

事实上那时候的九星已经无路可走，适用于农村集体经济发展的常规模式，都无助于改变九星村的面貌。首先，随着种植成本的不断提高，农产品价格严重背离成本的现象愈演愈烈，甚至一瓶矿泉水卖得比一斤油还贵，这就决定了农业的产业效益非常低，而且由于多次征地，九星村的农田

基本上已被征完，剩下的都是仓库、厂房、宅基等用地，加上水利灌溉系统在内的农业设施都被破坏殆尽，已经失去复耕的可能性。作为传统的种植业地区，九星不得不放弃农业；其次，在市郊大部分村子以工业为发展选项的时候，九星村一无项目可以引进，二无资金可以运用，三无懂技术、会管理的人才，所以如果九星继续搞村办工业，即使不说是死路一条，也难免前途黯淡，亏多盈少；在这两种形式下，九星还有一条出路，那就是转让土地的使用权，让开发商来搞开发，这样做村里可以马上得到一大笔收入，可问题是做完这种“一锤子买卖”，村民今后的生活靠什么？所以，也不能干这种“吃子孙饭、断后代路”的事。因此，办市场成了九星唯一的选择。

1992 年 7 月，九星村成立了九星实业公司，这标志着村企分开，也使九星的集体经济从纯农转向了多种经营。公司成立后，九星村在原有的农业、副业之外，大力开拓对外合作的渠道，联营办厂，搞仓储，在“无工不富”的年代里，九星村通过联营的方式办起了 30 多家企业。办联营企业留下的遗产是从两个方面给九星带来长远影响：一是打破了原来封闭的格局，使九星人认识到只有走出去才会有更大的天地；二是拓宽了眼界和思路，从更大的视野范围来看自身的价值，寻找更能体现自身价值的发展定位。这两点也决定了九星以后要走的道路。但是，在联营中，农方出土地、盖厂房、出劳力，工方出设备、出技术和负责销售。农方既不能参加经营，又不会计算产品的成本，也无法掌握产品的销售情况，通常是风险一肩担，盈利却见不到，甚至于有的企业还利用联营关系，拿农方的资产作为向银行的贷款抵押，一旦经营出现问题，坏账就落到了农方头上。为此，到 1994 年，九星村已背上了 1 780 万元的债务。原来的路走不下去了。

在这个危难时刻，镇党委研究决定，由原担任工业大队长的吴恩福担任九星村党支部书记。摆在吴恩福和村领导班子面前的问题是如何还债，长远的是九星村要走什么样的发展道路的问题。这个新的领导班子根本没有像绝大多数的村那样，以出卖集体土地资产来偿还债务，让村民各自谋生，对坚持发展集体经济，走共同富裕的道路没有任何动摇。

吴恩福曾回忆道："1994 年，在集体经济的发展面临巨大困难的时候，新一届村领导班子却在是否要坚持发展集体经济这个问题上，思想高度统一，毫不含糊。坦率地说，我们的这一信念并不完全源于理论上的认识有多深，而是更多的出自于我们自己身为农民的情感认知。""农民文化少，进入市场化时代的竞争力普遍不强，如果没有人把他们组织起来，靠着他们自己跑单帮，其命运就难免如浮萍缺乏根基，如大海中的一艘小木船，风雨飘摇中随时都会有倾覆的危险，所以只有靠培育和壮大集体的力量，才能为他们提供遮风挡雨的屏障，开拓生存和发展的空间，创造美好的生活和未来。"应该说，是对全体村民的责任感，对集体经济和农民创造力的自信心，使九星村坚持了集体经济的道路。

吴恩福刚上任时，感到前所未有的巨大压力，村里 1 700 多万元的巨额债务，散了的人心要聚拢，村里的经济要振兴，要做的事情很多也很难，没有一项工作是轻松的。怎样当好这个村的书记呢？他当时的想法很简单，给自己定了两条标准：一是要让群众满意，做任何事情都要对得起九星的村民，对得起九星的子孙后代；二是要让领导放心，让组织放心，宁愿自己吃苦受累受委屈，也要千方百计把九星村朝着强村富民的路上领。

随后，吴恩福和村两委班子成员一起研究分析，九星村的土地经过多个单位征地，剩下的每个村民平均不足三分地，当时摆在九星人面前的出路有三条：一是继续发展村办企业，但由于缺乏技术、资金和人才的支撑，风险过大；二是保留传统特色发展农业，但地处大都市近郊这个特定的地理位置，意味着九星村在城市化浪潮中必然首当其冲，原有的农业设施所剩无几，特别是六七十年代的地下灌溉更是支离破碎，不可能再搞种植业；三是如当时在许多村常见的做法，出让土地引进房地产项目，获得眼前收益。九星处于大古美地区，是开发房地产的黄金地段，在房产开发这股潮流中，只要稍不留神，脚下的土地就会变成几个居民区。吴恩福清醒地认识到，这三条路都不可能走向富裕，这样的做法可能会带来一时的收益，但实际上是吃了子孙饭、断了后代路。当时吴恩福认定土地是集体经济发展的宝贵资源，是农民的命根子，无论是强村还是富民，都必须立足于仅剩的 1 307 亩土地，寻找一种便于自主开发，自主管理，又有可能持续稳定地给村民带来财富的发展模式，让土地成为村民的致富之源。吴恩福和班子成员面对现实困难苦苦思索、苦苦寻求、苦苦探索。在区、镇两级党委、政府的领导和支持下，抓住城市快速推进和外部环境变化带来的战略机遇，利用九星得天独厚的地理优势，毅然实施产业转型，把经济发展的重心转向第三产业，走上了“以市兴村、强村富民”壮大村级集体经济的道路。

在这个关键时刻，村领导班子作出的抉择是：要改变的是集体经济的发展方式，而不是集体经济的发展道路，必须顺应市场化和城市化的发展潮流，放弃农业、收缩工业、发展第三产业，用办市场的方法，发挥区位优势，对接城市的发展，扬长避短，走一条新的集体经济的发展道路。

回过头来看，九星村能取得今天的发展，关键是坚持了集体经济的发展道路，靠的就是集体经济的创新能力和竞争实力。在回顾九星村的发展历程时，老书记吴恩福深深感到发展壮大农村集体经济的重要性体现在四个方面：

一是能够最大限度地优化资源配置，有条件办成很多农民个人办不了的事，将农民有效组织起来以集体的形式进入市场，共同发展。

二是能够依托集体经济的发展，改善农民的生活条件，提高农民的幸福指数。

三是能够加强村组织的战斗力、凝聚力，巩固党在农村的执政基础。

四是能够为村民解决就业，提供公共福利，有效化解社会矛盾，促进农村的和谐稳定。

在最困难的时候，吴恩福和九星村领导班子作出的坚定不移地走集体经济的发展道路的选择，决定了从 20 世纪 90 年代起，九星村走上了与上海以及全国绝大多数农村地区不同的发展道路。

二、 用好土地，用好机遇，在实践中寻求市场化发展的新路径

对农民来说，最重要的生产资料和生活资料都是土地。农民失去了土地，失去的不仅是生产资料，也等于失去了生存的根基和立足之地。九星村要找一条新的道路，首先也是要用好自己手里的土地，这也是未来的希望所在。为此，九星村对于非农建设用地的使用确立了“五个不搞”原则：不搞土地使用权转让；不搞土地批租；不搞房地产开发这类一次性收益项目；不搞风险较大的工贸联营企业；不搞占地较多的农民别墅居住用地。

在使用土地的方式上，九星村找到的新路是“退一，收二，进三”，即退出作为第一产业的农业，收缩作为第二产业的工业，大力发展以服务业为标志的第三产业。相比劳动强度大、产出低的农业，服务业则单位土地面积产出高，投入产出比也高，相比投入大、技术要求高、收益比较慢的工业项目，服务业不需要多大的投入，运作较为简单，见效快。这正符合九星村自由资金匮乏，又急需收入的状况。而九星村所处的城乡接合部区位，恰恰又具有办市场的优势。

从 1995 年起，九星在退出农业、收缩工业的同时，腾出部分土地陆续兴办了停车场、养鸭场、农贸市场，并拓宽虹莘路建成了商业一条街。这“三场一路”标志着九星人穷则思变的创业梦开始付诸实施，跨出了创业的第一步。迅速形成了“外三产，内工业，铺天盖地门面房”的新格局，走上了把一个村办成大市场的发展道路。搞起市场之后，九星人仅用 19 个月还清了历年积欠的 1 780 万元债务。在九星与东风村合并后，又用 9 个月的时间还清了合并进来的 800 多万元新债，到 1997 年九星的经济实力已从全镇倒数第二变为全镇第一。

1998 年以后，九星村办市场进入了快速扩大市场规模，不断完善市场管理的阶段。全村留下的 1 307 亩非农建设用地，陆续形成了占地面积达 106

万平方米，建筑面积逾 80 万平方米，商业用房 15 000 多间的市场规模，云集了全国 8 000 多户商家，经营着 95 个大类、10 多万种商品，成为全国最大的村办市场。围绕着“规范经营”和“诚信建设”，把市场经营的每一个环节都纳入制度化轨道，“九星市场”很快就建立起良好的声誉。现在，在九星市场内经营的国内外知名品牌有 805 个，经营各类知名品牌的商家有 2 539 户，占经营户总数 45%。

从 2004 年起，九星市场的发展从外延的方式转向集约。按照“上档次，提品位，创新意”的指导思想，九星村注重优化市场布局，实施“一区一品，各具规模，强强聚合，片片特色”的调整，大幅度提升市场的业态水准，完善和丰富了“一站式”购物的商品结构。

从 2008 年起，为打破土地瓶颈的制约，九星开始实施多元化发展战略，发展衍生产业，进行第二次创业，先后引入电子商务、物流、广告和旅游等行业，成立了九星小额贷款股份有限公司和九星融资担保股份有限公司，包括金融业在内的现代服务业正在成为未来九星村新的支柱产业。

市场的繁荣发展使九星村经济始终保持两位数增长，1998 年至 2014 年的经济指标：农方可支配收入由 2 884 万元增加到 110 097 万元，增长了 38 倍；上缴税收由 1 145 万元增加到 41 364 万元，增长了 36 倍；净利润由 1 784 万元增加到 36 154 万元，增长了 20 倍，1 307 亩土地的平均亩产值达到 84 万元，收入突破 11 亿元，并创造了连续 20 年持续增长的业绩，位列中国经济百强村第五、中国名村影响力排行榜第五，曾经欠债 1 780 万元的落后村蜕变成“中国市场第一村”。

从 2003 年起，九星村连续 7 年位居上海市综合实力百强村第一名，并相继被评为全国文明村、中国十大名村、中国十佳小康村、全国民主法治示范村、中国经济十强村第五名、中国名村最具影响力十大品牌村、中国市场第一村。九星集团公司被中华全国总工会授予全国五一劳动奖状，还获得中国百佳创新示范企业、上海市三优企业等荣誉。2012 年 6 月，九星市场被国家工商总局评为全国诚信示范市场，村党委自 2001 年以来一直被评为上海市五好村党组织，市场党委是上海市“两新”组织“五好”党组织和党建工作示范点。吴恩福也荣幸地受到了李源潮、俞正声等党和国家领导人的接见，当选为全国劳动模范和上海市劳动模范，并被授予中国十大村官、中国功勋村官、中国农村改革30周年功勋人物等称号。

当然，在九星村用好自己的土地，办大市场道路的过程中，并不那么一帆风顺。其中有的阻力就来自本村的村民。

对于要办市场，刚开始大部分村民不理解，也不支持。一部分村民认为还是应该走“无工不富”的道路，村办企业能为村民增加就业渠道，只要控制联营企业的负债风险，就可以获得比较稳定的收益，因此还是主张搞村办企业。还有一些村民强调“无农不稳”，认为农民还是应该种田，“农民不种田还做啥?”在这种重大的选择面前，特别是要去经营从来没有做过的产业，农民保守的思维总是一下子难以摆脱，他们总是容易受限于他们的已有经验和所熟悉的事物，对于要去尝试从未做过的事，而且要把以后的命运都押在这种选择上，难免会心中无底，缺乏勇气。

另一次是在九星村的市场办起来之后，村里和村民的收入改善了，部分村民提出要求村里统一盖“别墅”，改善住房。虽然这种“别墅”只是外观像，因无统一的设施配套，并不能像真的别墅一样舒适，但一些先富起来的村为村民所盖的“农民新村”，对村民有很大的诱惑。但是，九星村的土地有限，如果把仅有的土地用到改善村民的房子上去，也就意味着失去了发展最宝贵的资源和机会。

还有一次是在1998年，有7个生产队的土地被政府全部征用，这些队的村民一夜之间就成了失地农民。他们根据市政府的政策，要求把生产队撤了，把所有的集体资产和征地款分掉，一了百了。这种做法虽然符合政策，但这样一分，村民拿到的只是一次性收入，结果不仅削弱了九星村的集体经济，而且对这些村民来说，“撤队”就意味着断了与村之间的脐带，失去了今后来自村集体的保障。

在这几次阻力和风波面前，九星村的干部靠的是自己的胆识与远见，靠的是为全村、为群众考虑问题的真心，最终说服了这些不同意见的村民，避免了这些短视的选择，使九星村能一步一步走到今天。

通过办大市场，九星村在三个方面取得了显著的成效：

1. 村级经济掌握了发展的主动权。利用集体的土地办市场，可以使九星村从有利于增强集体经济的实力，有利于维护和发展村民利益出发，进行自主发展。

2. 村民获得了充分的就业机会。随着市场规模的快速扩张，创造了大量的就业机会。村民只要肯干，就有工作，为农民适应城市化转型创造了条件。

3. 农民利益有了稳固的保障。随着九星市场不断发展，村民收入和享受的各种福利也在逐步增长。

十多年来，九星村没有花国家的任何投入，也没有引进外来资本，而是通过选好发展方向，经营好自己的土地，使村民成为市场的管理者和经营者，又把新的收入投入新的经济发展、公益事业和对失地农民的保障上，营造了一方的稳定与和谐，实现了九星村民的共同富裕。

三、 多想群众，少想自己，在拼搏与奉献中团结队伍造福百姓

按照专家的统计，在全国 63.1 万个行政村中，2013 年大约只有 15 900 个村的集体经济经营收入超过 100 万元，仅占 2.6%。集体经济的纯收入超过亿元的，全国大约只有十来个。对于这些村有人总觉得不可复制，其经验没有普遍性，因为第一，它们不是改革开放以后我国农村主流经济体制的产物；第二，认为他们的成功依赖某种特殊的条件，如区位、资源、政策等等；第三，讲得最多的，认为这些村之所以能发展，主要是依赖于一个能人。

在中国国情下，发展得好的村级经济确实往往有能人经济的现象。这是由于大多数农民教育水平低，思想观念偏保守，能力不强，有较强的从众

心理。当富有开拓精神，又敢想敢干的能人出现，很容易得到群众的认同与拥护。但是作为村的集体经济能走多远，就不只取决于能人因素，更重要的是取决于团队建设和制度建设。在吴恩福书记看来，一个村的发展，是不能把希望都寄托在一个能人身上的。一个能人再强，也不可能三头六臂，也总会有自己的局限性。九星的发展不是追求百米冲刺，而是要像马拉松那样持久地跑下去。这就必须依靠一群能人，能够一代一代地跑接力赛。九星村的经验一是抓村领导班子的队伍建设，二是抓村的制度建设。

“村官”在中国是一个特殊的干部群体。他们不属于国家的干部序列，不享有任何行政级别，也不掌握什么行政资源。村官的合法性来自村民的信任和上级的支持，来自对自己责任的履行。今天村官的责任何在？九星村的村官把带领群众致富看作最大的责任。在他们看来，农民要致富，很大程度上又并不完全取决于客观条件，而村干部的思路、魄力和他们所起的带头作用，往往是改变一个村庄面貌的决定性因素。这是因为对农民来说，村一级集体是他们最能依靠的组织，村干部则是和他们的利益相关最为紧密的人。一个能对村民负责的村干部，就可以带领大家走出贫困奔向富裕；反之一个对村民不负责任的村干部，就会置村民利益于不顾，或不思进取安于现状，或瞎干蛮干一事无成，更有甚者还背着村民倒卖土地中饱私囊。

维护好和发展好村民的利益，理所当然地是村干部的使命所系、职责所在，也是村民的希望所托、生活所盼。村官就是农民致富的带头人，农民利益的贴心人。说到底，无论面对压力，还是面对诱惑，无论是甘冒风险迎着困难上，还是沉得住气不为眼前利益所动，其实都取决于群众的利益在“村官”心里分量究竟有多重，取决于一个村官究竟是唯上还是唯实，究竟是为己还是为民的价值取向。

吴恩福书记上任后，对村里的党员干部提出“三个过硬”的要求：一是思想政治素质过硬，待人要乐意为群众办好事、办实事，待己要廉洁奉公，甘于放弃自己的利益；二是工作作风要过硬，不讲套话、大话和假话而习惯说实话，不讲排场不重形式而重内容重实效，密切联系群众；三是工作本领过硬，要根据新的发展要求增强自己的学习和锻炼，要结合自己的职责掌握和运用各种新的技能，使自己的工作水平不断提高。“三个过硬”，也体现在对干部所要求的“对工作一丝不苟，对管理一身是胆，对自己一尘不染，对群众一往深情”上。这也成为九星村提拔干部的标准。正是这样一种干部标准，为九星打造出一支想干事、能干事、干得成事的干部队伍，在不同的岗位上发挥各自的作用，在党组织的领导下形成合力，支撑着九星的各项事业。

2010年，上级批准九星村建立党委。九星村党委从一开始就建立起一套完善的党委会工作制度，包括：《党委议事规则》规定党委议事原则、议事内容、议事形式、议事程序；《党委中心组学习制度》规定每月安排中心组学习；《村党支部书记例会制度》加强基层支部的建设；《党支部严格党内生活制度》规定党员大会、支委会、党小组会、党课进行的办法；《党员密切联系群众制度》规定党员联系群众的方式、内容和要求。在九星村，党的组织活动不仅保证了村内各项工作的进行，也成为队伍建设的保证。

九星村的另一条经验是注重制度建设。在村的发展中，既要使各项事业得到发展，又要防止腐败和浪费，并能让广大村民参与，受到他们的监督，九星村建立起三项制度：

1. 五本台账。自2008年起，九星村建立资产、土地、社会事业、综合治理和村民动迁五本台账。这五本台账涵盖了一个村的全部经济活动和村务事项，通过台账的形式记录在案，完整地把全村家底亮给群众，也便于监督和追责。

2. 五堂会审。在大发展期间，九星村的建设项目多，最多的时候全村大大小小有128个工程队在村里同时施工。怎样对基建项目进行监督，是发展中的一个大问题。九星村对基建项目设立工程招标、质量监理、材料摸价、验收结算、审计复核五个职责独立的工作小组，每项工程的每道环节都由村干部、财务、质监、验收、结算人员进行全过程“会审”，既在源头上防止了腐败，又在进程中控制了成本和质量。

3. 双向参会。在完成集体经济股份制改革后，九星村实现了村级组织和村集体经济的分离，以利于村级组织和村集体经济企业更好地开展工作。在村级组织与村集体经济分离后带来的新问题是，如何在新的条件下实现村务公开、企务公开，让村民和企业的持股者都可以进行监督。九星村建立的制度是在村民代表大会上让股东代表列席，进行双向交叉参会，体现出“村里的事让村民知道、让村民作主、让村民监督、让村民满意”的宗旨，把和群众有关的一切都放到阳光下运作。

九星村的这三项制度创造性地解决了在办市场、大发展中如何实现村民自治、村务公开、企务公开的问题，在保证了九星村顺利发展的同时，也创新了新的条件下的群众基层自治途径。

四、 因地制宜，实事求是，在深化改革中让村民群众持续增收

随着九星村经济的快速发展、村级资产总量的扩大，集体创造的财富如何在全体村民中公平合理地进行分配，成为九星村领导心头的一件大事。

2003 年，九星村启动了产权制度改革。13 人组成的改制领导小组由吴恩福亲自“挂帅”，又由村民组长等 50 多人组建起了 9 个工作小组，在清产核资、界定股权、分配股份等方面，做了大量细致繁复的工作，实现了变集体资产“共同共有”为村民凭股份“按份享有”的目标。为九星“人人有股份，共同奔小康”构建和谐九星奠定了基础。

吴恩福坦言：“九星村产权制度的改革是在体制上不撤村的基础上，只改地面上的经营性资产、不改公益性资产、缓改资源性资产，结算、入股都用现金进出，参股全覆盖，干部不奖股、不送股，这是九星改制的特色所在，这一新制度也对九星村的经济社会发展起到积极的促进作用。”改革后的九星村，最直接的成效就是让全体村民充分享受到了经济发展带来的成果。村民财产性收入有了大幅增长，在原有薪金、租金、福利收入的基础上增添了入股红利收入，增加了村民财产性收入，建立起按劳分配与按股分红相结合

的收入分配模式。

特别值得一提的是，九星的村民，包括以前征地、吸劳、转居而失地的原村民，市场的繁荣为他们创造出了大量的就业岗位，真正做到了人人有工作。公司员工的劳动报酬也随效益的增长水涨船高，2012 年年均报酬为 58 700 元。每个参加集体经济组织的村民职工都享有本市城保标准的医疗养老保障，同时集体经济实力的增强，使村民职工的福利相同步，如逢年过节，向每个村民职工发放食物和过节费；每年都组织 1 000 多位退休老人外出旅游，每月向每位老人送发牛奶卡；向在读大学生、研究生和出国留学生的村民子女每年补贴 6 000 元、9 000 元和 20 000 至 60 000 元等各种福利。改革后的九星村改制解决了半个多世纪以来集体资产人人有份、又人人没份的问题，建立起个人利益与集体收益休戚与共的新机制，让大家有了今天公司无效益、明天红利分不到、股金还要亏进去赔本的危机感，极大地调动了工作积极性和责任感，更重要的是，村民变成了股民，实现了让农民带着股份进城的目标。经过改制村民成了集体经济组织的股民，可以长期获得红利收入，2012 年户均分到红利 50 000 多元。九星村改制公司在保证有足够的资金用于再发展的同时，扣除代扣代交的个人所得税后，每年的红利分配都在 16%左右，初步建立村民的长效增收机制。

吴恩福说："尽管九星村已实现'村强民富'，但九星是七宝的九星，更是闵行的九星、上海的九星、中国的九星。一村富不算富，农民兄弟一起富才算富。我们要牢记中国梦，做好九星梦，让更多的农民共享改革发展成果。"

有不少领导和专家都说，要了解上海农村这些年的发展特点和所面临的挑战，就得去看一看九星村。上海作为国内城市化进程最快的地区之一，上海的农村，特别是上海近郊的农村普遍失去了原本赖以发展农业和兴办大工业的基础，都或主动、或被动地需要解决好转型的问题。九星在这方面的实践所能证明的，就是挑战同样可以成为机遇，困境也可能正是转型的契机（困难、困难，走出去就不难；困境、困境，换位思考前程似锦）。

20年来，九星人在吴恩福的带领下，直面城市化浪潮的冲击，不是被动退守，更不是把自己的命运交给别人安排，而是积极主动把握住了这一历史性机遇，主动完成了城乡差距的融合。这种融合，包含了产业的融合、就业的融合、环境的融合、文化的融合、社会保障的融合以及制度的融合等诸多方面，是在完成城乡面貌外观上一体化的同时，也完成了从经济结构到生活方式、从管理功能到思想观念等内在的一体化。

显然，九星通过顽强和不懈的努力，实现了集体经济发展促进新农村建设和带领村民共同致富。面对新形势，老书记吴恩福的接班人——九星村党委书记吴哲华表示，要继续认真学习先进村的宝贵经验，发扬坚韧不拔、勤奋好学、自主创新、求强务实、勇立潮头、敢于争先的九星精神，全面提升市场能级、全力提高土地产出率、全方位拓展产业链的方向，将九星打造成"商业 + 商务的集聚区，生产 + 生活商品的集散区，线上 + 线下交易的融合区"的现代化商业服务集聚区。

五、 创文明村，惠及民生，在同创共建中打造幸福和谐的九星

在办起一个大市场，完成集体经济的产权制度改革之后，2006年，九星村开始把创建"全国文明村"工作摆上全村工作的首要位置，目的就是要让人的综合素质发生变化，用社会主义现代文明改造传统的农村生活和农民意识。按照中央的要求，结合全面提高九星人的综合素质和九星地区的文明程度的要求，九星村把构建民主法治、公平正义、诚信友爱、充满活力、安定有序，人与自然和谐相处的"和谐九星"作为自己的奋斗目标，致力于创建"形态文明、功能文明、素质文明"的文明村。

如同搞经济建设一样，在搞精神文明上九星村也一丝不苟，成立了村创建全国文明村工作领导小组和村精神文明建设领导小组，全面发动，做到家喻户晓，人人参与，人人奉献。

投资500多万元，建筑面积2 100多平方米的九星文化教育活动中心，内设阳光驿站、图书阅览、东方信息苑、健身、棋牌、书苑、老年活动室等功能一应俱全，365天免费向村民、经营户开放，形成形势月月讲、电影周周放、书场天天听、网络时时上、运动人人做的立体功效，并充分集合文教中心硬件资源，先后开设了“九星学堂”和“道德讲堂”，2007年至2015年累计开展“社会主义核心价值观”、“四德教育”和做好人品、卖好商品、建好场品的“三品建设”，以及质量、诚信、品牌知识和消防、水电、物业等技能的全覆盖培训达1 200多场次，2万多人次。

为提升九星人的综合素养，九星村还主动创建“和谐家庭”，大力弘扬社会主义核心价值观，以及诚实守信、尊老爱幼、仁爱礼让、廉耻孝慈、勇敢刚直等传统美德；自觉遵守不随地吐痰、不乱扔垃圾、不破坏绿化、不损坏公物、不乱穿马路、不在公共场所吸烟、不说脏话粗话的“七不规范”；积极践行“爱国守法，明礼诚信，团结友爱，勤俭自强，敬业奉献”的二十字基本道德规范，引导村民提高自身综合素质。同时，还在村里设立九星展示馆，展示九星的发展历史，向村民、经营户开放，让更多的人，特别是九星的年轻一代，了解九星人艰苦奋斗的历程，展示馆已成为闵行区“爱国主义教育基地”。村里还出资组建老年腰鼓队、扇子舞队、拳操队、管乐队等文化团队，丰富了村民、商户的文化生活。历时6年编撰的120万字的《九星村志》，入选“中国十佳村志”。开展诗歌征集，家训、家规征集，并先后出版《心灵的颂歌》、《七月的阳光》、《和谐的旋律》等汇编图书。开展“九星小主人同创全国文明村”、“中国梦、九星梦、我的梦”及“送教阳光之家”活动，加强未成年人教育。开展了五好家庭、健康老人、好媳妇、道德模范、可爱九星人等评选活动。凝练出“坚韧不拔、勤奋好学、自主创新、求强务实、勇立潮头、敢于争先”的九星精神，激励鞭策新老九星人团结奋进。村文化教育中心被授予上海市职工文化教育活动中心、区职工书屋等称号。

九星作为市场村，坚持把村、市场作为创建大平台，领导协调工青妇兵和商会等群团组织建立五个联动创建机制，落实联创，形成“百、千、万”的特色：即百名志愿者、百家文明诚信商户评选；召开千人大会、发放千本创建手册、引进千种品牌；2万多名新老九星人参与小村庄大创建、万家商户签订文明诚信承诺书。我村还与市委党校、区委党校，周边学校、部队、居民区、公园等开展结对，实现资源共享，有效落实创建联动效应。

2011年，经过全体九星人5年的不断拼搏，终于捧回“全国文明村”的金字招牌。2015年，九星村“全国文明村”复评成功。为巩固提升全国文明村创建成果，丰富新老九星人日益增长的精神文化生活，制定《九星村精神文明建设三年规划(2015—2017)》，努力实现“全国文明村”创建三连冠。在陈规定律上破痼疾，在文明行动上立规矩，进一步发挥文明创建的价值引领作用，强道德建设之基，正社会文明之风，谋利民惠民之效。在共圆中国梦的道路上，协调推进“四个全面”战略布局，围绕全面推动九星新一轮发展凝聚正能量、树立新风尚，塑造精神文明建设的“新常态”。

六、自主创新，求强务实，在改革浪潮中寻求突破，主动城市化

改革开放以来，城市化的浪潮席卷全国，既给中国的发展带来动力与机遇，也对原有的经济、社会关系带来巨大的冲击。城乡接合部的农民正处于这种冲击的风口浪尖。一方面，城市化给农民带来新的机遇、新的观念，另一方面也带来巨大的压力。那些在城市化的过程中因政府征地而转为城市户口的农民，虽然完成了户籍身份的转换、生活方式的转化，但在融入城市上，却又遇到就业、收入、认同、素质上的障碍，生活质量、幸福指数并没有提高，甚至有的还下降。九星村选择了对集体土地的自主开发，实际上也就选择了主动的城市化，也就是说，要主动选择城市化过程中的发展机会，让村民以村集体为依托，主动地适应城市化，受益于城市化。

九星村所搞的主动城市化，具有五个方面的特点：

一是在城市化进程中，农民不是被外部环境变化所左右，而是能根据自己的利益和目标作出比较主动的选择；

二是在城市化动力上，不是完全由政府自上而下来推动，而是把农民自身的发展需要同政府推动的城市化结合起来；

三是在农村土地资源的利用上，不是被行政命令所主导，而是由自己当家作主，开发利用配置；

四是对城市化的成果，不仅仅注重经济增长方式和劳动就业方式的转变，而且更加注重社会保障、公共服务；

五是在人的转变上，重视物质生活，但不以物质生活的转变为唯一依据，而是强调人的内在素质等精神层面的提升。

要实现上述五个方面，就要依靠村一级组织的作用。没有村级组织的作为，就无法使分散的农民实现主动的城市化。在这方面，九星村采取了三项措施：一是坚持集体经济，进行创新发展，为村民的城市化创造物质基础；二是依靠集体经济的发展，建立新的体制机制，为村民进城提供多层次、全方位的保障与服务；三是注重教育培训，在城市化中提高村民的综合素质和适应城市生活的综合能力。通过这三项措施，最后做到村民能享受到与城市居民同样质量的生活水平，又使村民建立新的价值观念，养成新的综合素质，具备在城市中的生存和发展能力。

现在，九星村的村民享受的已不是低水平的“农保”，也不是“小城镇居民保障”，而是和上海市民一样的“社保”和“医保”。对退休的村民，村里考虑到他们退休时间分属于不同的年代，退休金标准差异很大，因此按照不同的退休金基数给予养老补贴，如退休金只有 608 元的每月补贴 300 元，对退休金 800 元的每月补贴 200 元，对退休金 1 000 元的每月补贴 100 元，使他们都能安心养老。为改善村民的居住条件，九星村不集中建造农民新村，而是倡导村民自购商品房分散居住，为每人每年补贴 2 400 元物业费。村集体经济在解决了村民的就业之后，为村民所提供的这些保障和福利，使村民能够从容地跨过城市化的门槛。

为使下一代能适应城市化，进入更大的天地，九星村对本村子弟攻读硕士、博士研究生的，每人每年补助 9 000 元；对本科生每人每年补助 6 000 元；对前往发达国家留学就读全日制高等院校的，每人可连续四年享受每年 60 000 元的补助。对于义务教育阶段的子弟，九星村用奖学金的方式予以奖励。

在 1994 年以来的二十来年的时间里，九星村从一个传统的村庄形态转变成以市场为主业的新型的产业形态，村民彼此相似的居住习惯和日常行为被个性化的城市生活所替代，村民的精神面貌也发生了很大改变。九星村在城市化的进程中没有被边缘化，相反变成了城市化的弄潮儿。九星村的领导班子带领村民在不可抗拒的市场化、城市化大潮中，不甘心消极地等待命运的安排，而是坚定地坚持走中国特色社会主义道路，依靠集体的力量，摆脱了困境实现快速发展，引导农民不仅实现了共同富裕，而且物质文明和精神文明共同发展，在城市化的大潮中通过组织起来，主动地实现城市化，帮助昔日的农民转变为市民，能够在城市中体面地生活，在这个过程中也巩固了党的基层政权，促进了社会和谐。

前进中的村级集体经济“航母”

——上海新曹杨集团公司的发展历程

上海新曹杨集团公司地处普陀区长征镇，是一村级集体经济组织，前身是嘉定县“曹杨村”，名称于 1956 年 4 月成立的“曹杨高级社”，1958 年被国务院评为“全国农业社会主义建设先进单位”，1959 年受邀参加国庆十周年庆典观礼，是当年上海农业战线的排头兵。改革开放以来，曹杨人坚持走集体经济道路，始终与时俱进，自主发展，成功地完成了城市化进程，集体经济持续发展，公共福利日臻完善，村民收入不断增长，成为了上海村级集体经济的旗帜和标杆，并被誉为沪上乡镇企业脱颖而出并不断前行的一艘“航母”。2014 年，完成产值 45 亿元，实现利润 4.89 亿元，上缴国家税收近 7.72 亿元，职工人均年收入 8.78 万元。

一、 起航——从创办村队工业到培育明星企业

创办村队企业，开启了近郊农村走向工业化城市化的大门。上海新曹杨集团原为嘉定县长征人民公社曹杨大队，曾改为长征乡曹杨村。由于地处近郊，该村人多地少，70 年代末人均耕地仅为 0.2 亩，基本实现农业机械

化，但长远发展仍然受到有限土地资源的制约。为了突破土地资源不足的发展瓶颈，当时，曹杨大队的领导先后作出两个重大决定，一是以发展村队企业作为“以工促农”的重要举措，二是实施“两头统、中间包”的生产责任制形式。

在发展村队企业方面，当时的带头人潘王生希望利用城郊接合部的地理优势，通过办工业来探索农业发展和农民致富的新途径。1972 年，曹杨大队办起了第一家社队企业——朝阳五金厂，开启了曹杨人走工业化、城市化发展道路的大门。改革开放之后，国家进一步放开了农村经济发展的自主权，推动了农村由单一农业经济转向多元产业结构，给曹杨人发展村队企业带来了新的机遇和环境，大队和所属生产队陆续办起了一批村队企业。乡镇企业、村队加工业、仓储业的异军突起，开启了农村集体经济发展的新阶段。

80 年代，曹杨村办企业得到快速发展，总数达到 11 家，其中，既有工业制造和加工业，也有服务业经营，产业形态多元。村办企业的发展也带动了生产队办企业的热情，当时的队办企业有 6 家，多为加工型企业；在村队联办企业方面，主要集中在仓储业，仓储面积总量达到 6 万平方米。此外，曹杨村努力抓住每一个发展机遇，非常重视外联合作兴办企业，比较有代表性的有机电设备销售公司、曹杨酵母加工厂、闸北储运公司、存贝科技公司、汉欣电线电缆公司、杰汉森木制品有限公司、开开房产销售公司、曹安建材市场、大渡河路汽配市场、九州制冷设备厂等。

在此期间，面对全国家庭联产承包责任制改革形势，曹杨村依据统分结合的精神，作出农业生产“两头统、中间包”的决策来落实生产责任制，坚持不分田到户，通过对农副业生产及其他产业采取制定目标、落实考核的方式来提高经济效益，探索出一条既不吃大锅饭又能提高劳动积极性、坚持集体经济不散伙又发挥集体经济优势的发展道路，避免了其他地区集体经济一分了之的境况，成功地在改革开放大潮中发展壮大集体经济。究其原因：一是从实际情况出发，曹杨大队田少人多，如果分田到户，土地碎片化，农业的规模化经营效应没法显现，既有的农业设施有可能全部毁掉，实行生产责任制的形式是实事求是、扬长避短的选择；二是着眼于农村工业化的发展前景，当时，曹杨大队集体经济增长主要是由于工业发展，如果分田到户，则村队企业所赖以生存的集体建设用地来源减少，不利于农村工业化的发展；三是致力于共同富裕，依托集体经济，曹杨大队部分弱势农民享受着集体的照顾得以生存，如果分田到户，一部分农民会很快富起来，但老弱病残会失去集体经济的互帮互助，日常生活将会更加困难。回过头来看，当时曹杨大队没有实行分田到户政策的影响是非常深远的，它既有利于发挥集体的优势，统筹兼顾提高各方积极性，又有利于通过集体经济的发展壮大，实现曹杨人的共同富裕。这为以后的发展奠定了基础。

自主创业，培育明星企业，展示了集体经济在市场化竞争中的优势。改革开放初期，社队企业为集体经济下的农民打开了一扇新的发展大门，在“无农不稳，无工不富”的浪潮中，地处工业大城市上海边缘的近郊，充分利用相应的区位优势和资源优势，渐次形成了村队工业和乡镇企业的发展大潮。但是，原来的农民搞工业，要克服缺乏技术、不懂管理的困难，也没有计划内物资供应的渠道，更缺乏与市场打交道的经验，在面对处于计划经济体制内的国有企业，特别是与市场化改革后机制更活的民营企业同台竞争时，一切都充满着艰难。从80年代初期到90年代中期，上海郊区从社队企业到乡镇企业的发展历程，成为一个大浪淘沙的过程。在这个过程中，大部分原来的村队企业被淘汰了，一部分则改制为民营企业，但也有小部分村队企业坚持集体经济的原则，并战胜种种困难发展起来，不仅显示了作为企业的竞争力，还凸显出集体经济制度的优越性，新曹杨集团就是这样一个处于不断成长中的优秀乡镇企业。在曹杨这块土地上，在发展村队企业和乡镇企业的过程中，涌现出以下两个具有代表性的企业。

全国锅炉行业的明星企业——朝阳锅炉厂。朝阳锅炉厂的前身是1972年由原来的朝阳农机站更名而来的曹杨第一家队办企业——朝阳五金加工厂，它的成功发展是经过潘王生、王连福等几任领导带领群众，依靠艰苦奋斗、坚持与时俱进、不断自我加压、负重开拓前行取得的。

该厂初始阶段的负责人是当时大队主管工业的潘王生，起步是从帮助上海锅炉修造厂穿炉排、筑炉墙、外包油漆、制作附件等协作开始的。后通过派员到外培训技术，逐渐对外承接冷作、电焊等加工业务，承担由市劳动局定点的黄浦江以西锅炉修理工作，并在这一过程中逐渐掌握了锅炉生产的部分原理。到 1978 年已能生产 KZG0.3 吨/时卧式带上汽包小型手加煤锅炉和立式双层炉排明火反烧锅炉，1979 年经市有关部门同意制造小型锅炉，工厂由此更名为上海朝阳锅炉修造厂。1980 年 3 月，试制的 KZL0.5 吨卧式快装链条锅炉通过鉴定并进入批量生产，标志着该厂从此进入了独立设计、制造特种锅炉设备的工厂行列。1982 年，与著名国企四方锅炉厂实行技术联合，更名为上海四方锅炉厂朝阳分厂，企业也由此进入了由粗放型管理向专业化生产管理转型升级的新阶段。

80 年代搞工农联营是乡镇企业较为流行的一种经营方式，但农方因在产供销等方面都不具有独立能力，往往在联营中处于围绕国企开展辅助加工的次角色，而朝阳厂却是一个例外。尽管与四方厂在 80 年代初的联合是全市首创而没有经验，但潘王生看到朝阳厂已是具备一定供销基础而能独立经营的企业，因而把与四方厂的关系定位在互补性的技术联合，而非紧密经营性的工农联营。即在双方合作的方式上，做到经营、生产、财务等方面的各自独立、互不依赖。通过合作，不仅让农民在工业化过程中有饭吃，更是依托国有企业，学习先进的管理方式，能较快且独立地发展壮大自己的力量。之后的实践证明，朝阳厂通过技术联合既解决了当时由全国锅炉行业整顿引发的生产许可资格问题，且在联合后参照四方厂的标准设置部门和生产流程、制定产品标准，并由四方厂的骨干驻厂管理，培训员工，把关技术质量，在企业内部逐步树立起管理、产品、品牌等意识。以此为起点，朝阳厂开始踏上向正规化工业企业转型的步伐，走出了一条独特的工农联合之路，为朝阳厂后续的发展创造了条件。

和其他乡镇企业一样，创办朝阳厂的初衷就是为农村剩余劳动力寻找出路。然而像从事装备制造业的朝阳厂这样的乡镇工业企业是大生产运作，需要技术质量和产、供、销等各类专业部门的设置和人员的配备。随着生产管理的不断规范，企业深感光有听话的劳动力不行，急需的是各类技术和管理人员。囿于当时的人才制度，乡镇企业的人才只能立足从内部培养。在这个问题上，潘王生对人才是倍加珍惜，体现出超凡的远见。

1980 年底，为建造长风和桂巷两个居民小区，上海市政府第一次用撤销生产队编制的形式，将曹杨村下属靠近普陀区的三个生产队的土地征用。根据政策这些被征地农民将告别世代农民身份而转为城市居民，并由政府统一安排至就近的国有企业做工，这在当时对千百年来从事农业生产的农村干部和农民是极具吸引力的。然而这次的撤队征地对曹杨好似一场地震，因为当时主管朝阳厂技术、质量、供销、财务和物资管理及主要生产班组等各方面的负责人或骨干也在此次被征地进城务工人员范围之列，他们一旦离开，朝阳厂因大失血而会使企业运转瘫痪，更谈不上今后的发展。

面对生死存亡的严峻局面，为了保住工厂，潘王生不仅让大队领导班子解放思想、统一认识，并竭力用曹杨的未来发展感召这些骨干放弃进城务工而留在曹杨。尽管经几番努力做通了单位和员工的工作，千方百计地将这些骨干保存了下来，然而更大的问题等待他的破解。因为对于这 9 名骨干而言，虽对锅炉厂充满了感情可响应大队号召放弃进城做工留下来，但要他们放弃市民身份是一个棘手的问题，对他们来说损失太大也不近情理。而要保留住他们的市民户籍，使他们继续在曹杨安心工作，关键是要解决好他们城市户籍的落户问题，因为余留的 5 个生产队还是属于嘉定县的农村和农民编制，无法将他们的城市户籍落户。经过老潘的多方努力和想方设法，终于让市、区户籍管理部门同意，为留下的九人在朝阳厂特设一个城市户籍性质的集体户口，从而成功地留住了这 9 名骨干。日后，这些骨干不仅在锅炉厂，而且在整个新曹杨集团发挥了极大的作用，纷纷走上了集团公司或企业的领导岗位，其中包括前任新曹杨集团公司党委书记、董事长王张福和现任集团公司党委书记、董事长王连福。可以说，没有当年潘王生对人才的珍惜和慧眼识英雄，很难想象有今天新曹杨集团的发展。

乡镇企业对于发展的认识和要求是循序渐进的，朝阳厂要长足发展，必须有一支较高素质的员工队伍。1980 年初，锅炉厂首次对各生产队选送进厂人员进行考试，合格后根据文化程度有针对性地安排工作岗位，改变了乡镇企业对招工人员不讲文化，不讲技能分配岗位的传统做法。1982 年，朝阳厂又打破常规，一改过去由生产队安排富余劳力到企业务工，使企业被动接受的老套子招工模式，改由企业主动在村内张榜，第一次举行适龄青年招工考试择优录取，录用了有理想有文化的 25 名青年，1983 年又第二次招工考试录用了 15 名青年。这两批具有一定文化知识的员工，有效地改善了企业职工队伍在年龄、文化、技能方面的不足，他们先后成为工厂车间生产、技术、管理岗位的骨干，有的还出任集团公司及兄弟单位的领导，其中包括现任集团公司总经理金小平。

1991 年 5 月，面对朝阳厂在社会主义计划经济逐步向市场经济转型发展中遇到的困境，该厂从事了近十年财务会计的王连福走上厂长的领导岗位。他不仅传承了潘王生等老一代领导艰苦创业、勤俭办厂的精神，更是通过 1992 年到美国、1998 年去香港培训后掌握的国际视野，运用现代科学管理知识，结合乡镇企业自身特色，瞄准国内外两个市场，进行了一系列跳出乡镇企业框框的开拓创新，使一个名不见经传的村办小厂异军突起，在同行中脱颖而出。他以敏锐的思维，独特的超前意识和豪迈的胆略，坚持自觉遵循市场经济规律，以改革为动力，以市场为导向，以五个全新的理念，创造性地对企业进行了全方位的改革创新，使企业迅速成为全国锅炉行业的耀眼明星。

（一）以全新的改革创新理念，不断地突破乡镇企业经营管理机制，最大程度地调动全体干部职工的积极性

由于朝阳厂建厂早，又处于城市边缘，加之农民的散漫习气，给企业适应市场竞争发展带来了极大的障碍。为改变这一局面，上任伊始的王连福

认定了靠改革促发展的硬道理，不等上级布置，在全市乡镇企业中通过几个率先，自费尝试改革，取得不凡的成绩，获得巨大的成功。

1. 建立全员劳动合同制。1992 年，把国有企业的全员劳动合同制引入朝阳厂，打破了乡镇企业职工强调农民身份无约束的铁饭碗，从而稳定了干部、职工队伍。同时，还建立下待岗制度和生活保障制度，激励和鞭策职工不甘落后、奋发向上。

2. 实行干部和质保人员聘任制。为解决朝阳厂干部和质保人员由于同处一村，顾及沾亲带故的裙带关系而出现的一团和气、能上不能下的严重问题，朝阳厂实行聘任制度，打破干部和质保队伍人员的铁交椅，从而增强了干部的工作责任性和积极性，同时形成培养品才兼优年轻人的选拔机制。

3. 实行企业内部股份合作制。将原来人人有份而人人无责的集体所有制企业转制为集体经济性质下的企业内部股份合作制企业，使干部和职工的个人利益与企业集体利益紧密相连而真正成为企业的主人，做到风险共担、利益共享。

4. 改革薪酬分配，实行岗位工资制。在制定所有产品的单件工料定额后实行定额管理，通过实施对个人，以及对部门、班组，由质与量等多重要素组成的工资考核体系进行科学分配奖励制度，打破了平均主义的大锅饭，使每位干部职工的收入报酬均与企业的效益和本人对企业的直接贡献大小挂钩，将大家的切身利益与企业的发展紧紧捆绑在一起，形成了岗位靠竞争、报酬靠贡献的竞争机制。

（二）以全新的产品开发理念，不断地生产环保节能产品，最大程度地满足广泛的市场需求

随着市场经济体制的逐步建立，企业间通过产品来不断反映和实现综合实力的竞争日益加剧。因而，王连福认为在市场经济中最能反映企业竞争力的就是企业的新产品开发能力。只有新产品的不断开发，才使企业始

终保持抢占市场的活力。

1. 高度重视开发产品的科技含量。朝阳厂紧紧依靠高校科研单位的科技力量，充分将他们对国内外同行新技术掌握的信息优势和从事科研的条件优势，与本厂技术人员的实战优势进行优化组合，形成了中外结合、传统优势与最新技术相结合的新产品开发机制。工厂所有的锅炉试制产品均与高校、工业锅炉研究所联合开发，待成熟后由本厂快速消化为系列产品。这些产品因科技含量高、结构紧凑、安全可靠、环保节能、热效率高、配套齐全、安装期短等特色，使用户爱不释手，行销全国而走向世界。90 年代初起该厂开发的各系列产品在第五届上海市科学技术博览会上获金奖，并长期保持"上海市节能产品"称号，企业就此被认定为"上海市科技企业"、"上海市高新技术企业"。

2. 高度重视产品的市场需求。朝阳厂对产品的开发除了强调科技含量外，更注重适应市场需求。在经营过程中，王连福认为产品再新不适合市场也无人问津。他摆脱了传统关门搞设计的思维模式，亲自带领设计、销售人员奔波于社会的大市场中搞调研，根据各地市场的新动向，客户的新需求，不断适时地开发市场需求的新产品。尤其在紧紧跟踪国家的能源政策导向方面狠下功夫，如：当他 1992 年 11 月从美国考察回国后，通过对先进国家发展进程的了解和对我国未来环保要求的判断，敏锐地觉察并高效地组织开发了全自动燃油、燃气或油气两用锅炉，并从卧式系列发展到立式系列，做到对各地用户新建和改造锅炉项目适用范围的全覆盖，在同行业中抢得了市场先机，企业由此获得了较大的经济效益和发展成果。同时，还根据北方地区集中供热的特点，及时开发出大容量的组装和散装热水锅炉；根据东南亚用户和合资企业的需求，又开发了燃废木柴、燃咖啡渣及燃煤木混烧、燃废气、余热等特种锅炉。

由于产品不断地向大容量发展，使工厂的技术生产管理水平不断提升，经济效益和社会效应不断显现，企业得到高速的发展。产品形式从 0.3 吨/时至 100 吨/时，由原先单一的小型快装到中型组装和大型散装，产品结构由水火管式到全水管式，5 大类 10 个系列 100 多个品种的各类锅炉生产系列。产品适用城市也由早先的上海及周边地区覆盖至全国，并走向世界。工厂在 1992 年自主取得了国家颁发的 D 级锅炉制造许可证后正式更名为上海朝阳锅炉厂，1996 年实现销售收入超亿元，利润 1 200 万元，一跃成为全国行业中的明星企业。至 1998 年，连续三年以只占全国锅炉行业 2.3%的职工人数，年均完成利润和上缴税金分别占全行业的 7.1%和 8.4%。职工年均收入在 1992 年达到 8 888 元后，1996 年即超过了 3 万元。并在 1998 年锅炉制造等级升级为 C 级后，2001 年再度升级为 B 级，具有了制造中型以上锅炉的资质，企业发展进入一个崭新的阶段。

正是在王连福这种全新的产品开发理念下，朝阳厂的产品不断推陈出新，不仅为工厂获得了效益，赢得了声誉，同时，也显示出企业在发展中的强大后劲。

（三）以全新的市场营销理念，不断地创新营销机制，最广泛地构建高效的营销网络

1. 大胆进行营销体制改革，加强营销队伍建设。乡镇企业从诞生起就没有保护，其生存全靠在市场中的主动出击找米下锅。为了使朝阳厂的产品由原来的上海市场迅速拓展到全国市场，并且占有一定的份额，就必须尽快让用户了解朝阳的产品，让社会接受朝阳的产品。于是朝阳厂对企业原有的营销体制进行改革，将原来供销合一的科室按专业分解，并根据市区、郊县、外省市等地区划片，设立销售科室，实行专人负责，与新设立的配套发运科组建成厂长直抓的营销部，1995 年对其制定了完善的营销考核实施细则，对业务人员的收入上不封顶下不保底，极大地调动了他们走南闯北的积极性。同时为配合促销和满足客户对配套服务的需要，从 1997 年起，在上海锅炉制造行业率先取得“锅炉安装”、“锅炉维修”和“压力管道安装”三个许可证，并及时组建了工程部。企业收入由单一锅炉制造延伸到向用户提供运输、安装、维修成套产业链的增值服务，不仅消化转移了企业富余劳动力，

同时增加了企业的综合竞争力。

2. 构建高效的营销网络。要让产品畅销全国，仅靠销售人员的走南闯北显然不行。为了尽快以小的投入取得大的市场。朝阳厂在90年代中期就探索出一条在各地建立代理公司营销网络的道路，让众多的代理公司为朝阳厂的产品宣传、经营和服务，成为朝阳产品辐射全国市场的窗口。

（四）以全新的规范服务理念，不断地提高客服质量，最真诚地为广大用户着想

在市场经济逐步完善的条件下，产品质量达到一定程度的企业间竞争将转至服务方面。王连福预见到今后企业在市场上的竞争力，将更多地体现在对用户的服务质量上，因而不断地培育职工的服务意识，始终坚持追求让客户百分之百满意的服务目标，形成了具有朝阳特色的服务规范。

1. 售前真诚参谋。销售前，在向用户推荐产品时，提供锅炉选型及锅炉房布置的技术咨询、服务及经济成本分析，帮助用户算经济账，选择最合适、最经济的产品。

2. 售中按时保质。销售中，把双方确立的交货时间看作法定时间，即使是特殊规格的一台锅炉任务，也会做到按时、保质交货，逾期承担违约责任。

3. 售后全面优质。当锅炉运行中偶尔出现问题时，无论哪方责任，朝阳厂总是先解决问题，用行动来取得用户的极大信任。为了方便客户，朝阳厂在行业中独一无二地花巨资购买多辆大型平板车、汽吊车，对用户送货上门。对技术含量高的锅炉和新产品，代用户培训司炉工，负责上门帮助调试和指导操作。

朝阳品牌就是以其技术、质量和服务的优势，在用户中树立起自己的良好形象，使生产任务饱满，单耗成本降低，企业的经济和社会效益扶摇直上。

（五）以全新的科学发展理念，不断地强化人才建设高地和全员素质的提高，最有效地实现企业核心竞争力的提升

朝阳厂的发展始终以人为本，海纳百川，通过全员劳动素质的提高，用科学管理的要求经营企业。

面对工厂在产品开发、市场开拓方面的快速发展，相伴而来的是工厂技术管理人员的缺乏和生产一线工人文化技能水平的缺陷，成为朝阳厂先进技术向生产力转化的瓶颈。人才是企业第一资源，仅靠本村人才已难以为继，王连福把目光转向当时属稀缺资源的大学生和工程师，大胆作出了海纳百川的决定，不仅在1995、1996两年间破天荒从上海理工大学先后引进9名非上海生源的热能或机械专业本科毕业生，并破格为他们解决户籍入沪，成为上海乡镇企业重视大学生人才的一段佳话，而且在1996年10月又一次从社会上公开招聘引进13名工程师，充实到技术质量销售服务及工程等各部门。在增强了管理人员队伍的同时，工厂又针对当时职工队伍呈现年龄体能的老化、文化技能的低下等情况，分别在1992年到江西波阳招收30名技校生、2003年到山东招收10名中专生，2004年到陕西招收10名技校生充实车间等一线，对企业起到强身健体的作用。同时，为提高全员劳动素质，工厂还不断地开展各类学习活动，走出去请进来，讲形势、转观念、学专业、比技能。企业还经常组织骨干外派脱产学习，组织全体职工外出旅游和各项体检，每到各大时节搞好文艺体育庆典活动等，使工厂上下齐心，凝心聚力，呈现奋发向上的局面。

通过引进社会上的各类专业技术管理力量全面充实朝阳厂，工厂很快形成了战斗力。通过1995年至1997年三年的努力，新建和改造了一万多平方米的车间厂房和服务生产的配套厂房、管理大楼等，按先进的生产工艺要求，优化完成了从原材料入库验收到生产制作，外包锅炉和成品发运全过程的生产流程布局，大大提高了生产能级、管理效率和产品质量。1998年确立了完全符合朝阳厂实际管理需要的，由7个部、17个科室、4个车间为架构的

组织体系。2000年通过了ISO9001国际质量体系认证，并经多年摸索，在2002年自行开发的从原材料采购入库、发料到生产完工报交及成本核算，供、产、销为一体的计算机运行信息化管理系统建成投入使用，极大地提高了企业的管理水平和经营决策的效率。

由于贡献突出，王连福于1998年获“全国优秀乡镇企业厂长”称号，2001年、2004年又两次被授予“全国乡镇企业家”称号，2008年获得“全国优秀乡镇企业家杰出成就奖”证书和奖牌。

2009年10月，为配合轨交13号线大渡河路站和华大科技园核心区工程项目建设，服从集团公司产业结构调整的战略需要，朝阳锅炉厂正式结束制造生产而华丽转身，整体转入集团公司的主业——以商务楼宇为承载的科技现代服务业。作为新曹杨集团的龙头骨干企业的朝阳锅炉厂，不仅为国家、为集体创造了资产和财富，培育了曹杨精神，也造就了新曹杨人走工业化、城市化道路的自信，还在工业化过程中培养出一大批企业骨干，成为新曹杨集团继续前行的宝贵财富。

生产“上海名牌产品”的市高新技术企业——曹杨建筑粘合剂厂。在上海城区西部，金沙江路和大渡河路的交界处，白色的高塔上湛蓝的“ST申泰”商标格外耀眼。高塔之下的土地，是一座占地3万平方米的现代化工厂——上海曹杨建筑粘合剂厂。

27年前，这里还是一片片农田，周围的居民隶属于曹杨村的各个生产队，过着靠天吃饭的日子。在村办企业大发展的潮流推动下，大酒店、锅炉厂、园艺公司等新经济组织应运而生，曹杨粘合剂厂也是其中之一。1988年正好是改革开放10周年，国内的建筑行业出现井喷式发展现象，但干粉砂浆行业明显落后于世界先进水平。怀着振兴民族企业的雄心壮志，金爱华厂长就凭借着几百元资金、几台实验小锅、几间瓦房的作坊式工厂，带领着仅有的几名员工开启了申泰人的梦想之路。

建厂初期，由于水泥的和易性、保水性差，以及粘结强度低等弱点，许多建筑物不同程度地存在面砖脱落、墙面抹灰层起壳等质量问题，这不仅影响工程质量甚至危及人身安全。而身兼技术员与销售员的金爱华，在中科院上海硅酸盐研究所专家高工的协助下，查阅了国内外大量有关资料，并对进口粘合剂进行样品配方分析，采购原料并在实验室进行研制。经过上千次的试验，终于研制出粉末型单组份瓷砖粘合剂，填补了国内空白。

1991 年“ST 申泰”商标成功注册，曹杨粘合剂厂真正拥有了我国第一款突破国外技术垄断、实现进口替代的建筑粘合剂产品，使每千克粘合剂价格从原来的 1.6 美元下降至 1.8 元人民币，极大地减轻了建筑施工企业的生产成本。正所谓十年磨一剑，在申泰人的不懈拼搏下，在 1998 年建厂 10 周年之际，从第一个“大工程”打浦路隧道开始，其所生产的建筑粘合剂产品运用工程项目累计达 2 500 万平方米，产品成功地打开了国内外市场，得到了专家和客户的广泛认可。各种荣誉也纷至沓来：JCTA 陶瓷砖粘合剂获上海市科技进步二等奖；JCTA-400 混凝土界面处理剂获上海市星火二等奖；JCTA-360 嵌缝剂获上海市星火三等奖；JCTA 系列陶瓷砖粘合剂获上海市科委火炬三等奖，产品的企业标准 Q/IFPC06-97《JCTA-300 陶瓷砖粘合剂》获 1998 年上海市标准化科技成果一等奖，参与制定的上海市标准《陶瓷砖粘合剂(JCTA)应技术规程》获优秀标准三等奖，等等。企业也被认定为上海市科技产业化“三上”企业、上海工业优秀企业和上海市高新技术企业，是普陀区文明单位和重合同守信用单位。金爱华也因敢为人先、顽强拼搏的精神而当选全国先进女职工，市十大工人发明家、市三八红旗手和“三学”状元等。

1999 年企业产量突破 10 万吨，利税 2 500 多万元。市场占有率达 65%。随着品牌知名度的不断提升，曹杨厂的产品也拓展到全国三十多个省、区、市，在众多重大工程和政府工程中得以成功运用：北京钓鱼台国宾馆、国家大剧院、国务院管理局部长公寓楼、八一军委大楼，上海东方明珠、市政府大楼、大剧院、金茂大厦、地铁轻轨、浦东国际机场等都使用了曹杨申泰的产品，甚至在中国对外援建项目的供应商名单中也能看到曹杨厂的名字。

在成功立足特种干粉建材行业之后，申泰人并没有停下前进的脚步，而是规划了一幅持续发展的蓝图。90年代末，随着房产市场的兴起，曹杨粘合剂厂瞄准机遇、大力创新，成功研发了十几大系列几十个品种的产品，逐步将业务拓展到防水、保温等领域，全方位打造绿色节能建材体系。

2000年，企业投下巨资，新建2 000平方米的科研大楼，包括2个产品研发室、1个检测室和1个中试车间，配备各类研发检测设备100余台，有效缩短研发周期，切实保障产品质量。2005年，企业为扩大生产规模，在嘉定南翔购地68亩设立专业商品砂浆生产基地，引进全新的MTK生产流水线，加上原有的筑霸王干粉流水线和耐驰涂料流水线，3套先进的生产设备有效地帮助企业跨入了高标准、全自动生产的新时代。

在企业发展的快速上升期，企业决策层始终保持敢作敢为的胆识和锐意进取的精神。一方面紧扣市场需求不断推进与科研院所、跨国公司紧密合作，开展联合项目攻关和技术成果转化，不断创新产品和服务；另一方面充分运用ISO9001、ISO14001、十环评审等先进的标准来提升管理，推进规范化、标准化建设。2005年曹杨厂被评为上海市高新技术企业和市科技企业，2007年被评为全国建材行业先进集体，2008年成为上海市最具活力科技企业。2010年举世瞩目的上海世博会，让企业牢牢把握住这一千载难逢的商机，全力推动产品进驻一批重大项目和民生工程。世博中国馆、德国馆、俄罗斯馆等30多个场馆使用了申泰产品，水箱改造、旧城改建等工地随处可见曹杨厂的技术服务人员和运输车队。2010年企业累计销售收入达1.8亿元，上缴税收2 500多万元，双双创下历史新高。

后世博时代，企业步入了稳步发展的时期。现有7个班组，共200多名职工，人才结构向着年轻化、知识化、专业化不断发展；产品品种达到100余种，“ST申泰”商标是名牌产品19连冠，上海市名牌辉煌之星。保温系统产品和防水产品多次斩获国家、上海市专业技术奖项，粘合剂和涂料也屡次获评市级创意创新产品。行业地位不断巩固和提升，是3个国家级专业协会理事会员、4个省市级行业协会副会长单位和10多个省市级专业协会理事单位。

与此同时，企业也为推动地方经济的发展作出了自己的贡献，年产值过亿元，连续10年位列普陀区创税百万元以上企业，连续3年获评普陀区区域经济贡献二等奖。

申泰人不断提升企业管理、推进诚信建设、投身公益事业，尽全力承担更多的社会责任。2011年，企业获得市质量技术监督局颁发的标准化良好行为企业证书，至此企业的标准化管理工作又上了一个新台阶。到2013年，连续12年被评为市守合同重信用企业。在厂领导的模范带头下，在全体员工的积极响应下，曹杨厂的感恩精神始终如一。2001年至今企业捐款捐物总额超过450万元。2009年被市老龄工作委员会评为“爱心助老特色基地”，被市福利企业协会评为“诚信·爱心”之星，是市福利企业协会副会长单位，有近30位残疾职工在这里得到妥善安置。

未来的道路上，机遇与挑战并存。如今，申泰人已经踏上“十三五”规划的新征程。27年的创业历程告诉大家只有把握市场需求，坚持打造自主品牌、坚持自主创新、自力更生、艰苦奋斗，真正拥有核心技术，才能抢占科技和市场制高点，才能牢牢把握发展的主动权。面对国家经济和行业发展的新常态，申泰人坚持着“做好的，做专业的”企业宗旨，在创新中改革，在改革中创新，破除万难、励精图治以饱满的激情和昂扬的斗志在二次腾飞的新征程上勇往直前！

二、 加速——从城乡一体化到产业现代化

敢为人先地编制规划——城乡一体化。与普陀接壤的曹杨村最早面对改革开放的形势变化，最直接面对随之而来的城市化快速发展的冲击，在重大的机遇和挑战面前，曹杨人超前谋划、敢为人先而虎口脱险。

曹杨大队下属的3个生产队被撤销，剩余的5个生产队也随着接踵而来的工厂、大学的征地，土地更少了。面对“包饺子”后的土地资源，本来就人

多地少的曹杨面临着历史性的抉择，一方面是快速发展起来的村队，新办企业用地不够，另一方面政府征地补偿主要是安排农民务工就业，而曹杨的农民却不愿到国企做工，靠硬性发派。因为曹杨村办工业的大力发展，已将大量农村劳力吸收到企业做工，而且像国有工人一样上下班。每天就近上班省下的挤公交时间还能兼顾种好自留地，年收益又大大高于国企工人。再则，由于地域和交通方面的优势，吸引了大量城市回沪青年和结婚户、动迁户到曹杨村租赁农民老宅，使得用电、用水告急，文明村建设受阻。

是坐等着政府征地把曹杨吃掉，还是寻找路径靠自主发展集体经济来改善村民生活质量？作为农民出身的潘王生等曹杨村干部，经过锅炉厂等村办企业发展的市场洗礼，怀着强烈的土地情结，始终坚定地探索着在自己土地上能实行自主开发造福后人的发展道路。他们白天辛勤工作，晚上用业余时间一起学习议论，积极寻找出路。

1986 年，当他们在报章上看到时任上海市领导的江泽民关于“上海要走城乡一体化道路”的文章后，敏锐地意识到，城乡一体化是不可避免的历史潮流，曹杨村要自主发展，必须在城乡一体化的潮流中寻找出路。

在嘉定县和市农委等上级部门的支持下，曹杨村通过专家的指导和对广东等沿海发达地区的考察，根据区位发展优势，结合本村的产业结构，编制了城乡一体化规划，提出将 5 个自然村的农民老宅动迁后，集中于一地建造新村小区居住，腾出的土地实行集中，在农副业现代化基础上进一步发展工贸业，力争在 1990 年将全村的产值达到 5 000 万元，2000 年达到 1 个亿实现翻番的目标。这是上海第一个村级的发展规划，具有首创意义。它反映的不仅仅是曹杨村的规划意识，更是在即将到来的城市化大潮前，曹杨人正在自觉地主动地寻找和确定自己的发展定位。时任市政府、市农委和嘉定县的领导及各级规划部门参加了 1989 年举行的“曹杨村城乡一体化规划”评估会，对这种按照城乡一体化方向作超前规划发展的意识和做法给予了充分肯定。经专家论证评估会之后，曹杨村的老宅改造规划顺利地获得嘉定县计划委员会的正式批准。

获批之后，按照城乡一体化规划的要求，曹杨村首先落实改造村内的农民老宅，新建居民小区，实现村民集中居住。但在当时，地处城乡接合部的曹杨村已变为“城中村”，村民的老宅大量出租给来沪人员，人口结构复杂，治安、环境逐步恶化，基础设施不堪重负，部分区域脏、乱、差，安全隐患突出。然而，老宅改造这一步必须跨出，因为它既适应城市化发展的需要，又可以节约村民居住用地，腾出宝贵的土地用于村的后续发展，还可以控制和导出来沪人员，提升居住环境，保持社会稳定。1992 年，曹杨村依靠自身力量正式启动老宅改造工程。根据规划测算，需要建造两个居民小区，建筑面积 18.6 万平方米，吸纳安置老宅改造村民 2 169 户，涉及动拆迁人员 4 408 人。并可节约出土地 280 亩。

这是曹杨村实施“城乡一体化规划”而进入发展新阶段的第一仗。靠一个村的自身力量进行全村老宅改造，面临相当大的工作难度：一是只能采取“边拆边建”的方式，造好一部分居民楼，动迁安置一部分居民，再腾出地来建设下一部分，改造时间跨度很长；二是动迁难度大，面对如此庞大的工程，村里没有经验，也缺少现成政策，且由于前后动迁间隔时间相差八年，带来一系列没有意料到的矛盾和问题。以动迁人口计算为例，由于全村统一改造，户口计算截止期限统一，但老宅改造跨度过长后，户口截止后的新生儿计算、宅基地房冻结后的空挂户口、出嫁女儿等户口计算与正常动迁人口之间的矛盾，先动迁与后动迁生产队之间的前后平衡等，都需要妥善解决。其间，村干部不仅要筹集资金和推进工程进度，还要对动迁房所牵连的各种利益和矛盾进行协调，难度难以想象。从潘王生当家作决策开始，到 1995 年王张福接任村书记，两代领军人物带领村领导班子付出了极大努力，终于在 2001 年建成芝巷、北巷两个居民小区，全体村民都得到较好的安置，整个村的面貌得到极大的改善。在此基础上，村里想尽办法办妥两个小区的大产证，协助村民办妥房地产权证，消除了村民的后顾之忧，保障了村民的利益。与此同时，在小区内建造了幼儿园、文化活动中心、医疗点、老年福利院，提升了村民生活品质。建设完成后，芝巷小区成为普陀区长征镇第一个市级文明小区。

历经八年，曹杨村最终取得全村老宅改造的圆满成功，且直至今天都不留后遗症，主要得益于：一是通过广泛宣传引导形成共识，全村上下思想统一，取得全体村民的共同理解和参与支持。二是坚持公平公正、公开透明的原则，党员干部带头在分房中不搞特殊化是赢得全体村民支持的核心因素。在第一期动迁范围内有部分特殊房源，第二期动迁有部分房源前面是广场，视线采光比较好，村民原认为是用来解决干部动迁的，结果都安排普通村民入住，赢得了村民的信任。三是制定周密严谨的动迁计划，采取深入细致的工作方法，比如，每个生产队动迁时都把各个动迁户的新房源添至动迁图纸上，确保万无一失，并重点关注困难动迁户的利益诉求，协助动迁家庭处理内部矛盾纠纷，从而保障了老宅改造的顺利推进。

1992 年，为支持中心城区发展，上海市委、市政府对郊县的行政区划进行了调整，嘉定县的长征乡和桃浦乡被划入普陀区。随之，曹杨村也从原来郊县划入中心城区，城市化步伐显著加快。对曹杨人来说，如何在最短时间内适应快速城市化发展带来的挑战，显得尤为紧迫。在城市化过程中，对农民来说，最宝贵的资源就是土地。那么，怎样才能利用好祖宗留下来的土地呢？纵观上海郊区农村，不同村在工业化、城市化进程中的土地利用方式大致有三种：一是由政府征用土地，对村民进行安置吸劳，但农民在征地和城镇化过程中仍处于被动地位；二是出让土地，一次性取得土地出让金，让他人开发，但就此失去了对土地的支配权；三是把土地牢牢地掌握在自己手里，自主开发，走发展集体经济之路。除政府征地之外，上海郊区的大部分村走的都是土地出让的路，而在曹杨村，从潘王生到王张福的两代领导集体都认准自己的土地必须自主开发这个死理。

划入普陀区后，王张福书记深深地知道，在农业时代，土地是农民的命根子，而在城市化过程中，土地依然是城市化农民的命根子，失去了土地，曹杨村就会失去依靠，也就失去了发展自主性的基础。那么，怎样确保把农民的土地牢牢抓在自己手中发展集体经济呢？曹杨村领导班子先后拒绝了多次土地转让要求，承诺并坚持自己开发土地，将宝贵的土地资源牢牢地掌握在村集体经济组织的手中。

与时俱进地完善规划——产业现代化。1995 年，以朝阳锅炉厂为龙头，曹杨村将全部村办企业集中起来成立了新曹杨实业总公司，后来，以此为基础，成立了新曹杨集团公司。1998 年，在王张福书记的带领下，曹杨村按照新型城市化的要求，在原规划基础上进行完善提升，编制了第二轮发展规划，重点是将原规划中的产业进行调整，即在全市倡导退二进三过程中，把集中后的全村土地开发建设成都市型工业园区。这个规划获得了普陀区规划部门和长征镇政府的批准。

建设都市型工业园区，首先要解决的还是土地问题。当时，曹杨村在土地方面遇到的最大问题就是政府征地。政府征地虽然能安排劳动力就业，但补偿标准非常低，且随着国有企业的不景气，征地农民的就业安置已不再对农民具有吸引力。因此，要落实第二轮规划，发展新型产业就必须突破常规，把土地掌握在自己手中，发展集体经济就有了土地资源保证。除此以外，搞都市工业园区还必须把分属各个村民小组（原生产队）的土地集中起来，统一规划，统一使用。根据法律规定，土地的性质为集体所有，实际上是归生产队所有。在撤队建村之后，土地性质并未发生变化，曹杨村的 5 个生产队仍是一级核算单位。王张福认为，村内有限的土地只有集中统一开发，才能更有效利用、更好地发展，也才能走共同富裕的道路。因此，解决土地集中统一开发问题，必须着力改革原有农村的体制，为自主发展和融入城市奠定组织保障。然而在当时，由于区域位置、资源条件等因素影响，曹杨村下属的各个生产队之间的发展状况出现了极大的不平衡。面对划入中心城区发展园区产业的需要，村领导班子认为，必须重新整合全村资源，如果不撤销原生产队独立核算的体制，土地的集体所有性质就没法变更，建设用地整合必然障碍重重，且还面临着随时被征用的风险；对村民而言，如果不及时变更农业户口，就无法进入城市社会保障体系，难以享受相应的养老和医疗保障待遇。为此，改革势在必行，必须敢闯敢试。思想认识统一后，曹杨村着手撤销遗留的生产队独立核算体制，将村内原来的两级所有变为一级所有，并将撤制工作与办理征地手续同时进行，村以集团公司的名义向村民小组（生产队）征地，从而把属于各村民小组（原生产队）的土地集中到村里，统一规划，统一使用，统一经营。

征地历来是政府行为，曹杨村向自己的村民征地是一项前所未有的重大举措，它既意味着村将取得全村土地的使用权，也意味着村必须承担起为征地农民解决就业安置和社会保障问题的责任。敢不敢承担这个责任，关键在于对坚持走集体经济的发展道路是否有信心。当时，曹杨村的老宅改造正处于边拆迁边改造阶段，正是需要大量花钱的时候，集体经济并没有多少积累。但王张福书记对此没有丝毫动摇和彷徨。他明白，征地旨在整合全村的土地、资产和资源，确保土地规模化经营、新型产业发展和村民长期利益，是一个功在千秋的行为，眼下即使有再大的困难，也要挺过去。为此，新曹杨集团公司向银行贷款 2 000 万元，作为村内征地和整合各村民小组企业的资金。征地后，原来集体所有土地的性质转变为国有，由集团公司统一安置村民就业；村民的户籍转变为市民，全部进入上海市居民社会保障系统。在办理征地手续的同时，新曹杨集团对原来属于各村民小组的 15 个企业实行并购，把全村各类经营实体归并至集团公司。这为后续项目开发和集体经济持续发展提供了资源及体制方面的保证。

在完成老宅改造、征地撤队、小企业归并之后，新曹杨集团整合了全村的宝贵土地资源。随之，征收后土地到底应该怎样开发？成为摆在王张福和村领导班子面前的又一个新的核心问题。划归普陀区之后，邻近的一些村将土地出让给开发商搞房地产，从中可以一次性获取大笔土地出让金，失地农民可以获得补偿金，村也可以有一笔土地出让金留存。但在王张福看来，土地出让搞房地产只是一锤子买卖，利润的大头都让开发商赚去了，更重要的是土地出让以后，无论是村还是村民手里再也没有土地作为发展资源，也就根本谈不上集体经济的持续发展。也有人建议在腾出来的土地上搞大卖场，但王张福认为，搞大卖场与出让土地搞房地产是同样的后果，搞大卖场，土地也要出让，大卖场由别人经营，发展的主动权也同样不在自己手里，而且附近已经有了诸多大卖场，很容易导致同质化过度竞争。当时，王张福和班子成员心里都很清楚，新曹杨要走的发展道路不仅是自主开发土地，牢牢地把经营主动权掌握在自己手中，而且必须走可持续发展的路。基于这一认识，新曹杨集团公司采取措施，果断地进行产业结构调整，关闭了26家粗放、微利、亏损企业，以提升集体经济发展的质量，同时将整个集团公司的业务从原来的工业生产为主转向以发展现代服务业为主。

通过实施第二轮规划过程中的反复讨论和严谨论证，王张福带领领导班子最终将村经济新一轮发展方向聚焦在高新技术产业密集的都市产业园。作出这一决策的依据在于他们充分考虑了当时的内外环境因素：一是政策导向问题，发展都市产业园区等实体经济尽管比较辛苦，但却符合国家和上海长期发展战略和政策导向，能够持续地获得相应的政策支持；二是土地利用问题，面对有限土地资源，不能光考虑眼前利益进行一锤子买卖，应坚持自主开发，并聚焦于能够带来永续发展的产业形态，有利于提高土地的含金量；三是集体利益问题，建设都市产业园区能顺带解决当地村民的就业问题，保障每个职工和家庭的安居乐业，而集体资产随着时间推移也能不断发展壮大，从而保护村民长期的根本的利益。当时，村里老宅改造尚未结束，新曹杨集团就建起了第一个20万平方米的都市产业园区。园区开发遵循“边建设、边招商”的策略和方式，先建设厂房进行招商，回笼资金后进行下一轮建设，循环往复过程中不断对入园企业进行调整，以逐步提高园区的产业层次。目前，这个园区中只剩下印刷等5家具有生产功能的企业，其余调整引进的都是非生产性企业或企业的非生产部门。

都市产业园区建设粗具规模之后，王张福和领导班子又将目光瞄准了IT产业。21世纪初，IT产业在中国大地上蓬勃发展，但当时的普陀区却没有真正的IT产业，这引起了王张福的关注和思考。2003年，区科委组织去大连、沈阳考察IT产业，随行的王张福书记看到，同样发展都市型工业，IT产业用地更集约，用工的层次更高，产值也比一般制造业可观。考察归来，王张福会同班子研究决定，将都市产业园区第二期开发的重点瞄准IT产业。当年11万平方米园区动工开建，2005年即建成了天地软件园。目前，天地软件园已被文化部认定为文化创意产业基地。

在开发建设都市产业园、天地软件园的基础上，新曹杨集团又将园区发展目标提升于商务楼宇，重点发展总部经济。当时，新曹杨集团虽然把自己村的土地全部征了下来，但土地性质多为工业用地，而普陀区及长征镇正在充分利用区位和交通优势，逐步向居住型、商贸型、研发型等第三产业方向发展。在新曹杨周围，一个个商贸中心开始建设。如何借此东风，带动在新曹杨这一片工业用地上产业的转型发展？又一次考验着王张福和新曹杨领导班子。他们决定，在政策允许范围内，抢先发展2.5产业，建设商务楼宇。这一新型业态，不仅大大提高了容积率，也有效提升了租金单价。与此同时，为适应产业形态的变化，新曹杨集团又把物业管理作为新的产业发展重点，开展职工培训，提高服务质量，很快就取得物业公司资质证书。目前，新曹杨集团已经拥有13栋商务大楼，并以此为契机发展总部经济，吸引了红星美凯龙、五芳斋、和运租赁等总部型公司的入驻。

通过与大企业合作盘活土地，也是新曹杨集团公司的一个重要发展路径。红星美凯龙是一家大型家具建材连锁企业，当时，该企业有意在普陀区建立上海地区总部并开设卖场，王张福抓住机会与其合作，由新曹杨出地81亩，由红星麦凯龙出资将土地由工业用地变性为商业用地并建造商业商务大楼。建成之后，两家共同持有大楼产权，新曹杨净得大楼中6.5万平方米办公楼。2010年，新曹杨在朝阳锅炉厂原址，与华东师范大学合作建设16万平方米的华大科技园，这一园区被教育部认定为国家级高新技术孵化园。

目前，新曹杨集团公司的资产已主要集中在商贸型楼宇和高新技术产业园区，村民不仅依托集团公司发展解决了就业问题，而且还享有村内各种福利，特别是一部分在征地时因年龄超过而不能纳入上海市居民社保的老人，由集团公司每人每月提供3 000多元养老及补贴，而对于那些在新曹杨集团发展最困难时期待过岗的职工，公司每年还给予额外补偿，以对他们在公司转型过程中接受下岗与公司共渡难关致以敬意和谢意。

三、 展望——从提升产业能级到实现产城融合

将近60年,新曹杨集团秉承“勤奋斗、创一流”的企业精神,在集体经济的道路上一路走来,发展速度惊人,发展成果喜人。这艘上海村级集体经济的“航母”,如今为适应经济发展的新常态和上海创新驱动、转型发展的新要求,正在自添动力、自加压力,对准新的航标,破浪前行。

2015年初,新曹杨集团领导班子进行了调整,王连福接任集团公司党委书记、董事长。面对辉煌的曹杨过往历史和严峻的现实及未来挑战,集团公司新一届领导班子坚持敬畏历史、敬畏群众、敬畏权力,力求在传承中奋进、在改革中创新、在发展中惠民,对如何坚持集体经济、走共同富裕道路,他们有了新的思考、新的展望、新的谋划、新的举措,这就是:围绕“三大任务”,实施“五个一工程”,开创新曹杨各项事业发展的新局面。

明确产权改革、发展惠民、管理创新三大任务,保障集体经济持续发展。新一届领导班子认为,面对上海在努力建设具有全球影响力的科技创新中心而加快产业转型与城市更新,依靠创新驱动来实现转型发展的新形势下,如何让新曹杨积极主动融入这一发展进程,在当前的机遇和挑战面前,奋力追赶而体现后发优势,并寻机实现弯道超车,当前及最近几年必须确保完成“产权改革、发展惠民和管理创新”三大任务,以激发集体经济活力,实现持续发展目标。产权改革是实现发展惠民的根本动力,发展惠民是进行产权改革的根本目的,管理创新是进行产权改革和实现发展惠民的有效途径和保障。这三大任务相互关联,共同推进,将引领新曹杨转型创新再发展。

产权改革是促进发展的必然选择。产权改革被列为三大任务之首,是因为现行的体制存在着归属不清、权责不明等传统公有产权的弊端,成为影响发展征途上转型升级的瓶颈,也是全体村民迫切盼望将其进行改革的头

等大事。推进集体经济组织产权制度改革，通过法律确权形式，将村级集体经济组织的资产变股权，成员变股东，可以在新的形势下促使村民自我加压，克服前进道路上的各种困难和矛盾，重新激发集体经济发展的内生动力与活力，在增加集体经济组织成员稳定而长效的财产性收益、分享集体经济发展成果的同时，共担集体经济发展的责任，直接参与到集体经济发展的管理之中，从而促使新曹杨进一步融入市场经济，按市场规律办事和市场游戏规则出牌，为新曹杨新一轮发展注入强劲动力。因而，这项改革是对集体经济现行体制、机制的重大革命，虽然比较艰难，但必须全力推进，以期通过改革，保障村民的利益，转变村民的观念，使集体经济组织全体成员的积极性得到充分的释放和调动。

发展惠民是产权改革的最终目的。上海正在加快调结构、促转型，各区县园区的发展随产业的不断调整升级已发生巨大的变化，新曹杨决定积极抓住产业升级发展的又一轮机遇，从租赁服务业迅速向科技现代服务业转型升级，通过制定一个将建筑学、城市规划、环境品质等概念整合在一起，并引入公共领域概念的“十年磨一剑”前瞻性规划和实施在现有存量资源上找增量的“三年行动”计划，用全新的思路和跳跃式的发展来实现产业转型升级后的中长期发展，满足当前科技创新时代升级版楼宇经济的科技创新创业人才和商务人员对工作和生活环境的要求，通过产业园区的高端化、国际化、市场化、智能化和集约化发展，增加集体经济收益，将发展成果进一步惠及新曹杨广大群众。

“十年磨一剑”规划。依托上海建设具有全球影响力的科创中心的机遇，根据普陀发展“科创驱动转型实践区、宜居宜创宜业生态区”的定位，整合中环、长风两大科技商贸区、周边五大居民社区及成熟的社会公共配套等方面的资源，发挥新曹杨自身独有的区位、交通、权属统一等优势，规划打造一个以新曹杨为中心，方圆几平方公里产城融合的城市共生体核心功能区，形成城市形态布局合理、市政基础设施完善、交通网络高效便利、通讯系统快速敏捷、科技文化设施一流、生态环境优雅怡人且富有生活情趣昼夜运行的新型城区，使新曹杨区域成为文化时尚、产城融合，以科技创新文化创意为引领、现代商务新型商业为支撑、休闲娱乐体验为特色、绿色生态为配套，充满活力且可持续发展的超大型国际化复合型城市共生体的城中之城，成为上海又一个标志性的城市地标名片。

"三年行动"计划。新曹杨在十多年前的退二进三转型发展过程中，定位2.5产业而建造了都市型工业标准厂房和普通办公楼，走在了时代的前列。期间又不断腾笼换鸟，将园区产业由生产加工型逐步提升为生产服务型和科技研发型，靠不断壮大园区规模夯实了集体经济基础。如今时过境迁，便捷的区位和交通、完善的生活配套和设施、现代的工作休闲环境和周到的优质物业服务，已成为支撑新一轮楼宇经济园区持续高质发展、提升其竞争力的关键要素，相比之下，目前仅提供了工作空间而缺乏生活配套空间和生态环境空间的新曹杨园区，尽管坐拥黄金地段，坐享双轨交发展带来的机遇，却由于园区日趋老化的短板而出现了疲惫的经营状态。对此，新曹杨集团决定实施"三年行动"计划，对现有物理空间的园区给予较大投入，使之改造升级，以避免竞争劣势的出现。计划实施的主要项目有：

华大科技园建设完善项目。由上海朝阳锅炉厂产业转型而建成的该项目是新曹杨集团有史以来投资最大、规格最高的重大项目，由于地处长风生态商务区和中环商贸区的连接点上及金沙江路、大渡河路两条市级景观陆路主干道的聚焦点，尤其是富有地铁13、15号线双轨交枢纽型地铁上盖的优势，而成为未来新曹杨整个区域高规格规划开发的启动区，具有全局战略性和示范引领性的作用。目前，该项目正按科创时代升级版的楼宇经济标准，按国际5A甲级智能化办公和打造中心城区一流科技园区对商业服务配套及环境提升的要求，进行重新定位和精心改造，通过增设商业、文化、休闲功能设施和虬江河岸休闲绿色走廊，将园区打造成集办公、购物、文化、休闲等各类功能复合、相互作用、互为价值链的高度集约型的建筑群体。2016年6月完工投入使用后，有望成为普陀区经济发展的新标杆。

天地软件园街区功能配套和环境打造项目。通过地铁13号线人流的导入，将华大科技园商业配套＋虬江河休闲河岸的建设完善项目进行延伸，以中江路与怒江北路口的上海曹杨商务大厦商业裙房改造项目为突破口，结合天地软件园入口两旁商业门面房的升级改造，调整业态并引进一些中端品牌，统一打造成以餐饮、咖吧为主的园区商业配套街区。2016 年上半年完工投入运营后，不仅能提升园区和社区的形象，还将逐步引导和提高消费层次，满足园区白领员工和周边社区居民的消费需求。

新曹杨高新技术园区产业升级、功能配套及环境打造项目，新老结合地将远近期项目搭配，给丹巴路两旁早期建成的新曹杨高新技术园区标准厂房“穿衣戴帽”，对老仓储房屋进行整修，将园区产业由生产贸易服务型朝科技创新文化创意型方向转型聚焦，并根据新的定位，增强园区昭示面，增加针对园区的商业、文化配套功能，停车设施，加大环境整治力度，拆除围墙，使之成为社会开放型的园区。

在园区改造的同时，通过车行交通改造，利用竖向空间优化停车，构建多层次复合式人行交通网络，增加各空间的可及性，形成步行＋商业＋绿色景观的空间系统，形成特色主题空间，形成总体——片区——组团的空间层次。

虬江河、朝阳河是服务新曹杨高新技术园区产业转型升级、打造一流环境配套不可多得的水资源，计划将其建设成亲水、休闲、健身慢步带观光的河岸文化绿色走廊，与园区打造的休闲慢生活街区结合，增强园区、社区的现代感形象，提高园区和新曹杨集团的社会知名度，在增强竞争力吸引八方来客的同时，也让周边居民享受到园区发展的成果，使园区和社区共享环境资源，成为上海有特色的新型园区。

实现发展惠民必须管理创新。新曹杨集团十多年来在园区产业升级、企业管理和提高百姓生活等方面都取得了显著的进步，但这主要是靠大量投入和消耗资源所取得的。随着新一轮发展要求的提高，新一届班子认为，必须创新驱动、转型发展，资源集约、管理创新，而建立面向市场的现代企业制度和转变经济增长方式是实现管理创新的重点和关键，加强这方面工作，也可为改制后的企业适应市场竞争和转型发展搭桥铺路，做好准备。在创新管理方面，集团正在扎扎实实地采取措施：

（1）集团公司面向市场面向未来谋划好发展战略、确定好发展思路、制定好发展规划、储备好满足发展所需的人才和资本力量，注重企业的市场占有率、投资回报率和单位产出率，实行企业发展的目标管理。

（2）根据现代企业制度，集团内部形成决策、执行和操作层面的组织架构，按产业发展特性设置公司下属职能机构，各司其职。

（3）通过对全公司及下属单位资源的清查，进行产业归并整合和企业联合重组，内部形成若干个独立核算体分灶吃饭。公司从综合、总量上给予绩效考核，宏观协调控制，微观放开搞活，以调动基层单位的积极性和主动性。

（4）实行分级、分层管理，公司和各单位根据内部不同岗位制定相应的工作标准，层层落实把关，一级对一级负责，横向到边、纵向到底，实现经营管理的全覆盖。

（5）建立既体现公平又兼顾效率的评价体系和考核机制，无论对单位还是个人，对下达的指标和作出的评定、评价要有质有量，而且需放在全公司或单位的整体平台上去统筹和衡量。通过各类绩效考核，形成干部能上能下、职工能进能出、收入能高能低的良性循环机制。

（6）树立品牌意识，开放办企业，通过网站、媒体等各种形式宣传和推广新曹杨，扩大影响力，及时发布资源和发展思路信息，全方位最大化地寻找合作伙伴，吸纳各路人才和建议，使新曹杨成为各方瞩目的投资热点和人才集聚高地，充分挖掘各类资源价值，实现企业经济效益和社会效益的最大化。

（7）注重各个层面的经济活动分析，培养各级干部依靠经营来管理的思路，对盈亏做到心中有数，从而人人会算账，个个成“老板”。通过数据分析，开展增收节支、开源节流，实行成本控制，实现目标管理。

（8）开展各个层面的质量体系认证，引入评价体系，进行日常安全文明等各类检查评比，采取预防措施，前移管理职能，使矛盾和问题暴露并解决在萌芽状态，确保公司和各单位各项工作平稳运行，严防各类事故和突发事件的发生，使领导能力和管理水平真正上等级。

实施“五个一”，系统化地推进各项工作上新台阶。当前，新曹杨正迈向科技现代服务产业的发展转型期与历史的转折期，新一届领导班子确定了“产权改革、发展惠民、管理创新”三大任务，肩负着集体经济的增长、体制改革的推进和惠民工程的实现等重大责任。为了确保三大任务的顺利完成，集团公司制定并正在实施“五个一”保障措施。

干部与群众一起动：在集体经济转型发展和推进三大任务落实的关键时期，唯有全体曹杨人的共同努力、共同参与、共同配合，才能顺利实现预定目标，把“干部与群众一起动”放在“五个一”的首位，就是要着力调动广大干部群众的积极性和主动性，共同贡献智慧和力量。

产品与服务一起上：在发展现代服务业过程中，为满足客户对园区服务的要求，干部职工要将园区环境打造和楼宇物业功能配套视作工厂的产品，精心设计、精致开发、精良打造。同时，对物业管理服务要做到精益求精，使楼宇“产品”的硬件和物业上的各项配套或增值性服务软件，一起上品质、树品牌。

十年规划与三年计划一起想：把计划和规划的编制过程，当成一个可行性研究和实施的过程，是瞄准后一张蓝图干到底的工程。为努力走出一条相互衔接，且可持续的产城融合的发展新路，必须处理好当前发展与长远发展的关系，顾及好眼前利益与长远利益，前后通盘思考定位，以保证建设的延续性和可持续性。

物质与精神两个文明一起抓：物质文明是发展的基础，精神文明是保障发展的软实力，在推进两个文明建设中，必须避免重物质、轻精神的倾向，防止一手硬一手软的畸形发展，保证物质和精神共同提升，使新曹杨的发展走得稳走得远。

园区与社区一起建：园区和社区，是新曹杨集团左膀右臂的两大重要组成部分，是经济发展和民生改善的载体与抓手。把园区建设好了，才能更好地实现企业的经济发展，才能有更好的物质条件满足社区建设的需要；把社区建设好了，才能更好地体现公司为民解忧、为民谋利的情怀，才能让群众心情舒畅地投入园区的建设发展。因而，同时发展好新曹杨的园区和社区，就能真正使经济发展和民生改善相得益彰。

“五个一”是实现新曹杨集团发展战略，完成“三大任务”的重要系统性保障。这五个方面，既对发展提出了要求，又对人员提出了希望；既对经济提升指明了方向，又对思想保障确立了地位；既着眼长期解决村民就业问题，又保障了村民目前的生活安居。这些，充分体现了新曹杨集团以人为本、科学发展、促进经济发展与民生改善相结合的新思路、新举措。

站在新的历史潮头，紧随中华民族伟大复兴的昂扬旋律，紧跟上海转型驱动创新发展的铿锵步伐，曹杨人承前启后，继往开来，正在用新的思维、高的起点和大的手笔，续写着集体经济发展的又一部鸿篇大作，让新曹杨这片沃土像初升的“金朝阳”，永远生机勃勃，活力四射。

一个村办的市级工业园区

——奉贤区杨王村的发展道路

一、 曲折的郊区农村工业化道路

杨王村由人民公社时期的一个生产大队演变而来，原属奉贤县光明镇，2005 年随行政区划调整，由杨王、西胡、牌楼三个行政村合并，划归奉贤区南桥镇。全村总面积 5.75 平方公里，29 个村民小组，1 208 户，3 477 人，外地来沪人口 4 650 人。

20 世纪七八十年代，“无农不稳，无工不富”使长江三角洲在农村工业化的发展走在了全国的前面。在上海郊区，当时杨王村是依托城市工业，搞社队工业较早的大队。1970 年的杨王、西胡、牌楼三个村已开始尝试办队办工业。1989 年，这三个村的工业产值分别达到 365.58 万元、171.41 万元、48.34 万元。但从社队企业到村镇企业，基本上是靠为国有企业配套加工而生存的，在计划经济下村镇企业除没有计划内配额外，自身市场意识、经营人才也不够强。20 世纪 90 年代，随着外资的进入和民营企业的发展，国有企业因产业结构、经营体制等因素陷入困境，相继破产、倒闭、转制，依赖国有企业的村镇企业也普遍陷入了困境。然而，正在这个历史节点上，农村工业化走上了两种截然不同的道路。在上海郊区，大多数村镇企业在经营不善的情况下采取了向民营化转制，把集体资产、厂房、土地一卖了之，使许多已有一定基础的村级经济的集体资产大量流失，并永远失去了集体经济重新发展的机会。这造成现在上海郊区的许多村集体经济薄弱，村级组织的日常运转支出难以保障，更谈不上为村民提供福利、进行社会主义新农村建设了，有的村的正常运转都要靠政府财政的转移支付。但是，在这骨节眼上，也有一部分村坚持走集体化的共同富裕道路，从头开始学习在工业化、城镇化、市场化过程中怎样发展集体经济，把集体化道路在工业化、城镇化、市场化进程中推进到一个新的阶段。杨王村就是这后一种新型集体化道路中的优秀典型。

进入 20 世纪 90 年代，杨王村的集体经济也走到了历史上最困难的阶段。到 1996 年，因村办企业经营不善，全村集体债务累计已达 1 360 万元，成为当时奉贤县最穷的村子，每天都有人上门要债。在巨大的挫折面前，许多村民对农民在市场经济的条件下，是否还能办集体化的工业产生了怀疑，村民士气低落。杨王村的发展到了一个历史的十字路口：抛弃集体经济的道路，把集体资产出卖抵债，让村民各自谋生很容易，一些在村办企业中已积累了一些技能和经营能力的人也能很快当小老板，富起来。但这与杨王人所习惯了的集体化道路完全是两回事。集体资产出卖和出让后，一般的村民怎么办呢？他们的奔头在哪里？这是大多数村民所担心的。然而，要坚持走集体化的道路，在市场经济中与民营企业竞争，在上海的工业化和城市的大发展过程中寻找自己发展的机会，又谈何容易，出路在哪里呢？

二、 能否从逆境中奋起，关键是班子，关键是带头人

曾在农业集体化、从社队企业到村镇企业发展过程中一直不甘落后的

杨王人并不甘心在工业化、市场化的大潮中就此沦落。当时杨王村的上级光明镇党委也在关注着这个深陷困境，但又有相当基础的村。一个村的兴旺，关键是能否重新组建一个能带领村民在工业化过程中走集体致富之路的领导班子。而领导班子的关键又是能否找到一个既有公心、愿意为集体奉献，又有能力、能在这一次新的发展挑战中带领村民致富的带头人。

1995 年，深陷困境的杨王村领导班子走马灯似地换了 3 次，最后，1996 年，杨王村两委会改选后由老村委会主任邱金荣担任支部书记，一位年轻的村镇企业的厂长——孙跃明被推上了村主任的岗位。在村里，孙跃明还只是小字辈，但论办工业，已有多年闯荡的经历。他从村办工厂的工人做起，能独立开模具，在技术上有一套，先后担任过技术员、负责销售的副厂长、厂长，懂经营，有干劲，更重要的是，这是一个具有公心，愿意为全村集体经济作奉献的共产党员。论能力，孙跃明已完全有条件自己办企业，走上发家致富的路了。但是，在村级集体经济面临重大挑战面前，面对全村父老乡亲的重托，孙跃明毅然决然地挑起了村集体经济的重担，走上了村主任这个领导岗位。

对于一个负债累累，每天疲于应付上门讨债的村，干部是不好当的。每天应付债主，就要耗去大量精力。但是最难的还不在于应付债主，而是在工业化进程中，怎样找到一条适合杨王村的发展道路。只有走上这样一条道路，村级集体经济才能起死回生，债务才能还清，村民才有可能致富。但是，要在工业化、城市化、市场化的条件下坚持和发展集体经济，路又在何方呢？

三、重走发展集体经济之路——白手起家，建起一个村办工业园区

20 世纪 90 年代村镇企业起落兴亡的经历告诉孙跃明，在对外开放、民

营企业兴起的市场竞争条件下，论体制，集体经济不可能灵活过外资与民企；论经营人才，集体经济也很难与它们相匹敌。因此，集体所有的村镇企业要通过办实体型经济，在市场竞争中争取自己的生存空间的确非常困难。杨王的发展必须扬长避短。曾作为镇的招商代表驻深圳工作几年的经验告诉孙跃明，如果说深圳是在一块工业空白的土地上造出一个现代工商业城市的话，那么随着浦东的开发和开放，上海同样也面临着再造一个上海的机遇。地处上海郊区的杨王村，虽然并不具备自办经济实业的优势，但是，可以发挥毗邻上海的区位和拥有集体土地资源的优势，通过为在上海发展的工业企业服务，从中获取发展机会。在工业化的过程中，土地、基础设施、为企业的服务是每一个企业都需要的。集约使用土地，不仅能提高基础设施的利用率，也可以形成企业集聚发展、服务便利的优势。深圳的发展正是通过搞经济开发区，在农田上创建出一个新的工商业城市。杨王是否可以像深圳那样，利用集体土地通过办经济开发园区，吸引其他企业来投资，获取地租、厂房租金，以及收取服务费用呢？如能这样搞的话，土地资源可以综合利用，工业污水和废弃物容易统一处理，而且工业企业来注册投资后，税收也在本地上缴，为地方增加了税收收入，村民也可以增加就业机会。杨王能不能办一个经济开发区呢？这个念头在孙跃明脑子里转了好久，在村领导班子经过酝酿形成共识后，正式向镇领导提出在杨王也办一个经济开发园区的设想。

当时在全国，办经济开发园区的都是政府，没有一个村办的先例。经济园区不仅需要大量地投资基础设施，而且还需要一系列的政策配套。对于杨王村来说，除了集体有土地之外，经济上还负着大量债务，哪有条件搞基础设施呢？即使搞了，又到那里去吸引那么多企业投资呢？杨王村的这个想法，超出了当时人们对上海郊区农村经济发展的想象。但杨王村新的领导班子认准了办经济开发园区这条路，已下定了决心，并最终取得镇领导的支持。

1997 年，杨王村正式成立招商办公室。搞开发园区没有资金，孙跃明把自己的房子向银行抵押，又向深圳的朋友借了20万元，拼凑了50万元，作为办园区的启动资金。1998年，杨王村用自筹的资金先开发出100亩土地，开始进行招商。1999年，抓住光明镇根据杨王村地理位置和交通便利优势，将杨王村经济开发园区调整为光明镇第二经济园区的机遇，杨王村自筹资金，把园区面积扩大到1 000亩。1999年8月18日，杨王工业经济园区正式挂牌成立。

作为新办的村级经济开发区，在交通和区位上，杨王村虽在奉贤县有优势，但奉贤在上海并不具有优势；在知名度上，杨王工业经济园区没有一家媒体宣传，也没有任何口碑，人们甚至都不知道这个园区的存在。对于一个想要在上海投资的企业，也不会想到要去杨王开发园区。以孙跃明为主任的园区领导班子明白，要招商引资，只有靠自己亲自一家一家企业去打交道了。他们坚持以诚字当头，耐心地对每一家有可能来投资的企业介绍杨王经济园区的情况，最后终于打开了局面。2001年，第一家制笔企业进驻园区。接下来，首批落户杨王的有上海欧泊铝制品有限公司、上海双英金属制品有限公司、上海梦露日用化学品有限公司等11家企业。2003年，杨王经济开发区到深圳招商引资，年内共引进86家企业。为此，到2003年底，工业园区又开发土地249.75亩，园区入驻企业达到118家。杨王园区也有了知名度，更多的企业前来考察，纷纷要求前来落户，杨王工业经济园区粗具规模。1999年至2005年，杨王工业园区先后有150多家企业入驻，征用土地910.62亩，租用土地268.774亩。到2008年，园区逐渐形成制笔文具、建筑装潢、电机电器、五金机械、环保设备、灯饰灯具、摩托产品、不锈钢产品等八大支柱产业，共有一万多种产品在国内外市场销售。

工业园在坚持以“创新、科技、环境”为主题，以“高起点、严标准、大动作”为要求，不断完善园区内的基础设施，使原来从南桥镇到村的交通都十分困难的杨王园区，逐渐形成了9纵14横的园区混凝土道路网，与A4高速公路和金海路等主干道相连接，园区公路总长16.641公里，基础设施不断完善。同时，杨王开发园区把园区功能的综合性、服务的完善性作为吸引企业投资的特点，形成了生产、加工、销售、消费、生活服务、文化建设各个功能区，集物流、资金流、技术流、人员流、信息流于园区内，并配有金融、保险、信息、咨询、会计、法律、税务、安保等服务，在园区内建设了市场、商业、饮食、娱乐、邮政、银行、生活区和公交站点，使落户园区的企业与职工能够享受良好的服务。到2013年底，杨王园区内实业型企业已发展到198家，实现了原来以传统的建筑装潢、五金机械、不锈钢产品等传统产业向新能源、新材料、化学试剂、生物医学、先进装备、太阳能等多个高新技术产业领域转型。到2013年，园区供吸纳劳动力8 517人，其中外省来沪人员4 894人。更为重要的是，在经济开发区上起步早、标准高，达到一定的规模。2009年，杨王工业经济开发区正式被批为上海市级工业园区。2014年，杨王工业园区与市北高新开发园区、上海国际医学园区一起以1 000分的满分在104个市级工业园区中并列节能减排第一。

在园区发展过程中，随着国家对耕地保护的政策越来越严格，再通过耕地转工业用地的路已经走不通，土地资源越来越稀缺。对此，杨王工业经济园区把这个挑战作为转机，提出并实施“零土地招商，腾笼换鸟”的政策。按照协议收回企业闲置的土地，停止向低产出的企业供应土地。对实业型企业在土地征用协议中明确规定每使用园区的一亩土地，必须安排村内0.75个劳动力就业。2003年后，园区开始从招商引资向招商选资转变，对入园企业规定亩均投入100万元和亩均产出200万元的硬性准入指标。2006年又分别提高到200万元和400万元。通过对部分产出率不高、经济效益低、技术装备差、能耗高、市场竞争力低的企业予以淘汰，把厂区置换给高新技术和大企业，盘活了园区企业资产，大幅提高了园区工业用地的效益。园区内平均每亩地的产出从2006年的100.36万元，逐年上升，2008年为249.18万元，2012年为288.49万元，2013年达到305.88万元，实现了园区内企业和园区的双赢。2003年，杨王园区实业型企业和注册型企业产值21 520万元，实现税收8 133万元，到2013年总产值达到368 242万元，实现税收33 283万元。

四、我们要干的事业，就是要通过让园区的企业发展，为国家作贡献，为集体壮大实力，为村民群众谋福利

办工业开发园区，是90年代杨王村的集体经济在跌入低谷，年轻人孙跃明进入村领导班子之后，带领村民重新走出的一条坚持集体经济的道路。2001年，孙跃明被选为村党支部书记，负责村的全面工作。如果说，在刚开始搞经济开发园区时，还有村民怀疑，一个村能不能搞起开发园区来？到2003年，园区不仅有不少企业入户，而且也有了产出，解决了许多村民的就业，杨王村的村民已没有人怀疑搞经济开发区的思路与决策，而且又重新燃起对坚持集体经济和实现共同富裕的希望。这时，又一个新的挑战摆在杨王村面前。

2005年，随着镇和村建制的调整，杨王村原属的光明镇并入南桥镇，杨王村与牌楼、西胡三村合并。在20世纪80年代，牌楼、西胡两个村的集体经济就与杨王有差距。1989年，杨王、西胡、牌楼三个村的工业产值分别是363.89万、171.41万、48、34万元，2004年分别为46 731.25万、700.34万、3 938万元，差距进一步拉大了。在这个当口，西胡和牌楼并入杨王，必然会出现原来三个村之间的发展和收入差距怎么看、怎么办的问题。是继续保留三村各自独立核算，杨王人过自己的好日子，还是合并后同舟共济，走共同发展、共同富裕的道路？不少杨王的村民担心，三村合并后，西胡、牌楼两个村是否会从自己的收入中分去一杯羹？人多了，心不齐，杨王是否会被西胡和牌楼拖累？村领导班子认为，在三村合并之际，村民有各种各样的想法是可以理解的，关键在领导班子怎么看，怎么想。为此，杨王村的领导班子首先需要统一思想，需要解决杨王办工业经济园区究竟为了什么的问题。在村的领导班子会上孙跃明指出：办工业经济开发园区，只是一个途径，不是最终的目的，我们最终的目的，是要通过集体经济的发展，为国家作出更

大的贡献，进一步壮大村集体经济的实力，带领村民实现共同富裕。杨王村已经在这条路上迈出了一步，走在了前面。今天村的体制变动，西胡和牌楼与杨王合并，但我们的宗旨没有变，还是要在发展的过程中把国家利益、集体利益、村民利益统一起来。三村合并，我们的村民多了，土地资源也多了，我们能够在一个更大的范围里谋求更大的发展，在更高的层次上为国家作出更大的贡献，使集体经济再上一个台阶，从原来杨王村村民的共同富裕，走向三个村的村民实现共同富裕。作为领导班子，我们不能只站在原来小杨王的立场上来思考问题，而要站得更高，看得更远，要干更大的事业。孙跃明书记的这个理念得到村领导班子的一致认可。村领导班子认为，对并入杨王的西胡和牌楼村的村民要一视同仁，不能把两个村看作包袱，而要看作发展的资源，是我们村班子要依靠的对象，也是要共同服务好的对象。

村党支部和村委会为此在原杨王村的村民中做了许多工作，也对西胡和牌楼两个村的村民做了许多工作。在由原来三个村合并成新杨王村的过程中，不仅没有起什么波澜，而且使杨王人站得更高，看得更远。杨王人把自己的理念概括为办好园区，让企业发达，为国家增加税收，使集体经济发展，最终村民实现共同富裕。在这个理念的指导下，三村合并后很快形成了新的村民融合。这个融合，也为杨王村的进一步发展带来了机遇。

原来这三个村居住分散，历史形成的自然居住区块多达 42 个。村民家前屋后占用的零星地块多，村落之间相互连接的纵横交错的道路占用土地多。针对这一情况，在杨王村有了一定集体经济积累的条件下，进行了以村民居住点集中为重点的村民居住改造和新农村建设。通过宅基地置换，村里统一规划集中居住的别墅区。按“旧房作价一点，村里补贴一点，个人补缴一点”的办法，村民最终只需支付少量的资金，就可入住村里统一建造的 200—300 平方米面积的别墅。

仅此一项大胆突破，不仅彻底改善了村民的居住条件，更使农田可以连片作业，实现规模化经营，同时，通过对农民宅基地的平整还耕工作，旧宅前的低洼地、小河沟、场地、竹园等的利用，首期工程就节约土地 218 亩，增加了宝贵的建设用地。而村容村貌也因改造得到很大的改变，杨王村村民的住房条件一下子跨越了 20 年。

依托工业园区，杨王村不仅解决了村民的就业，而且凭借集体经济的实力，向村民提供多项福利。从 2005 年到 2010 年，村总共安排 5 751 万元，解决了 971 个村民的上海市小城镇社会养老保险，为村民逢年过节发放鸡鸭鱼虾海鲜水果等副食品，为 60 岁以上老人提供每月 10 公斤大米，给予全村困难户家庭一定补助，为村民定期健康检查，对村民子女考入大学提供奖学金，对已故的大队和村干部及家属每年发放慰问金。杨王村领导班子提出的要让村民"人人有工作，人人有住房，人人有保障，人人有股权"的奋斗目标，已初步实现。

2014 年，杨王村实现产值 128 亿元，税收 3.2 亿元，村的可支配收入达到 4 199.49 万元，村民人均收入达到 30 000 元。

五、 关键是领导班子建设

杨王村从 20 世纪 90 年代的谷底，经过 10 年奋斗，走上了翻身之路，2005 年之后，又是一个 10 年，这是三个村合并之后的新杨王村，也是一个经济体量不断上升，集体经济不断积累，村民生活不断改善的 10 年。杨王村 20 年的发展，关键在领导班子。

20 年来，杨王村的党组织始终发挥着基层党组织的战斗堡垒作用，带领全体党员和村民，在改革开放的时代，在工业化、市场化的大潮中，不断开创新局。2001 年，孙跃明担任党支部书记以后，意识到搞好一个村的工作，不是靠个人单打独斗，而是要充分发挥党组织的战斗堡垒作用，发挥共产党员的先锋模范作用。他对党员干部提出，要"心中装着群众，遇事想着群众，努力服务群众，一切为了群众。"他更是用这四句话来严格要求自己。

2010 年，杨王村包含工业园区在内，共有党员 351 名，经上级党委批准，建立中共南桥镇杨王村委员会。党委建立后，首先明确了自己的八项职责：

1. 带领全体党员、广大干部、群众贯彻执行党在各个时期的路线、方针、政策和上级党委的决定和决议。

2. 制定本村经济、社会、政治、文化、生态文明发展规划和实施计划。

3. 依法开展村民自治，切实保障村民的权利和义务，领导和推进村民委员会建设。

4. 带领村各群团组织围绕中心服务大局开展各项工作。

5. 加强村党委自身建设，抓好对全体党员的教育和管理，抓好思想、组织、作风、反腐倡廉等建设。

6. 抓好村、组干部和企业党支部成员的思想教育和监督工作。

7. 抓好精神文明建设和社会管理，开展各项创建活动，维护社会稳定和谐。

8. 完善社会保障体系，加强服务工作，不断提高村民的物质文化生活质量。

为使党委的工作制度化，杨王村党委制定了议事规则，规定村党委会议事的主要形式是党委会，不能以书记办公会、联席会等替代党委会，党委会按照每月1—2次定期召开议事会，按照“集体领导，民主集中，个别酝酿，会议决定”的原则议事。党委民主决策程序也得到完善，每项重大决策都必须经过党委提议、两委班子商议、党员会议审议和村民代表会议决议四个步骤方可组织实施，并做到了实施过程和结果的两公开。

杨王村建立党委后，把党委和村委会的工作方式由过去的领导控制向管理服务转变，把为民分忧、替民解难、促民发展作为杨王村全部工作的重心和落脚点。党委注重不断转变工作方式和方法，逐步拓宽服务的途径和手段，增强服务能力和管理本领，从村民最关心、最直接、最现实的问题入手，为村民办实事做好事，不断加强村党委和村委会成员的创新观念，引导树立服务绩效理念，增强服务意识，消除旧有狭隘的权力观、私利观和价值观，切实做好农村公共服务规划和社会建设。

杨王村建立党委后，又建立起纪律检查委员会，行使对干部的监督检查功能。这是上海郊区村级党组织中第一个纪律检查委员会。

根据本村的情况，杨王村党委对于坚持党的群众路线，制定了自己的要求：第一，尊重农民的选择权。在农村社会事业发展中，尊重农民的意愿，通过各种形式广泛征求和听取农民意见和建议，切实解决农民生产、生活中迫切需要的问题。第二，尊重农民的参与权。把农民作为发展农村社会事业的参与主体，引导和调动农民参与发展农村社会事业的积极性、主动性和创造性。第三，尊重农民的监督权。在发展农村社会事业过程中，赋予农民充分的话语权和监督权，建立和疏通农民监督渠道，探索和完善农民监督形式，使农民成为重要的监督主体。

2010 年 5 月，杨王村在开展党员干部大走访活动时，配合杨王村每年开展的“走进基层、服务群众”主题实践活动，形成了规模性党群结对走访慰问制度。

在杨王的各项工作中，党委会发挥着核心作用，而党委的自身建设，起着至关重要的作用。

六、 一个村，也要科学发展

随着工业开发园区开发成功，杨王村在经济上打了一个翻身仗。接着随着西胡和牌楼村的并入，形成了新的大杨王村。三村合并后，村党委意识到，对杨王的发展来说，土地扩大了，人口增加了，杨王村不应该只循着搞工业园区的老路子继续发展，而是需要考虑在 5.75 平方公里的土地上，按照科学发展观，画出最新最美的图画。

根据村里还有 2 661.93 亩耕地和 2 840 亩工业园区用地，以及其余的基础设施用地和村民生活用地，和全村 1 208 户，3 477 人，还有一些村民的就业需要解决的村情，在实践中，杨王村形成了“一、二、三、四、五、六”的总体发展思路：

一个目标：按照党中央建设社会主义新农村的 20 字方针，把握政治、经济、社会、文化“四位一体”整体推进，坚持科学发展、全面发展、自主发展、协调发展、和谐发展，实事求是、因地制宜地把杨王建设成富强、文明、优美、和谐的社会主义新农村。

二个重点：一是提升杨王村的经济总体实力，增加农民收入为重点；二是保持杨王村的稳定和谐为重点。

三个集中：农业向规模集中；工业向园区集中；农民居住向农村社区集中。

四个有：人人有岗位；人人有房产；人人有保障；人人有股份。

五个加强：加强产业转型和能级提升；加强文化和精神文明建设；加强培育新农民；加强政治民主建设；加强党的建设。

六个完善：完善工业园区管理服务功能；完善农民集中居住区的建设；完善农业生产组织化程度；完善新农村建设人才新高地；完善民主管理机制；完善村的形态建设。

2005 年 8 月，杨王村领导班子在大量听取村民意见的基础上，专门聘请专业规划机构，经耗时一年多反复调研论证完成了《杨王村总体建设规划》，该规划经上海市奉贤区人民政府专题审议，提交区人民代表大会表决通过。这部规划体现了杨王人认真贯彻科学发展观，积极转变经济增长方式的总体思路。规划确定了“农业区、经济园区、农民新型生活区”3 个聚集区的新农村建设方案，对杨王中心村经济社会发展、功能定位和发展规模、村域发展和建设空间等作了详尽规划。以科学、协调的发展，稳步推进全村“新型工业化、农业现代化和城乡一体化”建设，使杨王村在有计划、有步骤的改造中，发生翻天覆地的变化。这些年以来，在规划的指引下，杨王村实现了三个集中：

农业实现了耕地连片，农业经营集中。2010 年，杨王村逐步对集体农用土地进行推土平整，由村种植农业合作社负责管理和利用。为加强农业生产组织化程度，杨王村成立专业合作社，由村委会对村民的土地进行集中流转，统一管理。这不仅保证了村民来自耕地的收入，可以腾出身来，实行再就业，而且大大提高了农业的效率。

除此之外，杨王蔬菜基地首期520亩大棚蔬菜基地列入市政府实事工程，已于2007年投入生产；杨王村以黄桃为主的果林园以及花卉园粗具规模，所筹建的上海杨王现代农业种源创意园，已于2010年被政府列为重点推进农业项目。

工业向园区集中，不断实行产业升级。除工业园实施“腾笼换鸟”政策，吸引高产出的企业入驻，逐步淘汰低产出、低税收高的企业外，杨王工业园区在发展中逐步打造八大支柱产业，规划五个产业集群，积聚主题产业，努力达到“科技、规模、规范”的可持续发展效应。在“十二五”规划中，积极打造了杨王2.5产业带，大幅提升了土地的利用效率和收益。

住宅向新型社区集中，实现村民就地城镇化。2001年上半年，杨王村村领导班子抓住杨王工业园区开发与农民住房动拆迁的机遇，着手准备以农民宅基地置换的方式对农民住宅进行集中建设。通过宅基地的置换，原先分散零落的农宅归并进了小区，通过对置换出来的农宅复垦和国土整理，把旧宅前低洼地、小河沟、场地、竹园等平整利用，首期工程就节约土地218亩，增加了村的建设用地。

从2014年起，杨王村又开始进行第二期农民住宅的集中建设，可以把村民全部安置进新建的小区，每户达到280平方米的住房水平，使村民就地实现城镇化。

七、物质文明，精神文明建设要同步发展

1995年以来的不到20年时间里，杨王村通过坚持集体经济道路，在为国家多作贡献，壮大集体经济实力，实现村民的共同富裕上迈出了一大步，

在奉贤区和上海郊区，为怎样建设社会主义新农村，什么是全面建成小康社会起到了率先的作用。

杨王村两委班子明白，只有经济的发展，物质的富裕那还不是社会主义。随着市场经济的发展，激活了小农意识，老百姓的欲望也不断膨胀，只要利益与权利，不要责任与义务成为一种风气。正像有人形容的那样："过去人心是红的，眼睛是黑的，现在容易变得人心是黑的，眼睛是红的。"怎样在集体化的道路上不断前进，就要引导村民来重建集体意识。社会主义必须要物质文明建设和精神文明建设同步发展，两手抓，两手都要硬，这个党中央的要求，变成了杨王村领导班子的自觉行动。这些年来，杨王村的文化生活丰富起来，精神文明建设上也取得了很大的成就，在村里树立起良好的文明风尚。

杨王村以村民学校为依托，构建多元文化的融合空间，以兴趣共同体为基础，逐步打造出具有凝聚力的杨王文化。村民集中居住的杨王苑内设有多个功能农家会所，开设图书室两处。还在2009年建成足球场、篮球场等多个体育场所，方便村民开展各项文体活动。这些家门口的活动场所为满足村民求富、求知、求乐和强身健体，身心健康的需求提供了便利。杨王村已有文艺一队、二队，腰鼓队，舞狮队，广场舞队，时装队等11个群众文艺团体，成立了文体团队协会，组织群众开展经常性的文体活动。村民自演自赏、自娱自乐，不仅丰富了精神文化生活，而且大大增加了村的凝聚力。

在精神文明建设中，杨王村领导班子带领村民着重抓了这样几项工作：

2007年，杨王村经过全村上下充分讨论，形成了杨王村的村训："勤劳、智慧、进取、和谐；不怕艰难，昂扬向上的精神状态；大胆实践，善于实践的务实作风；敢为人先，争创一流的时代风范。"村训体现了杨王人在新时代的精神面貌和追求，反映了杨王村的发展方向。

2007年7月，根据中央关于建设社会主义新农村20个字的目标，杨王村又由杨瑞金创作了《杨王村新农村建设三字经》：

新农村，党号召，众乡亲，齐响应，

规划先，顾全局，人为本，倡和谐，

新理念，尊民意，随民愿，倡民生，

树新风，学知识，重科学，求发展，

新产业，结构好，效益高，质量优，

方式变，惜资源，重科技，创品牌。

新经济，园区化，抓环境，生态美，

重循环，会管理，升理念，保兴旺。

新农业，科技高，农为本，不可忘，

现代化，转劳力，促增收，奔小康。

新农民，讲文明，有文化，学技能，

懂经营，闯市场，勤充电，素质高。

新生活，有格调，老有敬，小有教，

富帮穷，携手进，邻里和，万事兴。

新环境，齐心建，宅前后，中塑造，

护绿化，清家园，保常态，促长效。

同时，村领导班子又号召全村村民根据自己家庭的情况，制定家训。村训、新农村建设三字经和家训，成为杨王村群众开展自我教育的好教材，对促进村的精神文明建设起了积极作用。

2010 年，杨王村有了自己的村歌《杨王之歌》。这首由杨王人自己创作的村歌，反映了新时代杨王人的精神面貌："江南水乡景色美，万花丛中几枝秀；无论你是新村民还是老村民，咱们都有一个共同的名；杨王啊杨王，人杰地灵的地方；杨王啊杨王，新农村建设的地方；个个智慧又勤劳，人人和谐又敢闯；誓把天地换新装，定叫日月换新貌；杨王啊杨王，吉祥欢腾的地方；杨王啊杨王，蒸蒸日上的好地方；规划先行绘蓝图，科学发展重实践；与时俱进谋大业，杨王明天更辉煌。"

2011 年，《杨王之歌》在"村歌献给党"全国优秀村歌评选活动中，获中国村歌十大金曲提名奖。

党的十八大提出24个字的社会主义核心价值观，杨王村领导班子认真学习之后，觉得有必要根据当地村民的情况进行宣传倡导，编写了通俗易懂的宣传稿《社会主义核心价值观——杨王村一点点》："思想解放点，改革实一点；领导辛苦点，群众实惠点；创新发展用心点，集聚资源多一点。敬老多一点，溺爱少一点；文明多一点，陋习少一点；正能量发扬一点，公益事业热心点。做人和气点，生活简单点；饮食清淡点，起居正常点；成绩面前谦虚点，困难面前坚强点。心胸宽阔点，肚量大一点；计较少一点，脾气好一点；朋友面前真诚点，亲人之间关爱点。牛角少钻点，理由少讲点；闲言少一点，赞美多一点；原则问题清醒点，鸡毛蒜皮糊涂点。为人厚道点，微笑自然点；做事认真点，想事周到点；关键时刻冷静点，遇到急事理智点。好书多读点，技能多学点；内涵丰富点，品质高尚点；冷艳恶语少说点，良言暖语多说点；内心正直点，言语和蔼点；信仰坚定点，迷信少一点；如果做到这几点，今后你会幸福点。"这种对社会主义核心价值观的宣传朴实无华，带着乡土气，甚至也缺乏文采，但把时代的核心价值带进了村民的心中。

我们可以从杨王村村民所立的家训中看到社会主义核心价值观的熏陶：

俞同珍家庭：爱国守法，明礼诚信。

胡成楼家庭：爱国守法，爱岗敬业，奉献社会。

高伟家庭：公正、包容、责任、诚信、勤劳、智慧、进取、和谐。

在随着市场经济的发展，精神文明建设变得困难的情况下，杨王村却始终扭住不放，创造出各种方式，让社会主义核心价值观能够深入人心。

八、 杨王村的启示

改革开放以来，全国61.3万个行政村中，大约还有15 900个村保留了村级集体经济，并每年仍能有超过100万以上的集体经济收入，占所有村的总数的2.6%。但是，在这些村中也只有很少数，能够依靠集体经济做到“人人有工作，人人有住房，人人有保障，人人有股权”，使集体经济成为村民就业、收入、福利、社会治理的主要依托，成为农业发展的支撑，成为新农村发展的保障，成为带领村民进入工业化的经济基础。杨王村就是这少数中的一个。今天，无论是从社会主义新农村建设、从城郊的工业化和村民的就地城镇化、从社会主义精神文明建设、从奔向共同富裕来看，杨王村都取得了很大的成就，正在不断前进。

像杨王村一样坚持走集体经济道路的，关键的发展阶段是20世纪的90年代。在整个社会向市场化改革的过程中，公有制经济为适应市场化、民营化、对外开放而改制的过程中，能够把走集体经济道路坚持下来的，关键是有一个坚信集体化道路是共同富裕的必由之路，能够以集体利益为首要使命，又能适应市场经济发展的带头人，有一个能按照这样的方向和能力带出来的领导班子。对于全国的村来说，都要产生这样的带头人对大部分村来说并不现实。但是，像杨王村那样这些坚持走集体经济道路的村，给人们留下的启示是：在新中国成立以来所建立的整个社会主义制度、社会主义意识形态，和集体化道路以来所形成的经济基础和集体主义的价值的背景下，这些坚持走社会主义集体化道路典型的出现，并不是偶然的，而是这些社会主义因素、条件在新的历史条件下的产物。从全国来看，这些村不是主流，但却代表着未来，代表着在一个村的范围里对中国特色社会主义道路的自觉探索，并取得了成功。中国的农村要坚持走共同富裕的社会主义道路，以集体经济为基础的村的建设，尤为重要。而村的建设中，领导班子的建设尤为重要。杨王村的成就，正是因为有一个“心中装着群众，遇事想着群众，努力服务群众，一切为了群众”的领导班子。而村级领导班子的建设，整个路线和政策的引领又尤为重要。只有我们的政策立足于把发展集体经济作为建设社会主义的经济基础，才能涌现出更多的像杨王村那样的领导班子，涌现出更多的像孙跃明那样的带头人。

在发展中学会村民自治

——嘉定区太平村农村基层治理的探索与实践

当村干部心中要有一根标尺，以此检验一切工作的成效，即要看群众是否民主权利得保障、生活质量得提高、民生诸事得实惠。

在加快经济社会发展的同时，要充分重视群众当家作主的需求，要让村民有实实在在的知情权、参与权、决策权、监督权。从而激发群众治村的主体意识和内在积极性，成为避免、化解社会矛盾的巨大力量。

——原太平村党委书记苏兴华

上海市嘉定区江桥镇太平村位于江桥镇西端，面积 1.67 平方公里，2 507.3 亩土地中可耕地 581.51 亩、村民宅基地 325.27 亩、工业用地 1 069.92 亩、国家征地 191.81 亩，河道、池塘、道路、绿化等占地 338.8 亩。有 8 个村民组，405 户村民，常住户籍人口 1 412 人，外来人口 4 500 人。

太平村原本属封浜乡，后随封浜乡并入江桥镇，是地理位置比较偏僻、经济相对比较落后的一个村。1968 年后，太平村开始发展社队企业，走工农并举发展的道路，到改革开放前期，先后创办了三四家工农联营企业，1985 年太平村年集体工业利润超过百万，成为封浜乡第一个百万富翁村。到 1992 年太平村村办企业已发展到 12 家。20 世纪末，随着乡镇工业发展的现代化、规模化，镇村企业开始向园区集中，太平村正处在金宝工业西片园区内。这些年来，太平村依托金宝西片工业区（现俗称太平工业园区）坚持集体经济的发展道路，不断通过招商引资获得发展，目前全村有各类注册企业 113 家。依托这些企业，太平村实现了人人能就业，人人有工作岗位。2005 年，太平村推出了村级资产村民入股的举措，营造村民收入有稳定增长的机制。同时盘活村级固定资产，让资金充分发挥作用，确保村民入股后每年能得到不少于 10%的红利。2001 年农民人均收入 7 735 元，养老金 920 元；2005 年人均收入达 13 146 元，养老金提高到 1 160 元。从 2010 年开始，太平村为适应江桥地区产业发展转型的形势，开始着手调整经济结构，参与了北虹桥的商业投资与开发，第三产业迅速发展。劳动收入以每年 8%—12% 的比例逐年增长。另外，全村村民几乎每家有住房出租，每年有 500 多万元的收益，最高的户收入能达 2 万到 3 万。2014 年村可支配财力达到 1 103 万元，村民劳均年收入 35 886 元。

在发展经济的过程中，太平村党委提出，发展经济是手段，目的让村民幸福满意，这是太平村一切工作的出发点，也是我们的终极目标。围绕这个目标，太平村运用村级集体经济的收益，不断实施“满意工程”，“幸福工程”，采取了一系列措施，来保证村民安居乐业、生活幸福。太平村先后投入 3 800 多万元建造村民之家，改造村民自来水管网 2.3 万米，在村域 10 条主干道及 8 个村民组安装路灯、监控探头，翻修道路 6.3 万平方米，河道石驳 2.1 万米，污水纳管 8 500 米，建造标准型公共厕所 15 座，新增垃圾集中处置点 8 个，使整个村的面貌焕然一新。

如果说太平村能坚持集体经济的道路不断发展，是源自老书记苏兴华和村党委一班人坚持走集体经济道路信念的话，那么之所以能够在社会主义新农村道路上走得顺畅，关键是在加强党的建设的前提下，走上、走好了村民自治的道路。

一、干群矛盾逼出来的村民自治

进入 21 世纪，太平村依托金宝西片工业园区集体经济不断壮大，村民生活水平不断提高，但令太平村干部意想不到是干群矛盾反而激化了。

当时，村干部认为只要集中精力抓经济建设，让村里富起来，村民就会满意。从工作态度来看，村干部干工作尽心尽力，起早摸黑，但让他们没想到的是，村里经济发展了，村民口袋鼓起来了，意见反而多起来，干群关系变得紧张了，一系列矛盾和问题凸显。当时发生的几件大事引起了村干部的深思：

1. 筑路引发的冲突。随着经济的发展，制约太平村经济发展的瓶颈问题显现。当时，太平村的交通十分不便，为了利用 312 国道交通便捷的优势，加大招商引资力度，太平村借债修筑一条连接 312 国道和工业园区的道路。但此事许多村民反对，认为村干部借钱筑路是“败家子”，甚至认为干部是为了自己捞好处。村干部为此十分苦恼。

2. 转制凸显的矛盾。90 年代末，村里的工农联营企业经营不善，必须对一些低利亏损企业置换转制，盘活资产，造成一百多名在企业上班的村民只能转岗或回村参加农业生产。村民们不理解为啥村里辛辛苦苦办起来的企业要卖给私人老板？为啥村里不与村民通气？甚至认为这种转制肥了干部，便宜了老板，倒霉的是村民，对村干部意见很大，一度到村委会上访不断，有的甚至扬言要吃住在村委会，情绪十分激烈。这时村干部迷惑了，为什么我们辛辛苦苦为村里企业找出路，村民不仅不理解，还要怀疑干部得了好处，干部工作积极性也受到很大的影响。

3. 土地补偿费发放的质疑。对国家征地后村里每次发放土地补偿费，村民总有怀疑：土地补偿费明明村里拿到好几十万元，怎么分配给农民的才一点点，留下的到哪里去了？是不是被村干部吃光用光了？对此村民强烈要求村里对土地补偿费的发放要公平、公正、公开，给群众一个明白。

为什么自己起早摸黑地为老百姓做事，还要落得被村民骂？为什么自己不贪不占，村民还认为自己得了好处？这种困惑、这份委屈使村干部感到茫然，有的村干部甚至产生辞职不干的念头。但一次与村民的沟通，使干部豁然开朗。

2000 年 5 月 17 日村委会决定从企业转制引发的矛盾焦点着手召集有意见的村民开会，希望能够消除误会。在会上村干部从企业转制引发的矛盾焦点出发，说明为什么要转制、村级经济存在的困难、今后的打算等，对村民详细地一一讲清楚。没想到，干部担心的后果一点也没有发生。对村里的处境有了初步了解后，村民很通情达理，他们讲："你们要是早开这个会，早把这些情况跟我们讲明白，我们也不会来找你们麻烦。只要干部是真心诚意为集体、为百姓办事，我们是不会无故责怪的。但是，村里的事要让我们知情。"村民的一席话，使村干部豁然开朗，看来干群矛盾的关键在于干群之间缺少沟通，而消除矛盾的关键也在于干群之间的沟通。

有了这次经验，村党总支重新学习了《村委会组织法》，对村委会是一个群众自治组织，必须以群众自治的方式来搞好村内民主，这是使村里不管是经济发展，还是村民福利能够顺利进行的制度性保证。由此，村党总支加强了搞好村民自治的自觉性，决定深入听取意见。一方面组织村干部分头到村民家里听意见；一方面召开多种形式的村民会议，进行积极的沟通、交流。经过一个多月的走访座谈，从村民的反映中梳理出有关集体资产管理、工程资金支付、土地补偿费分配等六大问题。村书记苏兴华深刻地体会到，在过去的工作中，由于村务管理公开不够，集体资产使用不够透明，村民福利、补偿费发放不够明晰，才导致村民产生这么大的意见。要做好新时期农村工作，仅仅发展村级经济是不够的，更要保证村民的知情权，村里的事要让村民共同参与、作主，村里干部的工作作风和廉政行为也要让村民来监督。用村民的话来说就是：太平村要求真正太平，民主管理是关键，村里的事要让村民参与，村里的事要公开。

2001年,全国广泛开展“三个代表”重要思想学习教育活动。太平村两委在这项活动中结合实际,把落实村民自治作为关键,组织力量修订和完善了村务公开、民主理财、群众联系、议事决策等42项内容、72本台账的一系列民主管理工作制度。2001年下半年,太平村出台了有史以来第一部《村民自治章程》,村民称为“小宪法”。这也是上海郊区第一个由村级组织自行制定的村民自治制度。村两委把《村民章程》和村务管理、经济管理、财务管理、村民监督等一整套工作制度手册印发给村民,使太平村的村民自治、民主管理工作进入规范、有序、健康运行轨道。

太平村民主管理的这一实践与探索,引起了市、区两级领导的重视。通过蹲点调查,他们作出的评价是:太平村两委会在推进村民自治和基层民主管理实践过程中,一方面发挥了基层党组织领导核心作用,另一方面保证了让村民当家作主,依法依章办事,使村民的民主意识和干部为民办实事的能力提高了,党群关系、干群关系也进一步密切了,促进了全村的民主团结与和谐稳定,顺应了社会主义基层民主的发展趋势。

二、 在发展中不断深化村务民主、村民自治

随着工业化、城镇化、市场化的发展,村里的村民绝大部分出去务工了,许多村民在城里、镇里买了房。大量的外来人口进到村里工作、生活。太平村的常住人口结构发生很大的变化。太平村作为一个小社会,人们的利益多元,价值多样。面对这新情况,太平村党支部牢牢抓住农村基层民主自治这条主线,确立了“以知晓为前提、以作主为核心、以监督为保障、以融入为补充、以满意为目标”的具有城郊村特色的基层民主政治建设新思路,形成了“四个机制、一个目标”,即建立了较为完善的村务公开机制、村民作主机制、村民监督机制、新村民参与机制,以达到村民满意的目标。具体来说就是做到村里的事村民知晓、村里的事村民作主、村里的事村民监督、村里的

事新村民融入、村里的事村民满意的有机统一。

在让村民了解村务和确保村干部与村民沟通通畅上，太平村着力做好这样几项工作：

1. 太平村充分发挥党员、村民代表、群众组织及村民管理小组长这四支队伍的作用，通过建立四支队伍，把村两委、村干部与群众之间的沟通延伸到了家家户户，构筑了一个横向到边、纵向到底的村民知晓网络。这四条渠道是“党组织—党员—村民”的联系渠道、“村两委—村民代表—村民”的联系渠道、“党组织—群众组织—村民”的联系渠道、“村两委—村民管理小组—村民”的联系渠道。通过这四个渠道，干群之间做到了上下通达，民意畅通。

通过建立太平村百姓学校，使村民能够有一个集娱乐、健身与学习、教育、培训为一体的平台；创办《太平家园》村报，架起一座村干部与村民之间沟通的桥梁；设置民情联系箱，畅通村民信息反馈渠道；开通村务网，让沟通无距离。

在村务公开上，太平村制定出了一套完善的制度，如村务公开制度、党务公开制度、群众公开制度、干部岗位责任制和各类会议制度、民主理财制度、财务审批制度、干部述职报告制度、意见收集处理反馈制度等，通过制度建设，保证了“村民知晓”这四个字在太平村能有效落实，保障了村民民主权利的实现。

2. 太平村以《太平村村民自治章程》核心，制定了一系列村规民约。《自治章程》规定了村民自治组织的产生、职责、工作方式；村民的权利和义务；村土地、农业、企业和财务管理的原则；村风民俗、邻里关系、婚姻家庭、计划生育、社区教育和社会治安等方面的行为规范等各个方面，其中的核心是明确了村委会的职责；明确了村委会的工作制度和村干部的考核管理；明确了村民的权利和义务；明确将来沪人员称为“新村民”及义务和权利。有了《自治章程》，村民自治就有规可循。

3. 太平村在民主管理的实践中，逐步探索形成“五步工作法”，村里所有重大事项都按照“一听、二议、三表决、四公开、五反馈”的步骤实施。

听，是指提出议案、听取民意。在重大事项决策前，先由村“两委”提出讨论的事项，然后通过召开有关会议、走访座谈、网络征询听取意见、建议。

议，是指制定方案必须经过反复商议。重点抓好村两委商议、群众骨干评议、村民代表审议三个环节，制定审议表格，将提案草案发放到各家各户，征求村民意见。如村民认为提案草案还需完善的，可以提出修改意见；认为提案不可行的，可以提出反对意见。提案草案经户代表签字盖章，汇总梳理后，最终形成正式的书面提案。

表决，是指重大问题必须走表决程序，形成决议。

公开，是指决策从形成到执行全程公开，接受监督。

反馈，是指跟踪反馈，整改提高。由全体村民、村民代表、党员、各群众组织对事项的进度、质量、效率等实施情况进行全程跟踪监督，随时提出反馈意见。对于群众反映不满意的决策、执行结果予以整改落实。

4. 建立村民监督制度

早在2005年，太平村成立了村务监督委员会，保证公权力真正为民所用。村务监督委员会成员为9人，由具有一定的文化程度和参政议政能力、具备财务和管理知识的村民组成。村务监督委员会成员由村民代表大会选举产生，任期与村委会相同。明确村“两委会”成员、集体经济组织班子成员及其近亲属，村条线干部，村财会人员，村文书不得担任村务监督委员会成员。村监督委员会下设党建群团监督、村务监督、社会治理监督、理财管理监督、新村民管理服务监督等五个小组。每个监督小组每月5、15、16、20日为监督活动日，重点对村工作、村干部每月三次走访台账、制度执行工作、财务运作管理、村民意见落实、实事工程项目及村两委工作等情况进行监督。村务监督委员会独立行使监督权，对村民会议和村民代表会议负责并报告工作，他们可以列席村“两委”班子会议，对讨论的事情有建议权、质询权和否决权；村务监督委员会还对村里的财务开支有直接的监督和管理权，如果村务监督委员会审核通不过，就是村书记也不能“批条子”。这些年来，重大事项民主决策情况，村务公开和民主理财情况，村级各项收支、集体土地征收征用、工程项目招投标等村务管理执行情况等都成为监督的重要内容。自成立村务监督委员会以来，村内监督已逐步做到内容具体化、监督程序规范化、监督结果公开化。

5. 让新村民融入太平村建设

由于大量企业入驻工业园区，许多外来务工者也在太平村租房居住。他们生活工作在太平村，成为太平村这个小社会中重要组成部分。太平村的各项建设离不开他们的支持参与。怎样让他们融入太平村，是太平村发展的关键。2003年，太平村通过村民代表大会决议，对在太平村的来沪人员一律称为“新村民”，并制定《新村民自我管理实施办法》。这不仅是一个称谓的改变，也是对于外来务工人员观念的转变，是对于外来务工人员平等地位的逐渐确认。太平村以此为起点，开始引导新村民和本地村民协同参与村里的建设和发展，在工作中对他们由过去偏重的“管”、“卡”、“压”，改变为从多方面的“帮”、“教”、“疏”。在对新村民的工作上，太平村主要做好这样几项工作：

在新村民中建立党支部，通过把分散的党员组织起来，形成新村民的核心。2011年8月28日，太平村召开第一届新村民代表会议，为新村民搭建实现民主权利的平台。从此，新村民有了行使自己的民主权利，决定重大事项、切身利益的组织。成立新村民管理委员会，使新村民能够实现“自我管理、自我服务、自我提高、自我发展”。在村党委领导下，新村民党支部、新村民代表会议、新村民管理委员会“三驾马车”有效地开展工作，团结、凝聚广大新村民融入太平村的建设中来。

太平村对新村民的教育主要包括四个方面：一是注重职业技能的培训；二是注重对新村民卫生和生活习惯的培养，不断提高他们的文明素养；三是注重文化融合和移风易俗等方面的教育；四是注重法律法规的宣传教育。

太平村建立了“新村民服务管理中心”，在技能培训、就业、扶贫济困、就医就学、权益保障、司法援助、宣传学习、文化文娱活动、精神文明活动等方面给予引导、指导、服务。

太平村对新村民行为规范实行“积分制”的管理服务模式。将年满18周岁以上，居住在村民“托管”和“新村民家园”住房中，并且有正当、合法的工作和职业的新村民纳入“积分”考核。积分考核指标分作基本积分(6)条和加奖积分(7)条两大类。根据年终个人的积分情况，村委会会给予相关新村民奖励或者处罚。引导新村民都能够自觉遵守村里的各项村规民约，积极参与到村里的民主自治活动中。“新村民”也逐渐变成太平村的主人，新老村民携手共同打造美好和谐的太平家园。

三、 把加强党的建设作为一切工作的保障

太平村走出了一条农村基层建设、发展的特色道路，根本的原因是有一个以苏兴华老书记为核心的优秀村党总支(2014年4月改为党委建制)领导班子。苏兴华书记同村干部坚守的两句话就是“坚定理想信念，不忘为人民服务宗旨，发扬优良传统，牢记为百姓造福职责”，“为百姓谋利益是干部工作的出发点，让村民享幸福是干部办事的落脚点”，他们坚持“让村民做主、为村民造福”的理念，牢固树立“权为民所赋、权为民所用”的权力观、“群众需求为己任、群众满意为目标”的群众观，全心全意为村民谋利益，把一个贫穷、落后的太平村，建设成为“经济发展、政治民主、社会和谐、环境优美、生活富足、精神文明、村民安居乐业”的幸福村。太平村的实践得到从中央到市、区各级领导的充分肯定。十多年来，太平村先后获得“全国民主法治示范村”、“全国先进基层党组织”、“中国名村影响力排行榜管理指数第一村”、“全国民主管理第一村”、“中国幸福村”、“全国文明村”等一百多项区、市、国家级荣誉称号。

1. 打铁先要本身硬，党委建设是根本

党的建设，太平村从总支到党委始终坚持如一，作为村的工作的根本。

太平村党委制定《太平村党委中心组学习制度》，每月采用读原著和文件、听专题讲座和辅导、看电视专题教育片、访先进单位和人物、谈学习心得和体会等方式集中学习 1 次，自学每月不少于 10 小时。村党委坚持每月一次组织生活，传达学习上级党委的决定、指示和工作要求，开展批评与自我批评。

村党委坚持“双向汇报”制度，每半年举行一次“双向汇报”工作会议，党委向党员汇报近期工作，听取党员意见建议；党员向党组织汇报自己思想、工作情况，接受党组织教育和帮助。

太平村“两委”坚持民主集中制原则，重大问题集体研究、集体决策。建立了有事先议、议而有决、决而有行、行而有果的工作机制，实行分工负责、责任到人，谁分管，谁负责，不推诿、不拖延。太平村对村“两委”及全体村干部和村务工作人员按季度实施考核，考核工作由村考核领导小组及村务监督委员会负责实施，按照考核成绩决定村干部和村务工作人员的报酬。

从 2010 年起，太平村党委还建立了党员议事会机制，党员议事会 27 名成员作为太平村的党员骨干，在党内重大事项先知道、重大问题先讨论、重大决策先行动，带头宣传党内工作、带头执行党委决定、带头组织党员群众，进一步体现了党员主体地位，发挥了党员先锋模范作用。

2. 抓好党支部建设

为加强基层党的组织建设，使党的基层组织发挥战斗堡垒和党员起榜样作用，2012 年 6 月，太平村党总支突破主要以行政村为单位设置党支部的传统模式，将党支部建在农村最基层单位——村民组，使党的基层组织和村民小组的工作紧密联系起来，并制定村民组党支部工作职责和工作制度。在村民组党支部书记的选任上，采取“三先”方法，即：党员村民组长优先，本村民组优秀青年党员优先，村党务、村务工作成员优先。对党支部建立和完善“三有”保障机制：一是有活动场所，二是有蹲点指导，三是有活动经费，保证党支部能够发挥作用。

3. 在流动党员中建立党的组织

来沪打工人员中有一些流动党员。他们离开家乡，来到上海后，也就失去了组织联系。为发挥这些流动党员的作用，也让他们回到组织的怀抱，2005年6月，太平村在上海成立了第一个“新村民党支部”，使流动党员找到了“娘家”。为此，太平村专门聘请了一位原来担任过村支部书记的新村民担任新村民党支部的专职书记，工资由太平村支付，大大强化了新村民支部的工作。新村民党支部与其他村民组党支部、“两新”组织党支部一样，都有明确的工作职责。围绕“党员管起来、形象树起来、积极性调动起来”开展工作。新村民党支部为新村民服务管理提供了坚强有力的组织支撑，架设了新村民与本村村民之间沟通的桥梁和纽带，发挥了凝聚新村民的作用。

4. 以党的建设带动群团工作

太平村在工会、共青团、妇代会三个群团组织基础上，根据本村情况建立了老年协会，通过这四个群团组织，开展群众工作。为充分发挥群众中的骨干作用，太平村还建立了老干部团队、原企业厂长团队、退休教师团队、复退军人团队等四个群众团队，发挥不同群体的特长和优势，成为太平村改革、发展的助推器。

5. 加强党员队伍的建设

太平村党委把推进学习型党组织建设作为巩固基层党建的抓手，先后建立了“党员干部日常学习制度”、“三会一课制度”、“专题培训制度”、精心组织，积极组织党员的学习。

村党委要求党员和党员家庭亮明身份，普通党员在工作中佩戴“党员”胸卡，在村民组党员家庭中挂“党员人家”铜牌，在两新支部中，党员干部在办公室中设置“党员示范岗”台牌。各村组党支部都设立了社区服务先锋岗、群众联系先锋岗、形象展示先锋岗、卫生监督先锋岗、文明宣传先锋岗五个岗位。并在村民组宣传栏中，公开党员的照片、姓名、党员责任区和社区服务承诺，接受群众监督。

6. 创新党员学习形式

郊区农村党员学习不容易抓，太平村在这个问题上着实动了一番脑经。2010年，村党总支突破传统的教育管理模式，依托党员干部现代远程教育平台，充分发挥远程教育内容丰富、形象直观、灵活性和选择性强的特点和优势，创新党员教育和管理模式，逐步创设出一条寓教于乐的党员教育管理新途径——党员教育“e”系列，即通过运用现代的网络、视频、电子技术，吸引广大党员参与政治理论、法律法规、文明礼仪、现代科技、健康保健等内容的学习。利用在党员中建立的QQ群、微信群，将党员的学习心得、观后感、所见所闻、所思所想在群中上传，同其他党员分享，提高党员学习的兴趣和效果。

太平村党委对党员实行积点制考评，对党员在日常生活、工作中的表现进行综合评价，涵盖了党员参加学习、党员联系群众、模范作用发挥等各个方面，探索基层支部对党员进行动态管理的新方法。

7. 开展组团式服务

太平村于2011年7月正式启动“组团式”服务群众工作。组建了党员、村干部、村民组长、村民代表、老干部、退休教师、复退军人等12支群众工作队伍，按照“村民组核心团队、新村民家园楼组团队、企业团队”三大服务团队，每个团队分成3—8个走访小组。同时，将全村划分为20个网格，其中8个为村民组网格，8个为新村民网格，4个为企业网格，开展分类走访。一般家庭每季度走访不少于1次，重点家庭每月走访不少于1次，特殊家庭采取每周走访不少于1次，面对面地了解村情民意。

太平村以“热心、知心、贴心”为总目标，要求每个党员、干部要“心联百家”，营造“零距离”的党群、干群关系，成为为百姓服务的热心人、同百姓沟通交流的知心人、宣传引导百姓的贴心人；深入开展“四知、四解”活动，即知民生，帮助群众排忧解难，解决群众存在的实际困难；知民情，了解群众存在的思想动态，为群众答疑解惑，化解思想疑虑和思想问题；知民风，解决存在的不正之风，纠正不文明、不道德行为表现，解决在环境卫生、生态文明、邻里相处、敬老爱幼、遵纪守法等方面存在的问题；知民意，切实解决群众希望和要求解决的事项，创造条件，为群众办实事、做好事。通过“组团式”服务群众工作，太平村党组织作风得到提升，密切了党群联系，建立了完善的新村民服务体系，凝聚了新村民的人心。

8. 用制度规范人，从“村两委”做起

太平村党委以制度建设为抓手，先后制定和完善包括《太平村“两委会”日常工作管理制度》、《太平村党委“三会一课”制度》、《太平村党委组织生活会制度》等56项工作制度和管理制度，形成“以制度规范人、规范事、规范权、规范财”的管理机制，对建立一支廉洁奉公、阳光正气的村干部队伍发挥了重要作用。

太平村靠制度建立由村务监督委员会、村理财监督小组负责的财务监督工作流程，实施全方位的财务公开，规范村里的经费支出，使村里的钱花得到位、用得合理，老百姓看得见、管得着，规范有序的资产运作使村民的经济利益得到保护。如2 000元以下有分管领导审批可以支出，2 000元以上需由“村两委”讨论、集体审批，10万元以上的项目，必须经村民（代表）会议审议决定。

正是由于长期坚持健全制度扎紧“篱笆墙”的探索，太平村形成“做人有规矩可循，做事有规章可守”的良好氛围，为太平村风清气正打下了良好的基础。

四、建设乡风文明，村容整洁的美丽乡村

中共中央对社会主义新农村建设的要求中包括“乡风文明，村容整洁”的要求。在这方面，太平村做了大量工作。

1. 乡风文明要靠党组织的引领与塑造

太平村党委认识到，“乡风文明”不会自发形成，要把提高群众道德文明素质放在重要的战略地位，在关心群众物质生活的同时，十分重视群众的精神文化生活，以培育社会主义核心价值观为主导，努力提高群众的社会公德、职业道德、家庭美德，塑造良好乡风。

太平村党委特别注意采用群众自我教育的方式，根据本村的情况，通过

动员村民一起参与制定太平村的村规民约，把村规民约用来教育村民，规范村民的行为。通过村民广泛参与制定村规民约，党组织反复宣传村规民约，村规民约在太平村已深入人心，由此在村民之间避免了很多矛盾的发生，也使一些矛盾在形成之初就得到化解。连续十余年来太平村没有发生刑事案件，文明的乡风在太平村已蔚然成风。

家庭是社会的细胞，也是基本的生活和生产单位。家庭建设在乡风建设中具有重要作用。太平村在全村开展了"八星文明家庭"评比活动，制定了八项指标作为对全村的家庭评定的标准，对于八项指标都达标的家庭授予"八星文明家庭"称号，并且给予一定的物质奖励。对于有一项指标达不到的家庭，就少授予一颗星。通过这种评定，在太平村形成了家庭之间文明建设"比、学、赶、超"的好风气。

太平村党委坚持认为，教育农民是党的一项重要工作。不仅党员要学习，农民也要不断学习，这样才能跟上时代的要求，跟上整个太平村集体前进的步伐。为此，太平村专门建立了百姓学校，按照村民小组共设8个分校。学校集对村民的宣传教育、学习培训、大型会议、文化文娱活动、多媒体教室、展示厅、谈心室、司法调解为一体，成为太平村村民开展精神文明建设活动、学习科学文化知识、掌握现代化技能的重要阵地。百姓学校环境整洁，软硬件设施齐全：电脑、电视机、DVD、录音机、书架、报刊栏一应俱全，是村民学习娱乐休闲的好场所。各村民组党支部利用村民组百姓学校分校这个阵地开展"联民情"活动，把群众组织起来，加强党的方针政策的宣传教育引导工作；加强科学文化知识的宣传工作；加强听取群众意见、发扬民主的群众监督等工作。

广泛开展志愿服务活动，是组织村民自我服务、自我教育的好形式。在太平村共有350多人的志愿者队伍活跃在助老、助学、助医、助困、助残等领域，其中最有活力的是"姐妹志愿者风采园"、"常春藤志愿者服务队"、"村民心翼室"、"志愿者能力堂"这四支志愿者服务团队。志愿者的工作既协助解决了新老村民的急、难、愁问题，是群众自我服务的好形式，也提高了村民的民主参与、民主自治意识，进一步促进了乡风文明的提升。

2. 村容整洁要靠创新村级治理

为了给新老村民一个安全的生活、工作环境，太平村建立了一套社区综合管理联勤工作体系。村里负责小联勤工作的最高领导机构是“村联勤工作领导小组”，下设联勤工作站、联勤指挥中心和联勤特勤队，形成综治、联勤、人口、安全、信访、调解、禁毒、反邪教等多位一体的联动工作机制，做到“环境卫生联治、社区治安联防、社区安全联保、社区民生联办、新村民自治联管”，出现问题及时发现，快速报告，迅速处置，互通信息，联动联勤，实行联保队、村、镇三级联勤联防，按照“一元化领导，常态化管理，技术化支撑，社会化参与”的方式运转，收到较好效果。

按照村容整洁，环境舒适的要求，太平村建立村委会、环境卫生服务站、村民小组、村民四级责任制，采用定岗定责，责任具体到人；细化标准，村域全覆盖；卫生联治、奖惩并举的机制，确保责任制的落实；形成以《太平村环境卫生、生态保护管理制度》为主，以《太平村村民自治章程》、《太平村新村民行为规范“积分制”工作实施方案》、《太平村“卫生标兵户”评选工作实施办法》、《太平村环境卫生长效管理制度》、《太平村社区综合治理“联勤”实施办法》相关内容为辅的环境卫生治理制度体系。太平村把占可支配财力的20%左右投入村容整洁的建设和管理方面，主要用于翻修道路，种植绿化，清理河道，实施污水纳管，购置生活垃圾收集装置，建造标准型公共厕所，维持卫生保洁队伍等方面。

太平村有工业园区和一百多家企业，企业成为影响环境的重要主体。只有把企业纳入治理范围，才能不留环境建设的死角。为此，太平村专门制定《企业治理“监管制”实施办法》，把村域范围内130余家企业全部纳入环境卫生、安全生产、依法经营的监管范围，村派出协管员进驻企业，对企业进行监管。监管内容包括：(1)依法经营生产；(2)依法纳税；(3)合法用地；(4)合法建筑；(5)安全生产制度、消防安全设施设备；(6)安全隐患（用电、用气、用水、机械设备、安全通道、建筑等）；(7)生态环境保护；(8)厂区外堆放物品、倒放垃圾；(9)车辆停放（公共道路）；(10)履行合同条款；(11)保障职工的合法权益(职工薪酬支付、劳动保护、按规定召开职代会、女职工合法权益保护等)；(12)依规管理入住企业宿舍的职工，把对企业的服务与法律监管相结合，充分调动企业参与社会治理的积极性。

大量本地农民买房外迁，农村闲置房屋出租给来沪务工人员，容易造成“群租”，聚集无照经营、非法客运、非法行医、无照废品收购等大量“灰色就业”人口，也容易造成环境“脏、乱、差”，滋生各类治安和安全隐患。为从源头上消除这些隐患，太平村实行村民可租赁住房委托新村民管理服务信息中心管理，中心委托户主承担日常管理服务，即由“新村民管理服务中心”统一集中村内出租房源，负责统一进行招租和租客的身份验审，房屋租赁费由户主收取，对租客的行为由“新村民管理服务中心”统一管理，改变了无序房屋出租给地区人口管理、治安掌控、消防安全等带来的被动局面。

五、 放眼未来，建设更加美好的太平村

在上级党委领导下，在全体太平村干部、党员、村民的努力下，这些年来，太平村获得了“全国文明村”、“中国幸福村”、“全国先进基层党组织”、“全国民主法治示范村”等多项全国、上海和嘉定区的荣誉称号。但太平村党委清醒地认识到，太平村的发展建设还只是在路上，任重而道远。太平村确定以创建“太平工程　美好乡村”为目标的未来发展规划，主要包括以下三大内容：

一是建立村级治理示范基地。根据“美好乡村”的建设要求，系统梳理太平村在党的建设、民主自治、社会治理等方面的先进经验，形成具有共性的现代化基层治理模式，为上海郊区农村建设提供可学习、可示范、可借鉴、可复制的经验。在农业部的关心支持下，太平村将成为农村党员干部队伍建设和大学生村官的实训基地。

二是实现村级经济转型发展。依托村级产权制度改革，优化村级经济的结构，发挥太平村既有工业园，又有耕地的资源优势，实现产业转型，建立以现代农业为特色的乡村旅游业，实现绿色发展、可持续发展、共享发展，从原来单纯依靠村级工业园区的发展模式逐步转型为以现代服务业为主体的经济结构。

三是建设美好乡村。依托嘉定区的郊野单元规划，对原有村内基础设施、村宅、工业园区进行分为三期的升级改造：一期是基础设施建设，按照发展规划重新整治村内的道路河道；二期是在实施郊野单元规划的同时，通过把村内大部分村民住宅在原封浜镇集中规划重建，提升村民的居住环境和质量，对原有村宅和工业园区实行“拆、改、留”的改造；三期是全面实现工业园区的减量和产业优化。保留美丽乡村原有的农村活力和优美景观，既有现代农业的体现和示范，又有江南水乡的风貌特色，成为上海郊区集休闲、培训、现代农业体验、欣赏江南美景和生活的旅游景区，成为上海郊区城乡融合发展的典范。

在长江滩涂上画出最新最美的图画

——崇明县瀛东村社会主义新农村建设纪实

“改革开放30多年来证明只有坚持集体经济，坚持社会主义道路，才能实现共同富裕。我们基层的带头人，就是要俯下身子，在集体经济的道路上带领群众创业。”

——瀛东村原党支部书记陆文忠

瀛东村属于陈家镇，地处长江与东海的交汇处的崇明岛最东端，是1985年开始在滩涂上通过围垦建立起来的。到2015年，瀛东村走过了30年的历史。这个共和国最年轻的村庄之一，也是祖国第三大岛崇明岛第一个迎来日出的村庄，有着“太阳村”的美誉。

一、向滩涂要地，艰苦奋斗创家业

80年代初，陈家镇乡良种场村和整个崇明岛一样，人多地少。627人，870亩地，人均1.3亩地，是全县68个穷村之一。有限的耕地和农业在负担的农业税、乡和村的“三提五统”之后，农业能给农民提供的只能处于半温饱状态。虽然实行了家庭联产承包责任制，但农民种地的积极性并不高，当时甚至责任田都分不掉，宁可到上海去打零工，做小生意。陆文忠从1984年起担任大队长。这个心灵手巧，从不信邪的崇明汉子，非要从泥土中刨出黄金来。他承包了23.7亩地，精耕细作，合理经营，当年收入两万多。成为整个上海都不多的万元户。收入大幅提高了，陆文忠心中却更加不安：我一家富了，村民的生活都还没有着落，这不是我要追求的。一个村跟一个社会一样，只有大家富，大家安居乐业才能安定。这是一个“无农不稳，无工不富”正在成为中国农村，特别是沿海地区潮流的时候。改革开放中的东部沿海地区，成了从社队企业到乡镇企业发展的热土。陆文忠的抱负、能力都被组织上看在眼里。乡政府找到陆文忠，与乡里五个搞工业企业的领导人共同到苏南对乡镇企业进行了半个月的考察，准备也在办工业中大干一番。回来后，乡政府希望由陆文忠负责全乡的工业企业，让陈家镇乡在工业和乡镇企业上也有一个飞跃。陆文忠却回绝了这个充满信任的任命。他心里明白，搞工业企业并不是靠出大力，凭一腔热情就可以，而需要了解行情，有社会关系，懂技术。这些都不是自己所长。自己的长处在农业。如果要干一番事业，不如扬长避短，在农业领域搞一个集体企业，相信在农业领域也能办出像样的乡镇企业。而要搞农业，哪来的地呢？陆文忠想到了面临的滩涂，想到了祖辈崇明人求生存、求发展的办法——通过围垦，建鱼塘，搞养鱼。

陆文忠的这个想法得到乡、村两级组织的支持，决定由陆文忠负责，办一个村办养殖企业。1985年11月20日，崇明县水利局、水产局联合发文，批准陈家镇乡良种场村在本村东边大堤外测滩涂上围垦养鱼。11月21日，良种场村大队长陆文忠，带领施考全、徐东、陈（继深）洪业、陈继南（洪德）、倪小兴等六人，开赴堤外，投入滩涂的围垦。同年龚宝郎、毛菊英、陈根美、倪秀连、刘洪英、陆卫家、陆永春、胡友康、赵小兴、赵维江、吴文兵先后参加围垦。

到1986年10月下旬，良种场村第一次围垦结束，一条长2 150米的标准大堤筑成，总计动土 69 660 立方米，围得滩地 600 亩。

同月，陆文忠、徐东、施考全、龚宝郎、毛菊英等首批 21 人，开始在新垦区内搭草棚、开鱼塘、筑道路、修水渠、扛电杆、架电线、装广播、种鱼草、养鱼种。新垦区定名为陈家镇乡良种场村瀛东养殖场。12 月底，瀛东养殖场基础设施建设基本结束，全场动土 225 000 立方米，开挖鱼塘 48 只，折合净面积 300 亩，新建进排水涵洞 2 座，形成渠道 2 700 米，新筑晴雨路 1 700 米，架设高压电线 16 000 米，低压线路 3 000 米，配置变压器 125 千瓦，实现了当年围垦，当年水、路、电三通，当年开塘，当年放养的目标。

1987 年 3 月 2 日，经政府批准瀛东场进行第二次围垦。3 月 20 日，瀛东养殖场场长陆文忠带领场员投入第二次围垦，在这次围垦中，黄友仁、徐学忠、金小耇、郭志贤、郭毛兴、朱永飞、范永安、陆文勤、陆利德、施小仁等先后进入瀛东场成为场员。7 月底，第二次围垦结束，围得滩地 2 000 亩。

1988 年 2 月底，瀛东场又完成了 94 只鱼塘开挖任务，至此，全场鱼塘达到 142 只，总面积 1 022 亩，建涵闸 1 座，机口 11 座，高低压电力线路 10 050 米，晴雨路 2 000 米，供排水渠道 19 907 米，建造了办公用房、场员的人居草屋 164 间、畜禽棚舍 260 间及其他养殖配套设施，建成千头猪场开始了生猪饲养。

在农业经营管理模式上，全国已普遍实行家庭联产承包责任制，耕地都已分到户经营。面对着千亩鱼塘和千头生猪饲养场，瀛东养殖场也面临着采用什么样的经营模式的问题。如果采取集体统一养殖，容易造成大锅饭。群众中提出分塘分猪舍到户，各自分散经营的要求。陆文忠认为，如果完全让村民各自分散经营鱼塘猪舍，群众技能不一，一部分群众能够通过养殖富起来，但另一部分能力不强的村民难以达到平均水平，特别是鱼苗、饲料采购和商品鱼的销售，如果一分散，大家各显神通，养殖场很快会出现分化。鱼塘猪舍完全分给农民，一旦有发展机会，养殖场也难以搞大的项目。经过深思熟虑，瀛东养殖场采取了既发挥集体经济的优势，又调动各家各户的积极性，“两头统，中间包”，集体与农户统分结合的经营管理方式。养殖场对每个承包户实行资金、鱼种、饲料、药品、鱼类的防病防治、技术咨询与成鱼的销售等进行统一管理服务，把鱼塘、猪舍分到户，由农户负责养殖的过程，商品鱼与生猪由养殖场统一组织销售，各户的销售款扣除集体垫支的各项成本，作为收入返回各户。这种经营管理模式既充分调动个人的积极性，避免大锅饭，又发挥了集体经济的优势。这一年有31户农户参与承包养鱼，有的承包户边养鱼边养猪。年终一核算，全场商品鱼亩产达到425公斤，在整个上海产量都位列前茅，为市场提供商品鱼290吨，上市肉猪1 021头，全场总产值达到204万元。瀛东养殖场成为上海的副食品生产基地。市政府把瀛东养殖场列入世界银行贷款项目，通过争取世界银行贷款来加快这个农副产品基地的发展。

经过三年围垦，瀛东养殖场家底不断扩大。许多农户要求进入瀛东场承包鱼塘。场内的人员纷纷要求居家迁移进场，至1989年4月，瀛东场的总人数已经达到180人，农户数达到62户。良种场村其他几个村办工业企业发展则相对艰难。崇明县政府看到了瀛东养殖场的发展前景，也意识到，作为一个村办企业，瀛东养殖场要进一步发展，必须要成为一个独立法人，继续附属于良种场村可能会影响发展，决定让瀛东养殖场独立出来。1989年4月21日，崇明县政府正式发文批准建立上海市崇明县陈家镇乡瀛东村，瀛东养殖场同时作为行政村，同时，建立瀛东村党支部，陆文忠担任党支部书记、村委会主任。年轻的瀛东村是一个人口要比一般行政村小得多的村，但却孕育着巨大的能量和美好的前景。在生产迅速发展的同时，陆文忠深深地懂得，要安居才能乐业。同时规划瀛东村的新村建设。1989年10月，瀛东村第一幢村民住宅楼开建，陆文勤家破土建房。

在这一年，瀛东村被上海市农委、上海市政府财贸办公室评为“1989年度水产养殖先进单位”。陆文忠被崇明县评为“爱岛建岛”立功竞赛积极分子、上海市劳动模范。

也在这一年，淡水鱼市场疲软，价格下跌，一些养殖户出现亏损，新加入的7户要求退出搬回老家。在瀛东村的发展过程中，艰苦的创业过程和随着发展的起起伏伏，村民们来来去去也成了常态。

1991 年，陆文忠再次被评为上海市劳动模范。

1992 年 4 月 11 日瀛东村“自力更生艰苦创业”精神被评为崇明人“四种精神”之一。7 月瀛东村获世界银行贷款实际资金 441 292.4 元人民币，其中现汇 290 000 元，151 292 元为一辆汽车和钢材。以后，瀛东村还是靠自己的经营成果，还清了这笔世界银行贷款。10 月 17 日，上海瀛东农工商实业公司注册成立，也结束了瀛东养殖场的历史。这一年瀛东村被评为崇明县文明单位。

1992 年底，瀛东村为拉长养殖的产业链，投资 60 万元，筹建饲料厂。50 个男劳力苦战 40 天，填沟垒土 2 万多立方，赶在 1993 年初饲料厂建成投产。

在工业化的大潮中，整个上海郊区和江浙都在搞农村工业化的过程中，在崇明的东滩，陆文忠带领瀛东村村民在没有资金的情况下，靠具有的远见，靠艰苦奋斗的精神，靠科学的经营管理，走出了一条围垦创业，以养殖业立足创业的道路，一下子成为上海“菜篮子”工程中的佼佼者。

在刚开始围垦时，陆文忠要向金融部门贷点款，都被质疑有没有能力还款。这时，瀛东村以自己的发展赢得了金融部门的信任。上海农村商业银行成立，陆文忠被聘为银行董事，瀛东村被评为上海第一信用村。

1993 年，陆文忠再一次被评为上海市劳动模范。

1994 年 10 月 1 日，在全国人民庆祝共和国建立 45 周岁的时刻，瀛东村人在陆文忠带领下又一次扛起扁担、挥舞铁锹，投入到了第三次围垦的伟大壮举之中。这一次围垦的 1 400 亩滩地距原来的 2 600 亩相隔 2 公里之多，瀛东村人将此称之为南分场。1995 年遭遇特大台风，新围垦的堤坝被狂风暴雨冲垮。但瀛东村人的信心没有被冲垮，台风过后立即组织力量对大堤修复。政府也给予了瀛东村大力的支持，使 1 400 亩新围垦的土地重新掌握在瀛东村人手中。从此，瀛东村便成为拥有 4 000 亩土地、两个单元、村场合一的以淡水养殖业为主、水面达到 1 600 亩的副食品生产基地。

进入 21 世纪后，上海近郊的养殖业因土地成本、劳动力成本、饲料价格不断提高,淡水鱼市场受到苏北、内地成本更低淡水渔业的冲击。养殖场的利润不断下降。陆文忠意识到,在上海郊区搞传统的养殖模式已不具备优势,必须转型。瀛东村地处大上海的郊区,从2001年开始,陆文忠就考虑把瀛东村发展的重点从以淡水养殖业转变到旅游业上来,充分发挥本村环境优势和鱼水文化特色,着力发展农家乐、渔家乐为主的农业旅游。此时,崇明县政府也确定了以前卫、瀛东两个村为试点,搞农家乐。旅游业怎么搞呢?一般的农家乐模式是由村组织改善村的旅游环境,由农户为单位接待游客,游客的吃、住都在农户家中。陆文忠考虑到瀛东村人口少,一部分劳动力还投入在养殖业中,用一家一户来接待游客的农家乐方式并不合适,容易造成村民的乱搭建和农户之间的恶性竞争,也难以实现统一标准和行业管理。根据瀛东村的实际情况,陆文忠决定,搞旅游业也必须走集体经济道路。

2002年1月19日崇明旅游局王益华局长携徐洪、殷文谦等来场召开瀛东村"渔家乐"旅游规划座谈会,打开了瀛东村发展旅游业的思路。2月,瀛东村趁热打铁,委托上海同济城市规划设计院、同济大学风景科学与旅游系和崇明县旅游局协同编制的《崇明瀛东生态旅游示范村详细规划(2002—2010)》出台,以生态为优势、渔业为特色来发展瀛东村的旅游,把瀛东村打造成一个休闲、旅游、会议、培训综合性的旅游基地。

随着陈家镇地区开发的不断深入,2002年4月,瀛东村南分场的500亩土地使用权转让给了崇明县资产经营有限公司,瀛东村获得土地款1 250万元。这笔款项中,瀛东村对本村的户籍村民,按照历年承包鱼塘面积、上市生猪头数和出勤三项指标发放经济补偿240 000余元。剩余的资金用于旅游开发建设。这样,建造的第一幢楼是按照标准间设计的宾馆8号楼,旅游业从以农户接待为主向以集体宾馆接待转变迈开了第一步,瀛东村的产业也实现了从养殖业向旅游业转型。

2010年,上海市区到崇明陈家镇由越江隧道和长江大桥联结的高速公路通车,大大方便了从上海到崇明的交通,缩短了时间,为崇明的旅游业提供了强大的动力。瀛东村紧紧抓住这个机遇，利用渔业养殖的优势，深度挖掘“渔文化”，发展“吃渔家菜、住渔家屋、玩渔家乐”的“渔家乐”生态旅游业，实现了再次创业。建设了渔家乐宾馆、渔具博物馆等旅游设施，开设了“浑水摸鱼、捉蛸蜞、钓蟹”等渔乐项目。陆续建造了可供600人同时吃饭的东湖饭庄、会议中心、32幢酒店式别墅等设施，又将原先一方一方的鱼塘打通形成有着800亩湿地景观的大水面，实行生态养殖，又开发了划船、垂钓、观光等旅游功能。随着渔具博物馆投入运营，瀛东村的产业结构调整步入快车道。2012年旅游主体设施建成投入经营，逐渐形成以旅游业为主，种植业、养殖业为辅的经济结构。2014年投资200万元新建的南湖鸟岛，宣传鸟类科普，建设生态文明。如今的瀛东村已经成为一个集住宿、会务、餐饮和游玩为一体的生态度假村，年接待游客20万人次，全村旅游业产值1 350万元，解决了本村和邻近村的就业，吸纳农村富余劳动力120人。

三十年来，瀛东村的村民始终坚持艰苦创业、敢为人先的精神，始终坚持走共同富裕的道路，把原本“满地芦苇燕难舞、昼夜涛声鬼唱歌”的江海滩涂，建设成为闻名遐迩的全国生态文明村。到2014年底全村共有86户，219人，生产总值达2 000万元，人均收入2.8万元，固定资产上亿元。瀛东人在艰苦的围垦中形成了“艰苦创业，敢为人先”的垦拓精神，被县委命名为“崇明岛精神”。

2014年瀛东村首开崇明先例完成村级集体经济产权制度改革工作，建立起瀛东村社区经济合作社，村民成为村集体企业的股东，实现了村民财产性收入的增加，为瀛东村进一步发展开辟了新途径。

二、党建引领，一面红旗树瀛东

1989年建立行政村之后，在7个党员的基础上，成立了瀛东村党支部。从党支部成立那天起，书记陆文忠就坚定地认为，党支部就是群众的主心骨，要用党支部这面红旗，带领村民不断前进。

陆文忠认为，走中国特色社会主义道路，在农村，要实现共同富裕，关键就是要坚持集体经济不动摇。搞集体经济也能发展生产力，也能使群众走上共同富裕的道路，这就是道路自信。从搞家庭联产承包责任制开始，陆文忠就尝试过发家致富并不难。1984年，他的家庭收入就超过2万元。但是，自己富了，陆文忠心中并没有满足感，反而感到不安。他看到更多的村民受制于土地有限、能力不足，一直在温饱线左右徘徊。这是组织上让他担任大队长之后，决心要通过围垦来搞村办企业的原因。只有走上共同富裕的道路，民心才能安稳，社会才能安定。村干部如果只想着自己发财，就是发了小财，身边的群众还缺衣少穿，还住不上像样的房，看不了病，这怎么能叫社会主义呢？脑子只想着自己，眼睛只盯着眼前，就一定会迷失方向。只有心里装着群众，依靠集体经济的优越性，才能走向共同富裕。坚持集体经济的道路绝不是一句空话，一个良好的愿望，而是懂得时代发展方向，要有能力，抓得住发展的机遇，团结得了全体村民，又要能够吃得起苦。

瀛东村党支部坚持从生产第一线中发现积极分子，在积极分子中培养发展党员，现在已有22位党员。所谓坚持从生产第一线中发现积极分子，就是要看能不能在生产中起带头作用，能不能吃苦在前，享乐在后，起模范带头作用。

每周两委班子集中2次，开展学习讨论活动，提升干部党员的为民服务意识；注重干群关系建设，党员干部一对一帮扶困难群众，定期走访，倾听群众的意见和呼声。瀛东村坚持每月开党支部会议，学习党中央和市委、县委重要精神。许多党员还记得，1992年邓小平南方谈话的消息传来，陆文忠凌晨3点召集瀛东村党支部开会，学习邓小平的南方谈话，讨论瀛东村怎么办。正是这一次支部大会，决定了瀛东村在养殖业的基础上办饲料厂，拉长农业和养殖业的产业链。

农村的党员文化水平不高，除了上级精神和政策学习以外，还必须通过实践中的先进榜样来学习。瀛东村党支部坚持外出学习先进典型，除了上海的先进单位闵行九星村、奉贤杨王村、普陀新曹杨、嘉定太平村、浦东界龙村之外，还先后去江阴华西村四次，去张家港永田村，去宁波滕头村，去常熟家巷村，去河北晋州市周家庄等先进单位学习。

陆文忠书记一直教育“两委”干部，“老百姓是瀛东村的主人，村干部是老百姓选出来的，权力是用来给老百姓服务、做实事的”。为服务好群众，瀛东村建立起一套民主公开制度。

一是健全党员民主评议制度，由群众来评议党员，落实从严治党，提高党员素质。

二是坚持党内监督制度，坚持民主生活制度，通过党内的民主生活，批评和自我批评，不断提高认识，统一思想。

三是自觉接受党员和群众的监督，建立健全党务、村务工作公开化、民主管理制度化，使群众对党支部、村委会的监督机制一体化，真正做到干部清白、农民明白，不断提高党支部、村委会为民办事的能力，确保农村稳定，村民增收。在这个过程中做好村民自治。瀛东村小，居住集中，开村民大会相对容易，瀛东村采用一竿子到底的办法，有事直接和群众商量。小到农业、养殖业的生产、管理，养老保险制度，大到村的发展方向，村集体资产处理、债权债务变更、项目投资建设，村里的分配，全部公开，让群众知道、让群众发表意见、让群众监督，调动群众参政、监督的积极性。如今村务公开栏已经成为村里的活动账簿，村民关注关心的每件事都能在这里找到答案。

在党支部带领下，未来瀛东村还会不断发展。但老书记陆文忠经常讲，瀛东村不管今后怎么发展，有几个一定要坚持不能改：

一、集体经济道路，共同富裕的方向不能改；

二、坚持领导干部吃苦在先、廉洁公正，党员起榜样模范作用不能改；

三、依靠群众，“艰苦创业，敢为人先”崇明岛垦拓精神不能改。

从党支部成立，就在瀛东村村民中树立起一杆红旗，使大家有了凝聚力、主心骨。通过党组织的建设，这面红旗始终高高飘扬在瀛东村。

三、科学发展，建设社会主义新农村

瀛东村从艰苦创业开始，一步一脚印，按照党中央关于科学发展观、关于建设社会主义新农村的要求建设共同富裕之村、精神文明之村、生态文明之村。

(一) 坚持共同富裕，不让一户掉队

围垦创业，发展集体经济，最终目的是为了能使瀛东村的村民共同富裕。在抓发展经济的同时，瀛东村始终牢牢抓住民生，让发展的成果使全体村民都能分享。书记陆文忠始终认为，要当瀛东村的村民，必须有艰苦创业的思想准备和吃苦精神，而当了瀛东村的村民，在共同富裕的道路上不能让一户村民掉队。这些年来，瀛东村依托经济的发展，为村民提供了农业生产、旅游服务等方面的就业岗位，保证了村民在村内就能就业。就业问题解决之后，农民最担心的是生病。在国家对农民实行新型合作医疗的基础上，村委会用集体经济提供的公益金，全额支付每个村民合作医疗费用，对患重大疾病的村民村委会再另行给予帮困补助。随着时光的流逝，瀛东村的第一代参加围垦的村民逐渐进入老年。为使村民能安心养老，瀛东村从2005 年起，对年满 60 周岁的男性村民和年满 55 周岁的女性村民实行每月享受 400 元养老金的制度。随着集体经济的发展，2010 年瀛东村将村民享受养老金的年龄原来男的从 60 岁调整到 55 岁，女的从 55 岁调整到 50 岁，养老金的水平调整到 600 元。2012 年，养老金水平又从 600 元调整到 800 元。

要能安居，才能乐业。瀛东村把建设好村民住宅作为民生工作的大事。1991 年起，集体开始规划住宅区。电、路、水、绿化由村里统一规划，统一负责，采取村统一规划，组织村民互助，群众自建，困难户村里帮扶的方式来建

设，以每户建280平方米的楼房，户与户间留出25米的通道，让村民有一个宽敞舒适的生活环境。为帮助村民建房，瀛东村鼓励村民把要储蓄的现金留在村里建立互助基金，以略高于银行利息水平计息，对于已筹集相当资金的建房户可向村里申请借款，房屋建成后逐年偿还。

一般村民建的都是两层楼的楼房。但有2户独立生活，行动不便的老人，村里在住宅区的第一排专门为他们留出宅基地，由村民自己出一半集体出一半的方式，帮助建起平房，使他们也能方便地生活。

村里有一家再婚重组家庭，两个小孩都在读书，经济负担很重。在承包养鱼过程中，他家养的鱼没能高产。眼看着全村都盖起了新房，他家还迟迟不能动工。陆文忠表示，在安居问题上，瀛东村不能让一户村民掉队。村党支部决定，通过在生产上的帮困结对，从生产上帮扶，而不是直接给钱，让这个家庭尽早摆脱困难。村集体从他家承包的养鱼入手，借款帮助买鱼苗、饲料，在养鱼技术上给予指导，使他家承包的鱼塘获得高产，很快在经济上翻了身，把楼房也建造起来。

1993年瀛东村开始统一改造厕所，把传统的农家旱厕统一改为抽水马桶。接着，又着手对村里的生活垃圾集中处理，统一对新村进行绿化。后来，村里又统一给村民家庭安装了电话，成为上海第一个家家通电话的“电话村”。如今的瀛东村村容整洁，环境美丽，村民安居乐业，也成为上海市人民政府外事接待的一个点，不少到访的外国政要前来参观。

农民最担心的是生病。2005年，国家开始重建农村新型农村合作医疗，解决农民的医疗保障。瀛东村认为，重建农村新型合作医疗是好事，而且瀛东村可以依靠集体经济的优势，进一步提高村民医疗的保障水平。村里用集体经济收入中的公益金部分承担了村民个人缴费部分，使全村农户参加率达100%。对于患重大疾病的，村里再进行帮扶，让他们能依靠集体经济渡过难关。

作为一项村民的福利，瀛东村每年组织村民外出旅游和参观学习，使村民也能浏览祖国的大好河山，了解各地改革开放发展的先进经验。

（二）要经济发展，也要精神文明建设

村党支部从建村伊始，就深刻领会党中央关于物质文明和精神文明要两手抓，两手都要硬的精神，注重抓村民的精神文明建设，把精神文明建设作为走集体经济、共同富裕道路的精神保证。这些年来，瀛东村形成了自己的村训：艰苦创业，敢为人先的垦拓精神，奋发向上，勇往直前的进取精神，大胆探索，用于实践的创新精神。还通过开展“六个一”文化活动来提升村民的思想道德素质：

讲一段历史。通过回顾围垦的历史，延续垦拓的精神。每逢重大节日活动，瀛东村以“垦拓精神”为主题，开展“艰苦奋斗、敢为人先”的主题思想教育活动。

树一段家训。瀛东村每家都提出自己的家训，用家训来教育子女，传承家风。

学一堂礼仪。瀛东村定期举办“文明礼仪进家庭”和服务礼仪宣讲活动，通过学习教育纠正村民的不良习惯，不断提高村民的文明程度。

唱一曲山歌。瀛东村组建了崇明山歌、健身舞等活动团队，开展文化娱乐活动。

做一名志愿者。瀛东村大力弘扬团结进步、奉献互助的志愿者精神，开展环境卫生、文明游览等志愿服务活动。如今村民中有60%的人成为志愿者。

当一个文明人。瀛东村以“五好家庭”、“五星级文明户”和“道德模范”评选为抓手，修订完善村规民约，以做一个诚信的瀛东人为目标，抓好诚信、文明建设，营造人人讲文明的氛围。

在精神文明建设中，瀛东村始终坚持“小渔村—大家庭”的理念，积极建设社会风尚良好、村民和睦相处的瀛东“大家庭”。每逢春节，瀛东村组织全体村民一起吃年夜饭；每逢元宵、重阳节等全体村民一起活动，塑造“瀛东大家庭”的观念；每月召开两次村民代表大会。秉着大事全民参与、小事户代

表参与的精神，瀛东形成了全体参与、民主决策，事情一起干、困难一起帮、幸福大家享的氛围。

为加强对村职工的思想教育，提高村民素质，瀛东村组织开展“文明家庭”评比和“星级文明户评比”工作，全村五好家庭、星级文明户达标率90%以上。在改善农民生活设施的同时，注重精神文化设施的建设，建立了崇明岛精神纪念碑和村史馆，传承艰苦创业、敢为人先的垦拓精神；建设了村文化活动中心、老年活动室、村图书室、乒乓室、篮球场，让村民的业余文化生活更丰富。村委会还先后组织全体村民参观南京大屠杀纪念馆进行爱国主义教育，外出考察山东寿光、华西村的新农村建设经验。自建村以来，瀛东村无一例违法犯罪，无一例上访、闹访。

（三）坚持生态文明，建设美丽家园

瀛东村地处崇明岛的东端，也是这个生态岛的最前沿。瀛东村以崇明和自身的发展历史为背景，充分突出垦拓精神、湿地文化、乡土文化和民俗文化特色，开发农耕展示、民间技艺、时令民俗、节庆等旅游活动，体现乡村旅游的文化内涵；依托自然优美的乡间风景、舒适怡人的清新气候、环保生态的绿色空间，结合周围的田园景观，体现生态旅游的特色。环境和生态成为瀛东村发展旅游业的基础和条件。从完善创建机制切入，瀛东村成立了生态文明村工作领导小组，按照县、镇党委政府文明建设的要求，订出创建生态文明村工作计划，建立管理制度，明确具体任务，责任细化到人，按照标准要求，检查评比，年终由村民代表组成考评小组对创建文明工作情况进行总评，通过公示评比结果，以吸取经验教训，推进瀛东村物质文明和精神文明全面发展。

瀛东村坚持把生态环境保护，作为新农村建设的基础工作、重点工作常抓不懈：一是加强基础设施建设。为适应旅游业的发展，瀛东村拓宽了村内道路，实现了全村路面平整白化率、硬化率95%以上，新修停车场、公共厕所等，统一种植村内绿化，与同济大学合作，疏浚后建成10公里生态河道，既能吸附和分解污水，也形成了美丽的景观。二是实施生态民居改造工程。2008年，瀛东村与上海建筑科学研究院合作，将所有民居住宅的外墙、屋顶、门窗统一更换为环保节能型材料，指导村民将围墙替换为常青观赏植物，指导村民庭院从绿化、美化到优化，建成了生态型庭院。三是推广新能源使用，瀛东村从2009年开始新建的所有公共建筑屋顶均装配了太阳能发电装置，每户家庭都安装了太阳能热水器，村内主要道路两侧全部安装使用了风力和太阳能两种新能源互补的LED路灯，为节能减排作出了贡献。

瀛东村建造的32幢旅游别墅，遵循低碳环保理念，采用被动式建筑设计（自然采光、通风、日照等）、装配式一体化保温隔热围护结构（木结构、装饰一体化保温）、高效太阳能—空气源复合型热水系统、嵌入式光伏屋面、高效节能型空调系统（VRV、地源热泵系统）、资源回收利用（雨水收集、透水地面、淤泥保温砖）等技术，体现了生态环保的理念。

瀛东村发展旅游业，吸引了众多的游客前来旅游观光，但由此也带来生活污水的排放。因此解决生活污水处理问题是瀛东村走可持续发展必须解决的。生活污水主要是炊事洗涤、卫生洗涤用水等。瀛东村通过集中收集污水、输送至植物园过滤、分解、灌溉，使污水得到处理，水资源能再次循环利用。

瀛东村开发出小岛专门饲养鸡鸭，建立鸟岛宣传鸟类知识，用800多亩水面饲养生态鱼，供应自己园地生产的蔬菜。它们不仅成为农业观光、生态观光的元素，也使游客可以在瀛东村品尝到优质的农家食品。

四、 展望未来，建设美好新瀛东

30年来，瀛东村以艰苦创业起家，从无到有；坚持集体经济发展，逐渐壮大，先后获得全国文明村镇、全国创建精神文明村镇先进单位、全国先进基层党组织、国家级生态示范村、国家级3A旅游景区、全国生态文化村、全国美丽宜居村庄、我喜爱的乡村、全国休闲农业与乡村旅游示范点、全国休闲渔业示范基地、全国特色景观旅游名镇名村、中国特色农庄、青年文明号、上海市文明村、上海市卫生村、上海市民主法治村、上海市信用村、崇明县廉洁文化示范点、崇明县生态文明村等称号，使村民从摆脱温饱，实现了全面小康，但摆在前面的任务更加艰巨。

随着老书记陆文忠退休，瀛东村的领导班子实现了新老交替，新的领导班子面临着能否带领村民继续开拓的挑战。按照上级要求，瀛东村已经实行集体经济的产权制度改革，村民按照农龄分得了股份，产权虽然明晰了，但是作为科学管理、责任到人、高效运转的企业体制和村民、员工对企业的责任感还有待建立。同时，瀛东村的外部环境也发生了很大的变化。党的十八大以后，随着八项规定的实施，各类会议大幅度减少，影响了瀛东村会务方面的业务。随着迪士尼项目的竣工，上海浦东地区的旅游业迅速发展，对于距离相对较远的崇明县的旅游业形成冲击。而作为以生态、农业、休闲为特色的旅游项目，只有不断地推陈出新，才具有吸引力。按照党的十八届五中全会提出的创新、协调、开放、共享、绿色的发展理念，瀛东村决心继续发扬艰苦垦拓、敢为人先的精神，深化企业制度的改革，加强党的基层组织建设，提高村民的觉悟，加强爱家、爱岗、爱村、爱国的精神建设，不断地奋勇向前，建设更加美好的瀛东村。

在城市化进程中走出一条民主治理新路

——金山区东方村的实践

东方村位于东海之滨的杭州湾畔，地处上海市金山区山阳镇中部。2002年山阳镇调整行政村区划，由原东方村与红旗村进行合并，成立了新东方村，全村区域面积3.3平方公里。随后由于新城区的开发建设，村内土地陆续被征用，农民用土地换取了小城镇养老保险，由农民变成了居民，开始过上“城里人”的生活。直至2014年底，三分之二的土地已经被征用，现有耕地面积977亩，辖9个村民小组，753户，共2 093人。

东方村现有两委班子成员4名，平均年龄46岁，均具有大专以上文化程度。东方村党总支共有党员97名，下设3个党支部（2008年新成立经济支部），6个党小组。近年来，村党总支深入贯彻党的十八大精神，落实区委“抓基层，打基础”的要求，紧紧围绕建设社会主义新农村的目标和任务，立足实际，积极探索城市化进程中村级经济发展和基层民主治理的新路子，形成了颇具特色的民主治理模式，并取得显著成效。全村呈现党风正、村风好、民心顺、发展快的良好态势。

一、 寻找适合自身的农村集体经济发展之路

东方村原是金山区一个贫困的小村庄，农民的收入主要以农业经济为主。人民公社时期为了增加集体经济收入，60 年代开始，每个生产队都办起了养猪场。60 年代中期，工业开始起步，大队陆续办起了砖窑厂、五匠厂、五金厂、运输队、加工厂等一批小企业，服务型的经营场所也开始兴起，肉店、豆腐店、理发店、小钢磨加工、商店等，各厂各部门有专人负责、分别经营，利润年终上交大队，东方村的经济有了第一波的高峰期。1983 年，人民公社体制废除，农村经营体制改革启动，东方村全面实行家庭联产承包制，种植业以家庭为单位，分散经营，农作物的种植由各家庭承担，收入完全归各家庭所有。在改革开放的浪潮中，村民开始逐步走出家门，投入城市建设行列。大队企业的生存空间也越来越小，东方村适应市场需求将一些生产经营困难的集体企业进行关停或调整，进入以工业办企业的时代。上海石化总厂入驻金山为东方村带来了商机，1986 年东方村通过自行招商和上海石化总厂实验厂进行合作，成立东方毛纺厂，年产值 500 万元左右，1992 年由于石化实验厂转产，东方毛纺厂不得不停产，为了分流安置原毛纺厂职工，东方村又新办了东方织造厂，生产适用于春秋服装的呢绒，由于产品单一，没有固定的销售渠道，该企业只生存 3 年就关门，积压的 5 万多元成品作为慈善物资进行了捐赠。90 年代初服装行业兴起，1995 年东方村以土地和厂房入股与台湾企业合资办公司，成立村第一家台资企业——上海顺大缝纫设备有限公司，由于缺乏经验，合资三年，台方始终未履行合同上的义务，东方村无任何收益。

1997 年，张连忠担任东方村的党支部书记。张书记充分认识到农村集体资产是广大农民多年来辛勤劳动积累的成果，管好用好集体资产，对于壮大集体经济实力，促进农业和农村经济持续、稳定、健康发展具有重要意义。

不抓好村级集体经济，所有工作都难以打开局面。他决心从与台资合资的顺大缝纫设备有限公司入手。在与该公司的合同期满后，经公司董事会和镇有关部门核定，东方村在全村经济不景气的情况下放手一搏，收购顺大全部股份，顺大公司成为东方村村办企业，聘请了专业人员进行管理，村干部亲自跑业务，四年来上交村两百多万元利润，东方村的经济进入了一个转折期。

20 世纪 90 年代末到 21 世纪初，在集体企业转制的大潮中，东方村坚持把土地和厂房等不动产保留了下来，为今后东方村的发展奠定了一定基础。村通过依法经营集体土地资产，盘活集体资产，实现村级集体资产的保值增值，做到聚财有术，理财有方。21 世纪初，随着工业化、城市化进程的不断推进，东方村集体土地被大规模征用，可利用资源不断减少，成为发展村级经济的瓶颈。东方村着眼长远，千方百计增加集体资产，先后购买 3 000 多平方米的厂房和 3 000 多平方米的商业房进行出租，为村集体创造经济效益。同时，在长期稳定土地承包关系的前提下，大力推进土地流转，通过成立合作社、专业承包等形式，增加集体收入，拓宽农民增收渠道，并结合农业产业特色统一将收交的土地适度经营，既让土地主人成为受益者，也搞活村级集体经济。2003 年，东方村抓住新城区开发的机遇，成立市政公司，将村里的十多位做工程的小老板集中起来，接项目搞工程，为村里创造了几十万元的经济效益。又看到动迁安置小区物业管理的空白，成立物业公司，组织人员培训，取得相应的资质，十多年来，这两家公司不仅解决了村里的劳动力，每年还有盈余上交村里。招商引税又是村里的一项重要经济来源，东方村一直把这项工作作为重点来抓，派专人进行学习培训，制定奖励措施，近十年内，落户的企业已达到 190 多户，涉及领域从服装服饰等制造业逐步转向信息、物联网等高科技新型产业，原本落后的小村庄已经发展为综合经济实力跃居全区前三的富裕村，全村城镇化率达到 99%。2015 年人均收入 21 100 元。

二、 探索城市化进程中的村级民主管理新途径

随着城市化进程的加快和农民生活水平的提高,发展中的各种矛盾增多。同时,农民的法制观念和权利意识日益增强,利益诉求也呈现多元化态势,村级组织面临的治理难点也不断增多。因此,如何适应新情况、新形势,探索出一条符合本地实际切实有效的民主管村新路,提高基层治理水平,是摆在村干部面前的十分紧迫而重要的任务。而在村务管理方面,东方村有不少经验教训。2002 年 7 月,东方村和红旗村进行合并,由于当时尚未建立一套村务公开、民主管理的制度和方法,在处理利益归属问题时,村民对村干部不信任,对村里的事情不大配合,出现了“三多三少”现象,即村民对村务管理猜疑的多,对“两委”班子放心的少;遇事讲条件的多,对村里工作理解和支持的少;看“热闹”的多,主动协助工作的少。比如并村之前红旗村搞承包制时实行“账上分地”,并未丈量土地到户。这个“遗留问题”成为日后纠纷的根源,十分棘手。红旗村与东方村合并后,新的领导班子不得不对原红旗村的土地重新办理承包手续,前后花去两年时间。又如东方村电网改造,资金原本是由三部分组成——上级补贴、村级层面出资和村民筹资,由于在筹资的标准上,原来分属两个村的人意见不一,造成谣传纷纷。之后在实行农民家庭保险时,村民之间也是众说纷纭,经历了一番折腾,造成村两委会的工作相当被动。

东方村党总支在回顾分析这一“并村不并心”的问题时,清醒地认识到健全村级民主治理机制的重要性,下决心打破以往“村事干部定”的传统模式,探索建立一套民主管村的新模式,以民主管理来凝聚人心,改善干群关系,保障和推动经济发展及社会稳定和谐。

(一) 制度建设是民主管理的关键所在

民主管村说到底就是用制度管村,用一条切实可行的制度,保障群众在

党务、村务中的知情权、参与权、监督权和表达权。这几年来东方村根据不断出现的新情况和新问题，共制定65项规章制度，其中财务制度就有26项。这些制度涵盖面广，成龙配套，如《村干部与村民联系工作制度》、《民主理财制度》、《困难补助审核公示制度》、《党员干部廉政建设制度》、《党员议事制度》，等等。在各项制度实施的过程中，东方村不断总结，形成了一套“民主管村”的工作模式：

1. 建立“民情沟通日”机制，创新民主管理模式

并村初期部分党员群众有意见“不愿提”、“不会提”、“不敢提”，针对这一现象，东方村建立了“民情沟通日”制度，即村两委班子每月召集全体党员和村民在老年活动中心等固定场所“摆龙门阵”，面对面商议村级发展良策、倾听群众意见。具体来说，有三个步骤：一是走访摸底。沟通日前，村两委班子成员及村各条线干部以小组为单位，主动走访联系群众，广泛了解村情民意，做好信息的归纳整理工作。二是正面沟通。沟通日现场，村党总支书记向村民通报近期村级重要事项；村干部和条线干部解答事先搜集的民意诉求；村民当场提出质询和问题，村干部直接予以答复。三是落实反馈。沟通日后，村“两委”班子及时召开专题会议，就村民提出的意见建议和承诺的事项进行分析、梳理，村里能够解决的及时落实到位；没有解决权限的及时向上级部门反映；短期内无法解决的事项，做好解释说明工作，努力做到件件有落实，事事有回音。

“民情沟通日”变灌输式的工作通报为沟通式的商量征询，搭建了面对面、心贴心的互动平台，不仅优化了村级组织决策水平，更解决了诸多难题。像2012年东方村进行白色道路“户户通工程”时，八组党员吴永权从该组实际出发，提出了筑桥改道、优化线路的方案，被村里采纳，不仅节约了近万元的费用，还大大方便了村民的出行。又如二组一村民2005年B5地块征地时已获全额补偿，次年海丰路建设又涉及其已征用土地，他认为应该给予他二次赔偿，多年来一直上访不断。村干部就将这一案例提交民情沟通日讨论，并通知他参加，他自知理亏没有到场，并从此息访。

2. 建立“四议两公开一表决”机制，规范民主决策模式

近年来，东方村结合该村实际，探索形成了村两委会提议、党员议事会商议、党员大会审议、村民代表大会或村民会议决议、涉及户代表表决的“四议两公开一表决”工作法，把村民最想知道的事让村民知道，争取他们最大的支持，确保村干部在规范的监督机制下依法管理村级事务。

（1）注重议事内容合理性。重点解决一个“议什么”的问题。为了能突出重点、达到事半功倍的目的，村两委班子成员多方听取意见、反复磋商，依据有关法律法规、立足村情，重点把握村民自治范围内的事项和事关村民切身利益的事项，明确凡村级重大事项决策、重要项目安排、大额资金使用以及相关民生事项，都要严格按照“四议两公开一表决”工作法进行民主决策。将村民自治章程和村规民约的制定；村级发展规划和年度工作目标计划；村集体土地的流转、承包、租赁；重大投资事项、集体资产处置；土地征用劳动力安置及补偿分配；“两长一员”、民主理财小组成员等人事变更；村民福利；重大救灾救济款物的发放等八个方面的事项作为重大村务纳入议事决策范畴。明确村两委会提议的主体责任，要求村两委班子成员切实增强责任感和使命感，加强与党员群众的联系、加强村情民意的收集，做到及时提议、准确提议。明确动拆迁、劳动力安置等涉及村民切身利益的事项，启动户代表会议决议程序。

（2）注重操作程序规范性。重点解决一个“怎么议”的问题。首先是把好“提议关”。对于重大事项，村两委会在提议之前，先将提议内容报至镇党委审批，经镇党委研究同意后，方可进入“四议两公开一表决”程序，避免提议的盲目性，维护了村级组织的权威性。比如购买商业用房、厂房、汽车等。其次是把好“代表关”。按照“素质高、有威望、懂村务”的标准，精选出 13 名党员议事会代表，加强了党员议事会的“头道把关”。全国文明镇创建期间，为进一步发挥好村民小组长的作用，加强丧事简办工作，村两委班子提议，对于按规定简办丧事的农户，给予村民小组长每户 200 元的奖励。然而，这一提议在提交党员议事会商议时，大家认为，这种奖励容易让人误解村民小

组长宣传丧事简办的动机，反而不利于工作开展而予以了否决。最后是把好“程序关”。严格按照村民组织法的要求，对村两委会、党员议事会、党员大会、村民代表大会或村民会议、户代表会议的参会人数、表决方式等进行明确的规定。对照“四议”—“两公开”—“一表决”的工作步骤，对所议事项的酝酿讨论、征求意见、完善方案、议后跟踪，对决议公开、决议实施、实施结果公开的内容、形式、时间等，制作了简明的工作流程，在党务公开栏、村级网站上予以公示，提高村民的知晓率。同时，明确一名村干部负责相关议事资料的起草、记录、整理和归档工作，使每一件村级重大事项的决策过程均有完整的记录，做到有据可查。

(3) 注重运行保障灵活性。重点解决一个“议得了”的问题。在严格遵循既定程序的基础上，实际操作中注重方式方法，坚持“原则下的灵活多元”，把工作重心集中在引导、沟通、协商上，争取对村级长远发展有利、关系群众根本利益的“大、难、苦”(项目利益大、群众初始接受难、协调过程苦)的项目赢得支持，争取表决通过。2008 年，村两委会意向出资 420 万元收购工业园区一处 3 500 平方米的厂房，作为经营性固定资产出租。时值国际金融危机，党员议事会商议时许多代表提出了疑虑。为统一思想、形成共识，在提交党员大会审议之前，村干部及时召集召开党小组长、村民小组长和老干部会议，讲透道理、算明细账、得到大家的理解和支持，此事最终获圆满通过，村里每年有近 50 万元的租金收入和所租企业上缴的税金收益。“四议两公开一表决”工作法把涉及群众切身利益的事情全部交给群众自己议、自己定、自己干，使群众的意愿得到充分反映：红旗六组土地流转过程中，村委会尊重老百姓的意愿，分别召开了党员议事代表会议、户代表会议，在听取相关意见后最后在农户家中召开社员会议，将会议中形成的相关意见传达给村民，让村民自己拿主意，村民经过深思熟虑，28 户农户全部将土地进行流转。

3. 落实两个规范，完善民主监督模式

(1) 规范民主理财制度。2007 年东方村被列为上海市财务管理规范化试点村。经过村民代表大会推选，5位村民组成民主理财小组，负责对财务管理的审核和监督。每月6日为理财小组工作日，对村委会执行村民代表大会的决议以及村重大项目投资、土地征使用、资产租赁、财务收支情况等进行审核。理财小组在审核过程中，严格把关，坚持"五不入账"，即没有经手人、证明人、审批人签字的不入账；未经理财小组审核的不入账；大额开支未经村民代表会议讨论决定的不入账；违反审批权限和开支规定的不入账；未经镇经管所审核的不入账。理财小组每年两次向村民代表大会报告民主理财情况，每月理财结果及时在"墙上"（公开栏）和"网上"公开，随时接受村民监督。2014年，东方村村务监督委员会成立，接替民主理财小组行使权力。

（2）规范困难补助审核公示制度。为了规范困难补助工作，村领导班子在充分调查研究的基础上，制定了困难补助"三原则"和"五环节"。"三原则"就是大困难多补，小困难小补，不困难不补。"五环节"就是推荐、初核、审核、公示、补助，具体操作流程如下：由村民小组长、党小组长、困难补助信息员负责推荐初步困难补助对象→村困难补助初核小组（由班子分管领导、条线干部、村民代表等成员组成）进行初核，提出困难补助建议名单→村领导班子对建议名单进行审核，最终确定困难补助对象→公示困难补助对象及其补助金额→公示无异议后正式实施补助。实行困难补助审核公示制度，杜绝了极少数村民夸大困难事实要求补助的现象，改变了过去"凡申请就补助"的操作办法，一些确实困难但未提出申请的家庭也因有了这项制度而拿到了困难补助。

（二）领导班子建设是搞好民主管理的关键

实施民主管村过程中，东方村坚持从班子内民主到党内民主，继而带动人民民主。搞好民主管理，一把手是关键。既要当好领头雁，又要善于发扬民主、集思广益，善于明责任、压担子，充分发挥班子成员能力和组织合力，拧成一股绳，形成民主管理的核心力量。

一是抓好学习交流工作。东方村两委班子坚持每周进行一次集中学习交流，原则上每周六上午，若有特殊情况就利用晚上的时间进行，学习日常工作所需的法律法规知识、上级有关文件以及各项业务技能，研究讨论村务管理工作，分析村情民意。工作中大家分工明确，责任明确，遇事多碰头、多交流、多商量，从不搞“家长制”、“一言堂”，形成了良好的民主氛围。

二是加强公开载体建设，积极寻找廉政风险点。通过打造“一栏、一网、一屏、一机”载体，即：公开栏、一村一网、农民一点通和农信机四个公开平台，实行党务、村务、财务的公开，将村内的“三重一大”事项、涉及村民切身利益、村民关心的热点难点问题等及时公开。针对部分村民一度反映的“公开的不尽是群众想知道的、群众想知道的没公开”的问题，村委会利用“两长一员”工作例会和组团式联系走访等契机，定期听取村民的意见，接受村民的质疑，深化村务公开，增强公开的针对性和时效性，实现了村务公开由“村里公开什么，群众就了解什么”到“群众想了解什么，村里就公开什么”的转变，保障了村民的知情权。

三是干部严格自律。村干部是群众选出的当“家”人，这个“家”当得怎么样，作风建设很关键。东方村制定了各项规章制度，使村干部有了行为准绳，严于律已。一是实行“5+2”工作作息制度。原则上村干部实行7天工作制，每周安排两名工作人员作为责任人，保证村委会365天大门敞开，周一至周五遇事必须请假，周六、周日遇事要相互告知，工作上做好协调，村干部手机24小时开机。二是实行去向公示。村干部上班、值班时间外出开会、办事或请假等，均在村干部去向板上登记公示。三是实行“365”走访制度。为了更好地联系群众，村干部确保平均每天走访一户农户，收集民情民意，听取有关村民的意见建议，以便更好地做好决策和解决相关问题。

四是敢于接受群众监督。开展“百姓评官”活动，村干部每半年向村民进行一次述职，在场村民对村党总支和每位村干部在思想政治品德、履行工作职责、工作能力水平和廉洁从政等方面按照“满意”、“比较满意”、“基本满意”和“不满意”四个档次进行无记名投票，民主评议结果在党务公开的相应栏目中予以公示，同时，村两委班子根据测评情况及村民质询事项或意见建议，认真制定整改方案，并将整改情况及时通过公开栏、一村一网、农民一点通、“两个六点半”等公开平台向全体村民反馈。这种“百姓评官”的做法受到广大村民的欢迎，老百姓对村干部的满意率从几年前的76%提升到现今的97%，进一步加强了村民对村干部的监督和约束。

三、 党风促民风，以党建引领和带动各项工作全面提升

东方村以“两承诺两公开两评议”为抓手，不断创新基层党建，坚持把“保障党员主体权利”与“激发党员主体意识”、“发挥党员主体作用”相结合，加强党内民主建设，以优良的党风带动民风的健康发展。

正党风首先要抓住党员干部这个主体，对于党员干部队伍管理抓住两个突出。

突出“三项服务”：

(1)“承诺式”服务。每年初，广大党员围绕群众期盼，注重体现先进性要求，立足岗位和自身实际，进行承诺并公示，接受群众的评价和监督。在这过程中，村党总支重点把好“三关”，即：审定承诺、督促践诺、考核履诺。党员在承诺中掂量出了责任，群众从承诺中感受到了期盼。“管好自家人和一个宅基上的人，争取不闹矛盾，尽量多做好事”，这是党员吴志余的朴实承诺。老吴是这样说的，也是这样做的。村里为七组修建宅前道路，有几户村民要求对原路基给予补偿，老吴挨家挨户上门说服村民理解支持村里工作；修路时压路机压坏了路边的排水管，老吴又自己掏钱购买了水管，顶着烈日进行了更新填埋。

(2)“三联系”服务。自开展三联工作以来，东方村建立了村党支委干部联系党小组长，党小组长联系党员，党员联系群众的联系网，并坚持上门走访、电话联系。如在走访中，村党总支得知村民高峰家庭困难，母亲身体不好，弟弟已到适婚年龄，可是家徒四壁，于是帮助他提前动迁，解决了燃眉之

急，现一家人已住进海尚小区，生活条件得到改善。

(3)“村居联动”服务。目前，东方村近75%的村民被动迁安置到小区，变身为“居民”，但户籍仍归属在村里，为了给这些“上楼村民”提供更好的管理和服务，村两委班子“跨出”村域主动与村民相对集中居住的6个居民小区建立紧密联系，通过建立村居联系会议制度，成立村居信息员队伍，建立党员志愿者队伍，形成“信息共通、事务共管、资源共享、文明共创、难题共解”工作体制，有效解决了违章搭建、拖欠物业费、秸秆焚烧、房屋渗水、村居民纠纷等社会治理难题和村居民诉求，提高解决“上楼村民”各类急难愁问题的效能。

突出“二项评议”：

一是党员承诺测评。党员测评活动每年一次，通过无记名投票，采取党员互评和村民代表参评的方式对党员进行测评，测评结果在公开栏上公示，使党员意识进一步增强。

二是党员作风讲评。根据党员一年来各方面表现和党员互评、群众参评及征求的意见等方面的情况，以党小组为单位，开展党员作风讲评活动，每位党员根据测评结果，全面回顾过去一年在党性修养、工作作风、廉洁自律等方面的表现，进行批评与自我批评，最后由党小组长逐一点评。党员测评和作风讲评制度，大大增强了普通党员保持党的先进性和纯洁性的自觉意识，东方村的党员能够先于群众一步投身经济社会建设，能够自觉参与村级民主管理的实践，能够在突破工作难点方面身先士卒，能够在利益格局调整、社会矛盾凸显的关键时期起到党员应该起到的作用。如在创建全国卫生镇的工作中，取缔宅后粪缸是一块“难啃的骨头”，有些村民由于没有拆除补偿而迟迟不肯动手，这时党员户率先垂范，带头拆除粪缸，村民看在眼里、佩服在心里，也跟着拆除了粪缸，一块“难啃的骨头”终于啃了下来。

促民风在于提升群众素养，硬件软件一起抓。

一是建立村民固定的学习场所。从2007年起，东方村逐步建立老年学校、社区学校，建成远程教育站点、农家书屋等学习点，使村民有了学习文化、提升素质的阵地，经常性开展教育学习活动，举办“党的十八大报告解读会”、“党的群众路线教育实践活动学习会”、“形势任务报告会”。依托镇社区学校教育和结对单位资源，开设“‘学法、懂法、守法’法制课堂”、“食品安全知识讲座”、“老年人健康教育讲座”及“暑期青少年科普教育”等理论培训，开展健身操、民乐演奏等文体培训以及杭白菊种植等技能培训，着力提高村民思想道德水平和文明意识，增强实践能力，争当社会主义新农民。

二是打造“和美东方——村民素质教育”特色课堂。东方村一直把抓好村民素质放在重要位置。2014 年 3 月，启动“和美东方——村民素质教育活动”，让全体村民走进“课堂”接受文明素质教育。60 岁以上村民在老年学校参加日常学习；18 周岁到 60 周岁的 1 300 多位村民则参加每月一期的专题培训，让每位村民都能接受一次素质教育。活动共分 13 期，内容主要围绕“四德”教育主题，把身边的先进事迹写入了培训材料，讲身边事、说身边人，让村民可比可学，还结合龙航路以北本村未拆迁村民的实际情况，开展以“规范房屋租赁，建设美丽家园”为主题的专题教育。此外，为了让培训取得实实在在的效果，还通过“说、写、评”的方式让村民学有所获、学有所思。在听完课后让村民在课堂上说一说感受；有写作能力的村民写一写心得体会；全部 13 期培训结束后，通过知识竞赛评选出优秀组织者、优秀学员进行表彰。此项活动的开展，旨在教育和引导村民自觉抵制各种不文明行为，提升自身素质，进一步倡导社会文明新风。

党风正则民风淳，良好的党风带动了民风转变，淳朴文明的民风促进了东方村的和谐发展。东方村这些年来在经济发展的同时，社会治理、文化建设、村民享受的公共服务和福利都在不断发展。

一是美丽家园建设成效显著。在推进美丽家园建设的过程中，东方村加强社会治理，组建了多支志愿者队伍，如平安志愿者、禁毒志愿者、反邪教志愿者、消防安全志愿者、调解志愿者、交通文明志愿者、妇女儿童关爱志愿者、敬老服务队、清洁家园志愿者等十多支队伍，积极开展巡逻、执勤、帮扶等等多种形式的志愿活动。2011 年，全村成功启用 118 户多户联防报警器，

2015年村区域内安装18个治安探头。村内无证废品收购、非法行医等现象得到控制，外来人口办证率达100%。村容村貌显著改观，社会环境和谐稳定。为提倡精神文明，东方村这种抓好群众的自我教育。近年来每年举行“典型在身边，精神传百家”和美东方系列评选活动，涌现出的美丽村民、十佳好媳妇和一批家庭和美、邻里和谐、婆媳和谐、孝亲敬老等方面的先进家庭及个人受到隆重表彰。同时利用《和美东方》村报、荣誉栏和村民素质教育等平台宣传他们的先进事迹，在全村掀起倡导真善美的热潮。

二是村民生活多姿多彩。东方村村党总支结合工作实际，通过创设形式多样的载体，开展各类活动，让人民享有健康丰富的精神文化生活。2006年7月，东方村老年活动中心正式启用；2007年3月，建成占地6 000多平方米、建筑面积1 500平方米的金山区首家村级文体中心。中心有篮球场、大舞台，并开设了乒乓室、棋牌室、阅览室、音乐室等场所，村还出资添置了音乐器材、扩音设备、多媒体显示仪、图书架、书籍等，安装了数字电影。

在硬件设施齐全的情况下，东方村着力队伍建设。在民乐爱好者的提议下，2005年成立了村老年民乐队，人员从七八名发展到33名，大部分是村内退休人员。2008年由东方村民乐队周卫星老师创作的《乡村情》一炮打响，获得“欢乐山阳”村委会专场作品创意奖，表演一等奖。其曲调被多个乐队改编使用，并且代表区、镇老年团体参加上海电视台《精彩老朋友》节目。2009年，村委会又成立“星期四乐队”，固定成员12名，他们主要挖掘历史文化遗产反映东方村改革开放的成果，根据时代特征和需求，排演较高质量的文艺节目。2012年，星期四乐队排演的《家长里短》获得江南丝竹比赛三等奖。

东方村还相继成立腰鼓队、表演唱队、老年健身操队、舞剑队、舞蹈队等。自2006年起，村委会定期组织文艺骨干和村民自编自导自演，每年夏季在大舞台上开展一次演出活动，村干部和村民共同联欢纳凉，每三年举行一次大型运动会。此外，村委会每年还会发动故事爱好者参与新故事创作、鼓励摄影爱好者参与作品比赛、体育爱好者参加单项体育竞技等。在村领导的参与和带领下，东方村的文化工作开展得红红火火。东方村把未来人才的培育作为精神文明建设的一项重要内容。为了鼓励在校大学生更加出色地完成大学学业，更好地了解家乡的发展，2013 年初，东方村启动“莘莘学子”奖学金计划，通过选拔，有 13 名学生获得此项荣誉。

三是村民福利越来越好。2014 年，村里成立村级经济合作社，实行村账分设。合作社每年将提取一定比例的收益用于改善村文化、教育、医疗等公益设施条件，提高养老、助残、困难家庭生活补助等，社员也享受到合作社的红利分配。全村 60 岁以上老人除了享受 1 470 元的镇保退休金外，村里还免费为他们购买意外保险，每年进行茶叶补贴，重大节日发放慰问品，对本村困难老人、独居老人、因病至困老人等进行困难补助，每年共发放慰问金、慰问品及各类补助资助共计 40 余万元，为因病致贫的村民进行困难补助，每三年进行一次全民体检。2015 年 10 月投资 600 多万元成立村级老年人日间服务中心，为独居老人、空巢老人提供一个休闲、聊天、助餐的活动场所。

在村党总支、村委会和全体村民的努力下，东方村走出了一条“村务民晓，村事民决，村财民理，村绩民评”的村民自治模式，村先后被评为上海市卫生村、上海市村务公开民主管理示范村、上海市民主法治村、上海市财务管理示范村，2003 年、2010 年曾两次被评为上海市五好党组织，自 2001 年起连续被评为上海市文明村，2012 年被评为中国特色村，2015 年 2 月获得全国文明村荣誉称号。

东方村在推进民主管村方面的成功探索和实践中主要有以下几点体会：

（1）村党支部书是村里的领导核心，是决定一个村发展的“关键少数”，必须坚持立党为公、执政为民理念，增强民主意识，思想上真正实现“为民作主”向“代表村民，由民作主，自觉接受监督”的意识转变，充分发挥领导核心作用，把握正确方向，为民主管村提供坚强有力的政治保证。

（2）为确保民主管村工作的顺利开展，必须坚持改革创新。眼观四面八方，善于从上海的和其他兄弟省市的先进经验中学习，又要坚持从本地实际出发，加强制度建设，形成一套规范具体、约束力强，党务与村务、村与组之间衔接配套，又能切实实行的管理制度和运行机制，而不只是贴在墙上，讲在嘴上，从而保证民主管村工作既符合基础民主建设的方向，又能有序有效，富有特色。

(3) 在推进民主管村的过程中，必须处理好党组织的主导作用和村民群众主体作用的关系。对村里的发展和建设大事，村党组织、带头人必须能谋大局，想长远，想在前面，走在前面。但是绝不能包办代替，专断独行。必须尊重群众的主体作用，善于听取群众的意见，善于通过民主的方式来统一大家的思想，团结群众一起干。对于各项民主管理制度村干部要带头执行，自觉接受群众的监督，努力打造阳光村务，切实保障群众的切身利益和民主权利。同时，要加强宣传教育，使群众了解农村各项政策法规，提高政策水平和参与村务决策、管理监督的能力，使民主管村具有持续动力和活力。

(4) 村民自治、民主管村必须紧紧围绕党在农村的中心工作，与本村经济建设、社会建设、文化建设和党的建设紧密结合起来，充分激发干部群众积极性和创造力，促进经济社会各项事业的全面进步，使村民群众享受更多的改革发展成果。

在工业化进程中两个文明共同建设

——浦东新区界龙村的道路

对于上海郊区的村级组织来说，在工业化、城市化、市场化的大潮中，如何走出一条既坚持发展经济，不被工业化、市场化的潮流所淘汰，又坚持强村富民，建设好基层政权，物质文明和精神文明一起抓的道路，是能否坚持中国特色社会主义道路的关键。改革开放以来，浦东新区界龙村用自己的努力，写出了光彩的篇章。

在工业化进程中探索中国特色社会主义的发展路径——一手做大做强现代企业，一手壮大村级集体经济

界龙村原属川沙县黄楼乡，1984 年建村，由原来的界龙、三房两个大队合并而成，共有 13 个村民小组(原生产队)，822 户，2 460 人(2010 年共 1 020 户，3 269 人)。村域面积 2.98 平方公里，耕地 2 194 亩，人均耕地 0.89 亩。城乡、工农业之间的差别和人多地少的条件，迫使界龙人从 20 世纪 60 年代开始，从砖瓦厂、农机修理、五金、弹棉花、化工、制鞋、粮食饲料加工、缝纫等开始尝试搞队办工业。1984 年建村时，界龙、三房两个大队共有 7 家队办企

业。1987 年成立界龙村级经济合作社，以上海界龙彩印厂为龙头，先后办起金属制品、拉丝、电信仪表、外贸仓储、装订、钢丝针布、日化、自来水等多家企业。1990 年，随着浦东开发开放，界龙村抓住机遇，1991 年在村级经济合作社的基础上建立界龙工贸实业公司，以包装印刷为主业，多元经济同时发展的格局，集体经济势力不断增强。1992 年，界龙工贸实业总公司下属 11 个企业，已有固定资产 3 997.72 万元，职工 1 409 人，基本解决村民就业，当年实现销售收入 10 808.54 万元，上缴税收 292.41 万元，实现利润 129.88 万元，劳均收入达到 3 719 元，走上了工业化的发展道路。

随着 1992 年邓小平的南方谈话，我国进入以建立社会主义市场经济为方向的改革。农民出身，所经营的村级集体经济能否在工业化的过程中不断发展成长，是界龙人所面临的严峻考验。界龙人经营的大多是竞争性制造业，市场风险和竞争压力都非常大。在这种条件下，如何在保证企业不断做大做强，走向现代企业的同时，又确保做到村级集体经济的发展，加强村级基层政权建设，实现强村富民，是界龙人在体制改革中面临的选择。

20 世纪 80 年代，在计划经济体制下，乡镇企业不被纳入国家物资计划供应体系。需要购买设备，要从废品公司购买废铁后向设备供应厂换购；印刷业所需纸张、油墨。只能到文具店用零售价购买；要进口设备，没有申请外汇额度的渠道。作为主要从事竞争性产业的界龙人感觉到只靠自己的村办企业体制，难以在市场上生存，更不用说发展，不改革就不能前进。在乡镇集体企业的体制下，界龙先后通过国集联营、中外合资、合作、集集联营的方式，来取得体制上的便利，引进技术、引进人才、引进先进管理。1993 年，经上海市经济委员会批准，由外贸界龙彩印公司、界龙塑料公司、界龙金属拉丝厂 3 家村办企业发起，成立的界龙实业股份有限公司，在 3 150 万元集体资金的基础上，通过公开发行股票，向社会募集 1 850 万元（股），每股发行价 4 元，1994 年在证券交易所挂牌上市，募集资金 7 200 万元。企业资产规模因此大大扩大，从村办企业走向规范的股份制上市公司。企业上市后，大力开发新项目，筹建新企业：上海界龙永发凹印公司；与上海包装进出口公司、洋泾工业公司联合投资建立上海界龙浦东彩印公司;与台湾芬瑟公司、中国印刷科学研究所合作建立上海界龙印刷器材有限公司;购置 7 500 吨货轮,建立上海界龙轮船公司、上海捷达凹印公司;与栏杆村联营建立上海界龙印铁制罐公司;建立上海界龙玻璃工艺品有限公司。1995 年,公司下属 18 家子公司(厂),形成以印刷为主业的界龙产业特色。随着多元化的发展,更加需要发挥各个企业的自主性和调动经营者的积极性。为此,在建立股份制公司的基础上,企业的进一步改制势在必行。

1994 年,村属集体经济成立上海界龙发展总公司,由界龙村党支部和村民委员会直接管辖,掌握上海界龙实业股份有限公司,及其他几家直属于发展公司的企业,到 1995 年已有 29 家。作为一个面临市场高度竞争的,以制造业为主,同时也是一个必须按照村民自治章程来行使对集体资产投资管理的企业,界龙发展总公司在运行中遇到的困难是:企业往往需要在瞬息万变的市场竞争中做出决策,需要负债经营,而村级组织对集体资产的运作必须要通过规定的程序,经村民代表会议,甚至村民大会讨论通过,但村民对企业所面临的情况很难了解,更难从一个现代大企业的角度来参与或审议企业的决策,这种状况制约了企业的进一步发展。为进一步解放生产力,让企业有一个更好的经营体制做大做强,2001 年,上海界龙发展总公司更名为上海界龙发展有限公司,并进一步改制,成为一个由 42 个自然人股东(企业主要经营者,持有 93%的股份)和代表村集体经济的界龙投资管理中心(持有 7%的股份)合办的有限股份公司。2008 年,上海界龙发展有限公司更名为上海界龙集团有限公司,是一个村集体持有一定比例股份的股份制企业。

通过改革建立现代企业制度,界龙村的领导班子始终明确,必须同时确保村级集体经济不断壮大。按照村企分开的原则,界龙人在搞股份制竞争性企业的同时,于 2001 年对村集体经济进行产权制度改革,成立“上海界龙投资管理中心”,该中心作为村级集体经济的代表,主要经营非竞争性村办企业,经营管理村级集体资产,用集体经济收入进行村行政开支、社会性建设、支农开支和村民福利等。在多次企业体制改革后,界龙投资管理中心代表村集体在上海界龙集团有限公司中持有 7%的股份,同时经营两个有稳定收入的非竞争性企业——上海浦东界龙自来水厂和上海浦东新区界龙古园。2010 年这两个企业销售收入 4 106 万元,创利 1 338.6 万元。

从 70 年代的队办企业、80 年代的村办企业,通过对竞争型企业进行股份制产权改革,界龙集团有限公司形成以印刷业为制造业主干,其他制造业和服务业为辅的产业结构,走上工业化的道路,经济不断发展壮大,其中印刷业形成完整的印前、印刷、印后、印刷器材生产和软件开发等一条龙服务体系,具备国内领先的胶印、凹版、柔版、塑料印刷、丝网印刷等生产能力,产品包括彩色纸箱、纸盒、图书、画册、样本、报刊、商业表格、包装纸与袋、印铁制罐、PVC 镭射卡等生产能力,可以为日用消费品、日化、电器、通讯、食品、医药、出版、金融、保险、邮政、航空运输等行业提供全面而优质的服务,成为国内印刷业的龙头企业之一。

在此同时,村级集体资产不仅没有流失,而且通过经营非竞争性企业,经营以土地和厂房形式存在的村级集体资产,目前约有 1 亿元左右的资金积累的孳息收入,村集体经济收入稳步增长:2007 年为 1 319.72 万,2008 年为 1 559.11 万,2009 年为 1 721.14 万,2010 年为 1 951.45 万,为村的各项建设和村民的福利提供了有力的支撑。目前,全村净资产达 2 亿多元,年可支配财力约 3 000 万元,村民人均收入达 3 万多元。全村 96%以上的劳动力在界龙企业就业,此外,界龙的企业还吸纳了 2 000 多个周围农民和 1 000 多个外来人员就业。

村级基层组织建设是一切工作的保障——加强党的建设,不断完善基层群众自治制度

行政村作为我国农村的基层群众自治组织,也是农村党的基层组织单位。村党组织负有贯彻施行中央和地方党委方针政策,组织群众,带领群

众，教育群众，进行社会主义现代化建设的责任。村委会负有对村域进行经济、政治、文化、社会、生态建设，和协助政府完成所交办的行政任务的责任。在实行家庭联产承包制后，在工业化、城镇化的进程中，村级领导班子面临着新的历史任务：如何把村民组织起来，进行自我管理、自我教育、自我服务，不断适应市场化、工业化、城镇化的进程，发展经济，实现共同富裕，建设精神文明的挑战。强有力的村级基层组织，是实现这些要求的基本保障。一个强有力的村级基层组织必须具有这样两个条件：一个好的领导班子，包括有战斗力的党的基层组织和能为村民服务、有凝聚力、实施能力的村委会；不断壮大的村级集体经济，具有自我建设的资源。

界龙于1984年设立行政村，由原界龙和三房两个生产大队合并而成。自行政村的建制设立以来，各届村两委班子就把在发展经济的同时也不断壮大村级集体经济；在工业化、城市化的过程中凭借集体经济的实力不断解决好村民的就业、民生、养老、医疗、教育、扶困、优抚等问题，随着经济的发展，不断提高村民的收入，不断完善各项社会保障，不断改善医疗和教育条件作为自己义不容辞的责任。

把党组织建成坚强的战斗堡垒。1984年建立行政村时界龙村建立党支部，1987年成立界龙村党总支。随着工业化过程中企业的增加和党员人数的扩大，1997年成立中共界龙村委员会，2010年共有党员276名，其中退休党员115名。从1984年村党支部建立起，每一届党组织都明确制定任期目标和任务。在第一届村党支部所制定的任期目标和任务中，就明确界龙村未来发展方向的指导思想："坚决贯彻中共中央的路线、方针、政策，稳定农业，发展副业，大办工业，坚持解放思想，勇于改革，大胆实践，努力开创新局面。"这些年来，界龙村的党组织正是按照这样的指导思想，不断解放思想，勇于改革，大胆实践，不断努力开创出新的局面。

从第一届党组织所制定的任期目标和任务书起，每一届界龙党组织所制定的任期目标与任务，都分别对党建工作、经济工作、精神文明建设提出要求。体现了"以党建为保证，以经济建设为重点，两个文明一起抓，既富口袋，也富脑袋”的“界龙特色”，在上海郊区工业化、城市化进程中，探索中国特色的社会主义道路。

为确保党组织在各项工作中能够发挥核心作用，首先必须抓好党的建设，做到“工作有制度，活动依章程”。1997 年界龙村党委从建立起，就根据党章和本村的实际情况，建章立制，制定了党委议事制度、党委领导班子民主生活会制度、党委中心组学习制度、后备干部队伍建设制度、党员发展工作制度、党内生活制度等一系列制度（各项制度见附录），确保了党委有序、有效地工作。

界龙村从党支部到党委，除了研究工作之外，坚持领导班子的定期民主生活会，认真开展批评与自我批评。通过批评与自我批评分清是非，加强团结。界龙村党组织坚持三会一课制度，坚持干部联系群众，党员联系群众的制度。党组织坚持每半年对党员的思想、工作情况进行分析，每年进行一次民主评议党员活动。这些制度持之以恒的坚持，使界龙村的党组织成为坚强的战斗堡垒，界龙村的党员绝大多数能起到先锋模范作用。

在实践中不断完善村级组织和村民自治。界龙村的村民委员会由 1 名主任、3 至 4 名委员组成。在村两委分工中，经济发展和精神文明建设主要在党组织的领导下进行，村委会负责村内各项建设和办理政府委托的各项事务。为依法有效地行使村委会的职责，界龙村制定了一系列村民委员会制度：会议制度（村民会议、各工作委员会会议、村民小组长会议制度）；办公制度（包括干部轮流值班，干部考勤，来访接待，工作检查制度）；民主生活会制度；学习制度；向村民报告工作制度；岗位目标责任制度；村务公开制度；文书档案管理制度等。这些制度保证了村委会工作的有章可循，责任到人。

作为基层群众自治组织的村，关键在于如何搞好村民自治，真正能让村民能够通过村级组织，做到自我教育和自我管理。界龙村委会根据《中华人民共和国村民委员会组织法》和村民自治的实践，在 1998 年 4 月经过村民代表大会讨论通过界龙村村民自治章程、界龙村村规民约、村务公开制度和村委会工作制度，1999 年 12 月和 2000 年 7 月进一步对以上章程修改，经村民代表大会通过。《村规民约》的制定，不仅明确了村民的权利，也提高了对自己所应承担的义务的认识，加强了村民对自己的要求。《村民自治章程》的制定，明确规定了村民代表会议的地位和所承担的职责、村民委员会的职能与任务；村民小组的地位和村民小组长的职责、村民的权利与义务、村民的行为规范、外来人口的管理。这是一部由基层村组织带领村民制定的详尽的村民自治章程，是《中华人民共和国村民委员会组织法》在界龙这样一个基层的具体落实，反映了作为中国特色的社会主义政治制度之一的农村基层群众自治组织，在党组织领导下的成功实践。

界龙村有 65 名村民代表。村民代表大会不仅对村委会的工作和决定、讨论的事宜认真审议，而且要求票决，每个代表对同意与否签名，以示负责，村委会严格按照村民代表会议表决结果执行。

界龙村从 1997 年起施行全面村务公开，以让村民拥有更多的知情权、发言权、决策权和监督权为宗旨，保证村民依法行使当家作主的权利，使村务公开与民主决策、民主管理和民主监督结合起来，从栏目规范、程序规范、内容规范、管理规范着手，做好村务公开。为此专门成立了以党委书记为首的村务公开领导小组、以村委会主任为首的村务公开工作小组，由 12 名村民和企业职工代表组成村务公开监督小组。村务每季度公开一次，遇到十分之一以上村民或三分之一村民代表要求公布的事项，村委会随时公开。

村务公开的内容包括：(1)村干部收入情况；(2)村干部外出学习考察情况；(3)村土地租赁明细；(4)村房屋租赁明细；(5)村民建房复批情况表；(6)收取村民各种费用情况；(7)村集体资产、资金余额明细表；(8)村干部离职审计情况；(9)农民退休补贴金、医疗费使用情况；(10)村办企业生产经营情况；(11)村基本建设工程发包情况；(12)村预算收支情况；(13)村收入明细表；(14)村支出明细表；(15)村固定资产情况；(16)村经济建设目标及实施情况；(17)村招待费使用情况；(18)村精神文明建设及实施情况；(19)村为村民办实事计划及实施情况；(20)其他要求公开的事项。

界龙村各项规范制度，确保了村委会工作和村民自治的顺利开展。

在党委领导下，工青妇的工作不断推进，优抚工作形成特色。

在村党委的领导下，1998年前后，界龙实业股份有限公司以及界龙各企业纷纷成立工会，并成立村行政（联合）工会，到2010年，界龙工会会员2 962人，占职工总数的98.7%。根据《工会法》、《劳动法》、《工会工作条例》，工会积极履行参与、建议、维护、教育职能。2006年起，由工会组织职工代表与企业法人进行协商，签订集体劳动合同、工资合同，以及女职工特殊权益保护集体合同，维护了职工的合法权益。工会组织职工参与企业的民主管理，实行厂务公开。促使各企业都能通过召开职工代表大会，报告企业民主管理和行政工作。工会开展各类活动，提高员工整体素质。组织职工开展劳动竞赛、创建文明班组、创红旗文明岗、做文明职工评比活动；开展多种形式的技能、岗位和职业培训，提高职工的技能；开展各种文体活动，丰富职工业余生活。工会还组织职工参与“帮困送温暖”活动，先后举行“情系西部，共献爱心”，为西部建造水窖、四川汶川大地震的灾后重建组织捐款、对界龙企业职工遇到不幸灾病组织捐款，让职工从工会感觉到组织的温暖。工会通过自己的工作，团结职工，教育职工，维护职工的权益，把企业的发展和职工的利益统一起来。

1984年界龙设立行政村后，建立共青团支部，1999年改为界龙村团总支，2002年改为界龙村团委，2009年共有团员181名，占青年总数的13.7%。团组织通过组织团员、青年学习，参观爱国主义教育基地，开展爱国主义、集体主义、社会主义和革命传统教育，引导团员青年树立正确的世界观、人生观和价值观，明确所肩负的历史责任，特别注重在共青团骨干中为党组织和企业培养、输送合格人才。在普法工作中，团组织配合党委，在外来务工人员中，进行劳动法、合同法、安全法、刑法等法律知识教育，对个别有罪错、心理偏差的青少年进行有关法律知识的宣传和帮助。团委带领团员青年立足本岗位，开展学业务，练技术，参加技术培训，先后有3名团员获“新长征突击手”称号。1999年起，团组织充分利用各企业资源，开展篮球、乒乓球、网球、足球等活动，开设音乐课、书画培训班，丰富团员青年的业余生活。

1985年界龙村建立妇委会以后，组织妇女开展“有理想、有道德、有文化、有纪律”和“自尊、自爱、自重、自强”的“四有”、“四自”教育，开展“学文化、学技术、比成绩、比贡献”的“双学双比”活动，广泛开展争创“五好家庭”活动，到2010年，全村共有400户，占38.4%的家庭成为“五好家庭”。妇委会认真宣传和协助贯彻落实计划生育政策，维护妇女、儿童合法权益，组织妇女开展木兰拳、扇子舞、打腰鼓、广场舞等活动，使广大妇女既锻炼身体，又愉悦心情。

界龙村积极支持军队建设，做好优抚工作。自1986年来，共向中国人民解放军输送40名青年参军入伍，对烈军属提供优抚金，从1986年的每户每年588元，提高到2010年的2 600元，对于退伍军人及其家属，全部安排在界龙集团公司就业。2008年，界龙村与浦东机场武警共建精神文明，是浦东新区拥军优属、军民共建社会主义精神文明先进单位。

随着经济的不断发展，不仅村民的就业问题得到解决，随着村级集体经济的发展，村级可支配财力的增加，20世纪90年代以来到2010年界龙村对文化设施、生活设施、社会治安综合治理、道路和桥梁建设、对村民生活设施、对社会综合治安设施等村内公共建设，共计投资2 922万元。目前，界龙村每年组织退休村民一次一日游，一次体检，并对不同年龄的退休村民提供不同数额的医疗补贴。界龙村对全体村民提供有线电视金额补贴和家庭财产保险，在享受城保和镇保的医疗保险外，对村民个人住院医疗自费部分由村集体报销80%，对村民子弟上中专、职校、技校每年提供300元奖学金，对高中、大专生每年提供400元奖学金，对本科生每年提供600元奖学金，对研究生每年提供800元奖学金。在界龙村，村民所能享受的公共福利不断提高，村的凝聚力不断增加。另一方面，村年均民事纠纷逐年下降，从1984年的45起下降到2010年的16起，各类民事纠纷调解成功率达90%以上。

富了口袋，还必须富脑袋——坚持抓好精神文明建设

随着经济的发展，一方面企业反映，在企业工作的村民文化素养、职业道德、技术素养低，不能适应现代企业职工的要求。而随着界龙实业股份有限公司的股票上市，村民手中所持有的职工股一下子数倍增值，社会上的各种引诱增加，村民间的家庭纠纷、邻居纠纷也随之增多。面对这些问题，界龙村党组织意识到，光发展经济还不够，只有同时抓好精神文明建设，使农民向现代企业职工转变；原来农民的生活习惯，向更为文明的国际化大城市市民的生活方式转变；使村民的精神面貌与道德水准不断提高，才能使界龙村民真正适应社会发展的要求。根据党的十二届六中全会的社会主义精神文明建设决议，界龙村两委会一手抓经济发展，一手抓精神文明建设，把社会主义道德教育和法制教育作为精神文明建设的纲，在全村开展普法教育，结合本村实际，创造性地用多种形式弘扬社会公德、家庭美德、职业道德、个人品德，弘扬中华民族传统美德，弘扬时代新风，引导村民和企业职工自觉履行法定义务、社会责任、对集体的责任、家庭责任。同时，组织企业职工进行职业培训、技术培训、职业道德培训，组织村民进行现代城市生活方式的培训，通过开展多种形式的文艺活动来丰富界龙村民的文化生活，在郊区精神文明建设方面走在了前列。界龙村在精神文明建设方面所做的工作主要有：

坚持普法教育。按照先干部，后群众的原则，分期分批举办培训班，学习宪法、刑法、民法、经济法和继承法；对企业突出进行企业法、公司法、经济合同法、安全生产法、劳动合同法的培训；对村民开展村民委员会组织法、土地管理法等法律培训。

在精神文明建设中，界龙村党委意识到，从精神文明建设来看，普法、培训都是十分必要的，但这种以灌输的方式进行的教育，村民是被动的。真正

要使村民在精神文明建设中入脑入心，需要村民自身的主动参与，这样才能通过精神文明建设真正改变人的精神面貌。因此，村委会发动村民参与编写、学唱《界龙劝民歌》(见附件)，以七言四律的形式，内容集道德规范、村规民约于一体，共11篇，把一些约定俗成，深入人心的核心价值用群众自己的语言写出来，以沪剧的曲调谱成曲，使村民通过传唱都能熟记，自觉遵守。

发动村民参与编写《界龙新三字经》，经过多年摸索，村党委会感到只有不断推出新的载体，才能不断推进精神文明建设。为此，界龙村推行了《界龙新三字经》的征集活动，以社会主义核心价值观为指导，从励志、道德、人生、生活、为人处事的角度向村民征集"三字经"，包括励志感、道德观、生活律、人生篇、牢记"五要"创和谐等篇，最终汇集成册，成为群众广泛参与、自我教育的又一种精神文明建设的方式。

组织村民每家都参与撰写《家训词》，提出自家的家训，作为村民自我规范、自我教育的方式。每个家庭撰写家训的过程，也是自我教育的过程。一家一词，体裁多样，内容各具特色，但最终都归结到社会主义核心价值观所提倡的内容上来。村委会把每家的家训汇集成册，烧成磁盘，放在每家最显眼的地方，让村民日日能看见自己的家训，时时想着遵照家训行事，教育后代，遇到矛盾与纠纷对照家训自我反省。这成为群众自我教育的好方式。

建立村民学校，开展现代生活指导，转变村民原有的生活方式。村民富起来之后过上健康文明向上的生活，是精神文明建设的重要内容。为此，村委会开展了"现代生活指导"的系列活动，以家庭生活指导为切入点，提高村民身心健康、文明的综合素质，组织村民到宾馆参观服务员如何整理房间，了解现代城市生活的基本规范；请老师到村里给村民讲授有关医疗卫生保健常识、文明礼仪、科普、安全防范等课程和寓教于乐的活动，每年有一万多人次参加村民学校的学习，使村民受到教育，能够接受，转变生活方式和行为规范于日常生活和工作之中。

开展星级家庭评比，搭建创建文明家庭的平台。为不断提升村民的文明程度，界龙村在争创"五好家庭"活动的基础上，开展了以全村家庭为单位的“十星级文明家庭”争创的评选活动，这十颗星分别是五爱星、美化星、法纪星、伦理星、科普星、新风星、文化星、卫生星、团结星10个指标，其中获得文化星的家庭，要求40岁以下的家庭成员必须获得大专以上文凭。文明家庭每两年评选一次，自下而上，层层筛选，张榜公布，对文明家庭进行激励。通过星级家庭的评比，使村民的生活方式、文明习惯都发生巨大的变化，也推动了村民学习的氛围。目前，95%的家庭已达到8星级以上，反映了界龙村文明家庭建设带来的变化。

开展多种多样群众文化活动，丰富村民业余生活。多年来，界龙村先后投入1 500万元建造了3 000平米的文化体育中心，包括介绍村史的展示厅，有容纳800多人的多功能厅、电脑教室、图书馆、科普馆、室内健身房、计生咨询站、医疗卫生室，还有标准化篮球场、足球场、露天灯光舞池、科普画廊等，为村民提供了进行各种文体活动的场地与设施。界龙村成立了中老年晨操队、腰鼓队、女子二胡队、合唱团、沪剧演唱队、舞蹈队、乒乓球队等文体活动团队，京歌大戏《界龙颂》1998年曾被选拔到人民大会堂参加演出。界龙沪剧队每月一次为村民演出大戏和折子戏，丰富了村民的文化生活，还经常外出到养老院进行慰问演出。

为了让村民了解国内外大事和党的方针政策，界龙村向每个村民家庭赠阅《浦东时报》，为每个村民小组订阅《解放日报》。通过精神文明的持续建设，界龙人家庭和睦，村风民风焕然一新，村民职工诚信敬业。界龙人在富裕起来之后，不忘回报社会，近三年来，界龙村和企业对外救灾帮扶中捐款超过1 000万元。

在界龙村党委、村委会和全体村民的努力下，界龙村多次获得全国先进基层党组织、上海市先进基层党组织标兵、全国先进村镇、全国文明村、上海市文明村、上海综合实力百强村等称号，在中国特色社会主义道路上，走出了具有界龙特色的路子。

凝聚一套班子　抓住两个重心

——嘉定区联西村30年发展纪实

干事业、创大业，就需要有一种积极向上，不断进取的精神来支撑，尤其是在困难重重、强手如林、竞争激烈的情况下，要有想富、敢富的责任和勇气，才能激发我们的斗志和动力。

只有坚持集体经济，才能带我们村走得更远、更好。

——联西村党总支书记　唐祝平

踏上这片土地，经济与文明的勃勃生机扑面而来，令人惊诧、令人振奋、令人陶醉。昔日蛙声一片的田野，如今厂房林立，别墅成群；昔日泥泞的乡间小道，如今成了康庄大道，公交车、商务车、货运车穿梭如织；昔日的面朝黄土北朝天的农村人，住进了洋房，开上了汽车，变成了股东……这沧海桑田的巨变，发生在嘉定的联西村。

联西，地处嘉定区安亭镇东部，南濒吴淞江，有上海A5嘉金高速公路、312国道曹安公路纵横穿村而过，交通便捷，投资环境良好。全村地域面积3.5平方公里，有1个联民花园中心村，11个自然宅，下设17个村民小组，户籍村民总户数723户，户籍人口2 693人。30年里，联西村的工业产值从68.3万元增加到36亿元，翻了5 271倍，税收从6.2万元增加到3.5亿元，增长5 645倍，村可支配收入也达到4 300多万元，上世纪80年代联西村还是“经济薄弱村”，到2014年已成为“中国名村影响力综合排名前100强”，先后被评为国务院集体经济示范村、全国生态文化村、全国妇联基层组织示范村、全国人口和计划生育基层群众自治示范村、上海市劳模集体、上海市文明村，等等。

生产发展：坚持集体经济，敢在工业化中闯出一片天地

在30年的时间里，联西村实现了经济的腾飞，民生的大改善。靠的是什么？靠的是中国特色社会主义制度的优越性，靠的是联西人坚持的集体经济道路，靠的是以唐祝平书记为首的村领导班子带领全村群众的共同奋斗，在工业化、城市化的潮流中闯出一片新天地。

敢想敢做　破而后立

人民公社时期，嘉定县就是一个农村集体经济发展的先进县。人多地少，毗邻上海，从20世纪70年代起，这里就涌动着办社队企业的大潮。农村实行家庭联产承包责任制后，耕地虽然分到了户，但对集体经济的依恋、对村民老小的责任感、对工业化的向往始终使一些想干一番事业的人又在新的历史条件下探索集体经济的工业化新路。联西村的党总支书记唐祝平就是这样一个新时代的弄潮儿。

1981年3月，原嘉定区黄渡镇为了调整村级区域规模，将原联星村一分为二，因为地处联星村西部，“联西”因此得名。“分家”时，其他村办企业都在联星村，联西村仅分到了一家矿石磨粉厂，村民的集体资产大大缩水，再加上联西村距离城镇中心最远，村民接收信息的速度相对更慢，思想观念也更加保守，让村民安于现状，固守着农业生产，种植粮食和蔬菜，不思壮大工业。因此，贫困村的帽子，联西人一戴就是七、八年。

当时，联西人分到的这家企业，按现在的眼光看，可是名副其实的“劣势

企业”。因为黑，污染重，又被称为“黑粉厂”。在村党总支书记唐祝平珍藏多年的《工作手册》中有这样的记载：1985年3月，上海大众汽车有限公司成立，国务院副总理李鹏前往安亭参加典礼，途经曹安路20号桥时，看到了“黑粉厂”。据说，李鹏副总理非常严肃地问同车前往的市领导“上海郊区还有这样污染的厂？”一石激起千层浪，担任村支部书记才一年不到的唐祝平承受了来自各方面的巨大压力。但是“黑粉厂”年产值有70多万元，加工利润有近10万元，是全村唯一的收入来源，如果真的关了，村里的日常开支都无法维持。治污堵源，不得不从长计议。

时光匆匆，转眼到了1988年的一个傍晚。在联西村村委会两间低矮的平房里，灯火通明。“古人说，三十年河东，三十年河西，而如今是三个月河东，三个月河西。可见发展之快，竞争之激烈，难道我们联西人甘心落后吗？敢想、敢说、敢做，首先是要敢想。”唐祝平在会上讲了这样一段话。要抓住改革的机遇，要成为时代的弄潮儿，时不我待啊！联西村的“两委”干部会开到了深夜，会议气氛紧张热烈。此时，他们正在想，也正在准备做，做一项坚决而又勇气十足的选择，那就是关掉黑粉厂，改建仓库，筑巢引凤。

这种勇气，其实是一种责任，不仅是关掉一家黑粉厂，推倒一个黑烟囱，消灭一个污染源的勇气，而是联西村两委班子“为官一任，造福一方”的责任，是他们瞄准未来发展的一个大胆、果断的选择。

在拆掉“黑粉厂”的一段时间里，围绕联西怎么办？在全村干部群众中议论纷纷，那真是“一门心思找项目、千方百计筹资金。”功夫不负有心人，在与上海化轻公司初步达成协议后，联西村赶紧上马建设“联西化轻公司仓库”工程。2 500多平方米仓库、1 000多平方米外场，只花了3个月时间就竣工了，并顺利投入了使用，确保了仓储业务的正常运转，打响了联西发展的“第一炮”，增强了全村干部群众的信心和勇气。

筑巢引凤　抢抓机遇

光有信心和勇气是不够的，更重要的是理清思路和抓住机遇，要有规划，要肯实干。联西村两委干部深深认识到了这一点。经过认真的分析思考，大家统一了认识：联西村地理位置优越，具有开发工业得天独厚的有利条件。要瞄准市区工业向郊区梯度转移的机遇，抓紧寻找合作伙伴，投入开发，开辟村级工业小区。虽然投入有风险，但是不投入，不招商，就无法发展壮大，所以要解放思想，大胆投入。不能抱怨我们没有机遇，没有资本，条件是人创造出来的，在新的一年中，必须分秒必争，抢抓机遇。我们有土地、有国道，有航道，没资金就先搞联营，借钱造标准厂房，进行招商、租赁和出让，进行滚动开发，积蓄经验和实力。要有发展目标，要敢想，要有“跳一跳摘果子”的进取精神。

在困境中求发展，在讨论中明方向。联西人提出了一年目标、三年目标和十年发展规划，决定要在联西建设一个工业小区，要使联西变成一个工业村。于是，关掉“黑粉厂”，建起化轻仓库，刚“啃完硬骨头”的联西人马不停蹄、振奋精神，又向“险滩”发起了冲锋，毅然“下海”谋发展。

1989 年成为联西村“工业发展起步的春天”。投资 100 多万元，在曹安路南侧动工建造的 2 000 平方米标准厂房，出让给了上海毛毯厂，获得出让金 150 万元。联西村与黄渡针织厂合作创办联西针织厂，总占地 20 亩，建造厂房 7 000 多平方米，第二年投入生产。这一年的下半年，他们利用“黑粉厂”拆下的旧材料，在曹安路北侧建筑了 1 000 平方米的仓库，建成以后，边做仓库，边开展招商引资。上海永和橡胶厂也搬来了，联西村通过土地和厂房出让的办法，顺利引进了第一家企业。

完善路网　巩固优势

进入 90 年代，联西村“两委”班子经过认真分析和研究，对联西的定位、发展又进行了重新思考，确定了“紧紧依托 312 国道，进一步发挥交通纽带优势，筑巢引凤，招商引资，逐步壮大村级经济”的发展思路。

“逢山开路，遇水架桥”成为联西人发展初期的质朴理念。路网从无到有，从点到面，联西村稳扎稳打，开始他们的工业大发展，经济大飞跃。走进联西村，条条宽阔道路和座座坚固桥梁，是联西村发展和飞跃的基础保障。

联西路是一条村级主干道，最早修筑，几经改造。1987 年初建，投资 50 万元，全长 500 米，宽 4 米，桥 2 座。1990 年扩建，投资 50 万元，增加了 350 米，加宽 3 米，加宽 2 座桥梁。1995 年改建，投资 50 万元，延长到 1.2 公里，宽度增加到 12 米，种绿化、铺彩板人行道，浇沥青路面。2003 年投资 20 万元，联西路接通博园路，共延长 300 米。靠着不断加宽和延长联西路，联西村迎来了一轮又一轮发展高潮。他们把引进企业所获得的全部资金用于修路造桥，用于开发工业园区的基础设施建设，用于建造一幢又一幢的标准化厂房。如愿以偿地实现了自主开发和滚动开发的目标。

随着引进企业数量的不断增加，工业用地面积不断扩大，联西村在 312 国道和原规划区的土地基本用完。为了向纵深发展，村里又毫不犹豫地投资 200 多万元，分别修筑曹安公路连接联西路的曹联路，连接曹安路的新庙路，使工业小区道路南北和东西贯通，可供开发的面积扩大将近 1 倍，工业小区形成由“线”到块的开发格局，大大拓展了继续发展的空间。

腾笼换鸟　盘活资源

联西村在经济发展的进程中，抓住工农双方联营、市区工业梯度转移、外贸经济和私营经济大发展的机遇，赢得自我发展、自我壮大的先机。但是，其中也有过曲折和失败，他们始终坚持“发展中的问题，只有靠进一步发展来解决”。靠着坚定的信心、灵活的经营思路，一次次在曲折中前进，在坚持前进中赢得胜利。

1989 年，联西村与黄渡针织厂合办的联西针织分厂，起初生产正常，包产包销，发展前景良好。但是，到了第三年，针织行业由于受纺织品出口的限制，外销合同虽已订好，但却遇到国内棉花涨价等因素，针织分厂生产经营开始滑坡，出现亏损。在针织分厂进退两难之际，联西村找到了“出让”这第三条路。当时，上海毛毯厂正在为市区内环里的企业整体迁移寻找土地。通过双方的多次洽谈，最终把针织厂 7 000 平方米厂房和 20 多亩土地，以

1 000 万元的价格，整体出让给上海毛毯厂。随后，这笔钱被用于投资建“新分厂”，当新厂不景气，甚至开始严重亏损时，联西村“故技重施”，上海云母绝缘材料厂握住了“接力棒”。联营企业的两度出让，是联西人津津乐道的谈资，也是他们在发展道路上打的漂亮“翻身仗”。从这件事开始，尝到“腾笼换鸟”甜头的联西人逐步摸索出“死棋变活棋”、“寻找下家出让”、“走出去，请进来”等一系列新战术。

“发展的空间在哪里?”这是联西村在2004 年遇到的新问题。当时，全村1 200 亩土地基本用完，拿什么来支撑经济的新增长？面对困境，联西村加大了“优化资源配置”的工作力度，发展模式开始实行“三大转变”：经济开发要从注重内涵转为向外延开拓，使用土地要从粗放型转为集约型，引进项目要从强调规模化转为强调高科技。于是，当占地多、产出少、效益差的企业开始制约村经济发展时，联西人总是适时摁下“回购、出让”的启动键，不断淘汰、外迁、回购劣势企业，再引入高端制造业等优势产业，为进一步发展联西村的经济提供了源源不断的新动力。

近年来，联西村先后淘汰劣势企业 5 家，回购劣势企业 3 家，建设科技创业园区和综合商务楼以及高标准厂房共约 40 000 平方米，引进 7 家网络物流、高端制造业、汽车流水线、核电泵等高新产业落户。2012 年，联西村出资1 100 万元成功回购一家纺织企业 9 000 平方米厂房，距离村委会仅一路之隔的该厂房，如今已变身为联西商务大楼，成功引进上海德梅柯汽车装备有限公司入驻，年产值近 4 亿元。2014 年，联西村完成税收 3.5 亿元。

现代农业　千亩绿披

“农业是立国之本。”转变农业发展方式，加快农业技术创新步伐，走现代农业发展道路是实现“新四化”的当务之急。现代农业应该是什么样子的？2008 年 9 月，在安亭镇农委的指导下，联西人和食全食美（上海）农业科技股份有限公司结盟，勇敢担当起现代化农业发展探索者的角色。双方约定：村里负责把一家一户手中的土地集中起来，统一流转给食全食美公司，由该公司出人、出技术、出设备种植，联西村每年帮村民收取土地流转金。

如今，在联西村的西南角，在占地1 000亩的安亭农业生态园里，1.1万平方米的展示大棚和玻璃温室巍然醒目，四周围绕着成片成林的银杏、香樟、翠竹、垂柳。生产区里，蜜桃、柑橘、樱桃等果实压弯了枝头，蓬蒿、芥蓝、西兰花等百余种蔬菜长势喜人。这些农副产品，严格按照GB19630有机产品标准，从种植生产、包装加工、配送销售等环节实施一体化运作，获得国际有机博览会的金奖。在销售方面，生态园则实现了与OLE超市、麦德龙超市的农超对接。为方便上班族的需要，还提供"洗菜包装、网上配送"服务，实现了从田间到餐桌的直接供应。

作为生态园的"代理"，"食全食美"发展壮大成上市企业，成了进出口超市和市民最爱的品牌。而作为生态园的"业主"，联西不仅坚守住了新农村的农业，也给村民保留了一块天然氧吧，小桥流水、鱼虾成群、黑天鹅悠游的生态园休闲区，已成为村民茶余饭后休闲散步的好去处。

根据规划，生态园最终将成为集果蔬种植、加工配送、展示销售和绿色餐饮、休闲度假、田园观光、农耕体验于一体的、具备多种功能的农业展示园、农业旅游园、有机产品生产园及科普教育和农业科技示范园。如何在发展农业产业化、现代化的进程中少走弯路？这种农村出土地和资源、专业公司出技术和管理的农企合作模式，是联西人一步一个脚印走出来的道路。

生活富裕：三个市首家、六个村中心、百姓期待皆有应

中国特色社会主义制度的优越性就是要体现在让农村的老百姓也感受和分享发展的成果。对此，联西人给出的答案是：要用好农村集体资产股权改革分配制度，让经济发展的成果不断造福乡邻。

"坚持集体经济、坚持民生为本、坚持共同富裕"一直是联西村在社会主义新农村建设中坚定不移的发展方针。唐祝平常说，人活百年，风光也好，

落魄也好，终点是一样的。当你七老八十的时候，还能享受什么呢？只有名声。“有民生才有名声，为村里做的一切，大家永远都记得。”就是这句话，时刻激励着联西村的村干部，要为老百姓的事“鞠躬尽瘁”。

2012 年 11 月 15 日，在新一届中央政治局常委同中外记者见面会上，习近平总书记说：“人民对美好生活的向往，就是我们的奋斗目标。”这番话，让唐祝平和联西人兴奋不已。“咱们没有走错路！”在联西村，村民对城市生活的向往，都已经或正在被实现着。

近年来，联西村的民生工作紧紧围绕着“抓住人民最关心最直接最现实的利益问题”这个重点，在学有所教、劳有所得、闲有所乐、病有所医、老有所养、住有所居上，一件事情接着一件事情办、一年接着一年干，谋民生之利，解民生之忧，锲而不舍向前走，实现了经济发展和民生改善良性循环。

三个首家打造“村中城”

买东西？坐公交？想做这些事，得沿着村里蜿蜒的三尺小道，步行几公里，赶到集镇上，而广袤昏暗的农地，也给了不法分子作恶的空间。在 10 多年前，这些是大多数农村人心里的隐痛。当农村人专注于羡慕城镇生活、专注于把户口迁出去时，联西人的想法不一样，他们在专注于改造自己的家园，他们决心要在农宅环绕的村里，创造出一个宜居乐居的“村中城”。

于是，全市第一条村级商业街出现在联西村。依傍国道，得天独厚的地理位置，日益优化美化的软硬件投资环境，使落户联西村的各类企业突破了 60 家，集聚外来打工人员将近 5 000 人，加上 1 300 多本村村民，要满足这么多人的生活所需，以往走村穿巷的小贩、村口路边的小店，都是杯水车薪。要发展经济，更要满足百姓的生活需求。联西村当机立断，筹划兴建商业街，引进联华超市，开办联西菜场，这在 2001 年是市郊的一个首创。超市的建筑面积有 400 多平方米，里面商品琳琅满目，应有尽有。菜场设有摊位 50 多个，丰富的货源，满足了村民和来沪务工人员“菜篮子”里的需求。

没多久，全市第一家村级警务站也在联西村出现了。俗话说林子大了，什么样的鸟都有。虽说面积仅 1.3 平方公里的联西村算不上大，但有 6 000 多常住人口，加上难以统计的流动人口，社会治安的形势越来越复杂，村治保小组势单力薄，力不从心。要让村民过上安心、放心、舒心、称心的日子，必须独辟蹊径，整合资源，实现优势互补。联西村积极争取、四处协调，2002 年 1 月，在公安嘉定分局的支持下，“联西村警务站”终于挂牌成立，联西村成为上海市郊第一个引进警署的村庄。警务站配备 4 名常驻民警和 10 多名村联防队员。民警、联防队员工作职责分明，制度健全，纪律严明，一丝不苟地做好日巡夜防工作，确保一方平安，受到联西百姓的交口称赞。

全市第一个村级公交站还是在联西村。2003 年 9 月，当第一辆 860 公交车开进联西村，联西人进城难的问题从此画上句号。大公交开进一个小村庄，这在当时的上海，可是闻所未闻，通车那天，电视台、广播、报刊媒体来了一大群记者。数字公交怎么会在村里设站点？因为村民对村干部说了一句话：“住在别墅里样样都好，就是出门乘车不方便，到底还是比不上镇上的人。”说者随意，听者有心，村委会把这事惦记上了，还萌生了一个大胆的念头，在村里设个车站，请 860 公交车到村里绕个弯。这可不是小事，它涉及市、区许多部门，有一系列需要协调的问题。但群众的需要，再难也要试一试，有志者事竟成。几经奔波后，现在 860 公交车每隔半小时，准时开进联西村，村民出行到市区，再也不用犯愁了。

这三个“全市第一”虽已成为“过去式”，但其中透出的那种不惧苦累、敢为人先的服务精神，那种殚精竭虑、鞠躬尽瘁的工作作风那种为了村民甘愿愚公移山的坚持和执着，始终是联西村村干部的“正在进行时”，并不时地在联西村打造城市化生活的各项工作中闪现出动人的火花。

六个中心建设“实心村”

年轻人离开，选择都市生活；老年人留下，守着陈旧农宅。“空心化”是当下不少农村面临的尴尬。社会主义新农村不该有农民缺席，但如何使“空心村”转变为“实心村”呢？在联西村里，2 700 多名村民乐于“土生土长”，甚至有外村人慕名而来，争相成为其中的一分子。

联西村村民万国明在安亭镇上购置了商品房，但依然选择把联西村作为安居之地。每天下班后，他总会驱车回到乡下的三层独栋别墅前，然后打开车门，向妻子递去下班路上购买的蔬菜。像万国明这样，镇上购房，但仍住村里的村民可不少。有些年轻的村民，即使工作在外，双休日也总会抽空回来住。联西村的魅力在哪里？唐祝平说“要让村民安心住在村里，就要有实实在在的改变。”改变，从1998年开始。联西村开始探索“联民花园”农民居住小区集中居住模式。在近10年的基层建设中，联西村总结了旧农村在完善基础建设方面有“先天不足”。一个行政村往往由近10个自然村组成，农宅布局分散，造成基础设施建设不仅要建得多、建得广，而且利用率低、维护成本高。为此，集中居住小区应运而生，目前共有580套别墅、4幢82套多层楼房。建成的别墅，村里以成本价提供给村民，对少数特困户，干脆免费送一套多层住宅。最近，村里又花费4 500万元在小区里建设15公里的天然气管道和污水管道，村民的居住条件已不输城里人。联民花园的建造既让村民住进别墅，也解决分散居住带来的基础设施建设代价较大的难题。

相比基础设施的落后，娱乐商贸设施的不到位往往更令返乡者望而却步。但是，当村民的居住从分散到集中后，张开的手握成了拳头，接下去事情就好办多了。在联民花园边，是联西村最热闹的商业街。2013年，联西村聘请设计院规划设计，对商业街上的联西菜场进行二次改造，一幢集大卖场、连锁餐饮、电影院等功能于一体的联西村商业大楼拔地而起，这又将是上海首个村级多功能商业中心。目前，位于大楼底层的集贸市场已经启用，大楼的二层、三层近3 000平方米的空间将开设大卖场，大楼的四层将引进拥有4个放映厅的院线影院。建筑面积约8 000平方米的联西村商业大楼投资近2 000万元，将打造成村级“小百联”，满足村民生活需求之外，消费半径将辐射到周边江桥、黄渡地区的3万市民。

村级“小百联”只是联西村在提升村民生活服务方面的一部分。近年来，村里斥资30万元回购农家乐饭店，又投资近百万元，将这个“市口房”改建成建筑面积1 000平方米，集茶室、棋牌室、舞蹈房、乒乓房、健身房、图书室于一体的文体中心；还建起占地8 000平方米，设施齐全、环境优美、低价向村民开放的养老中心；两个实现“医保”联通的卫生中心；集党建教育、人口管理、抢险救灾、治安防控等功能于一体的综合服务中心。这些和联民花园居住中心、以“小百联”为核心的商业中心一起被称作“六个中心”。正是这六个中心的建设，积聚了人气，也留住了村民。

巨细无遗　枝叶总关情

如何让经济发展的成果惠及每一位村民？联西村不仅多维度打造村宅污水纳管、接通天然气、安装治安探头、开通公交安亭4路、疏浚河道和建设水闸等村级的惠民实事工程。而且在带动村民致富，保障村民收入方面，也下了大手笔。

村民张林冬对此深有感触。2005年，他家的老房子拆了，住进崭新的农民别墅，整洁的小区环境让他感觉过上了“城里人的生活”。为实现村民增收，村委制定《联西村有偿征用村民土地入股实施办法》，因建造别墅而征用土地的村民，每户可以入股10万至20万元，年底以10%拿分红。张林冬当初入股10万元，现在他已经“坐收”股金分红。如今，几乎所有的村民都像张林冬一样“住别墅，拿分红”。

“一勤天下无难事。”联西村鼓励村民努力工作、勤劳致富，因此不仅“给别墅、给股红”，还坚持“给岗位”。村里建立了完善的就业援助制度，依托良好的企业关系网，凡是就业年龄段、有就业意向的村民，在村委登记3个月内，必定安排推荐上岗，全村就业率始终保持在98%以上，没一年例外。

最让村民感到安心的，是联西村的“福利体系”：退休的村民除了享受小城镇社会保险、每月领取退休工资外，每逢节日和生日，都会收到村里发放的慰问金和节日费，大病重病在报销的基础上，村里还会额外给予一次性补贴3万元；对因病致贫、因残致贫的家庭和单亲家庭子女的学杂费，村里予以全部报销。村民办丧事、子女考上大学等都会得到不同程度的补贴。逢年过节对村里的贫困户送去慰问金；村民子女考上大学有助学金，困难家庭还可以报销学费。另外退休老人逢生日、重阳节、过年请老人看戏并送上礼券和红包。近10年来，联西村发放给村民的各类补助、奖励和红包，每年都不低于100万。

“衙斋卧听萧萧竹，疑是民间疾苦声。些小吾曹州县吏，一枝一叶总关情。”习近平总书记曾告诫党员干部：对人民群众的疾苦要有这种“民生无小事，枝叶总关情”的情怀，要格外关注困难群众。联西村的村干部无疑有着这样的情怀。

原村民钱明兴支边去西双版纳时，还不到20岁，如今，他已经过了知天命的年龄。在外漂泊30年后不幸下岗，家庭经济发生困难的他，自然地想起故土，想起了家乡。对于这位户口已迁往异地，在联西没有片檐只瓦的原村民，村委没有推诿，没有搪塞，而是想方设法替他安排工作，让他有了一份稳定的收入。想起30年来的经历，说起家乡人对自己的这份关怀，老钱的话匣子打开了就收不住。老钱是幸运的，而幸运的人，在联西村可不止一个。

50多岁的徐某，妻子早亡，几年前，因邻里纠纷处理不当而触犯了法律。2001年，徐某刑满释放，回到联西家中，看着家徒四壁的景象，看着白发苍苍的双亲和尚在读书的儿子，想起早逝的妻子临终前的嘱托，徐某不禁悲从中来，堂堂七尺男儿泪流满面。就在这时，联西村党总支向他伸出援助之手，不仅帮他联系、安排进了联西村最好的一家企业，同时还补助他儿子上学的所有费用。这是一件雪中送炭的事，让一个心如死灰的人，重新燃起了生活的希望。如今的徐某，对生活、对联西、对党组织充满了感激，他常说：“是共产党，是联西村给了我第二次生命。”

党领乡风：做一颗钉子　带一茬韭菜　服务群众零距离

一幢幢别墅的崛起，一家家企业的落户，一张张奖状的荣获，一座座奖杯的捧回，都离不开党组织的坚强领导。“上靠党领导、下靠老百姓、外靠八方助、内靠聚人心、业靠勤奋创，绩靠民来评。”联系村党总支以这“六个靠”来整合村级资源，创新管理体制，破解发展难题，加强农村党建工作，增强党组织自身活力，进一步提高党组织的创造力、凝聚力、号召力和战斗力。党组织成为助推村级经济腾飞和民生和谐发展的加速器，也成为共谱文明乡风的领路人。

一颗钉子　书记唐祝平

联西村党总支书记唐祝平爱自称为“钉子书记”，因为周边村庄的书记都换了七八个了，他始终是联西村的“大当家”。从种田到招商引资，从发展经济到社会治理，邻村几届干部经历了的事情，他一个人全部经历了。

“农村老百姓往往习惯了乡里乡亲、熟面孔，好讲闲话、好办事的习俗。如果没有多年工作上、生活中的交情，就难以与群众形成鱼水交融之情。”所以，唐祝平坚持留在农村，在一线工作上“钉”了 30 多年，一个观念也如“钉子”般始终契在他心里：要带着乡亲过上幸福的日子。唐祝平说，常常有人问，联西村富裕、和谐的秘密是什么，答案就是这股“钉子精神”。

什么是钉子精神？再硬的拦路墙，钉子也能钉进去，它是一种“破”的冲劲。1988 年底，唐祝平和其他村干部痛下决心，拆掉“黑粉厂”转型谋发展。拆烟囱是最危险的，村里没有钱请施工队，谁来干这活呢？唐祝平二话没说，第一个爬上石棉瓦屋顶。不久之后，原来的地块上盖起了标准化厂房，村民看到了希望。不管是关厂转型的决定，还是拆烟囱的举动，都是一种钉子精神。

钉子一旦钉牢了，轻易可拔不下来，是一种“固”的象征。唐祝平的“钉子精神”，就“钉”住了“不走不贴心”的工作作风，“三十年如一日”不松懈。每天早上7点，唐祝平都会准时从村委会出门，去村里走走。生于斯长于斯，做了30年的村干部，他其实闭着眼睛也了然村里所有的人和事，但1万多个清晨，唐祝平还是坚持每天的工作从走访村民开始。一辆“破坦克”，他也常常骑着，在村里转悠。本地不少村民都有轿车，开着车从他身边经过时，会放慢车速，摇下车窗和书记打招呼。唐祝平就在自行车上和大家打招呼。2012年，唐祝平给村民盖了一个文化活动中心，当时，鲜有农村干部想到这一茬。几年后，关于“村村要建文化活动中心”的建议出台，别人在发愁去哪里找地方时，联西村的村民已经在活动中心跳舞、下棋、喝茶、看书很久了。“你怎么就会想得比别人早?”唐祝平总结窍门:“天天走访村民，自然晓得大家的想法。”

不仅是工作作风，在工作方式中，也能看到唐祝平的“钉子精神”。钉子能挂东西，有“承”的作用，村民的困难烦恼，不管轻重大小，唐祝平都主动挂在自己身上。他每天都要花许多时间与邻里乡亲拉拉家常，在聊天中与村民交心，在聊天中寻找工作缺憾。聊天时，他会带着备忘录，村民的事再小，也会记在本子上，一一设法解决。哪家办喜事，托书记帮着借婚车，有时同一天需要三、四辆，他记下来，除了自己的车子，还要设法到别处借；哪家有困难，他记下来，找个时间去问问；哪家有矛盾，他记下来，当天必定去谈心，把矛盾化解在萌芽状态。用这种独特的工作方式，唐祝平不知化解了多少邻里纠纷，缓解了多少干群矛盾。常与书记聊天成了联西村一道独特的风景线。无论是上班时还是下班后，只要村民找到他，他总是热情接待，他说“对待百姓必须做到百问不厌其烦”。

唐祝平还是个爱学习的“钉子书记”，那股“钻”劲，胜过村里的年轻人。工作之余，唐祝平唯一的爱好是看电视、看报、看新闻。看看《解放日报》，看看《新闻联播》，捕捉对联西发展有价值的信息。中心村的上马、企业回购、企业反承包、回购土地、腾笼换鸟、二次开发，这些促使联西腾飞的金点子，就是通过筛选信息分析而获得的。过去,关于幸福的答案很简单,就是致富。但现在,富裕并不是全部"目标",许多新问题随着经济的发展接踵而至:落户村里的一些高能耗企业带来污染,新并进来的村民和老村民之间有贫富差距,外来务工者和企业发生劳资纠纷,富裕起来的村民渴望文化生活,新问题前所未见,也层出不穷。唐祝平每天坚持学习累积的成果,就在这时发挥了。在其他村官眼里,他的思想很超前,往往上面还没布置的工作,他已经想到了在做。淘汰劣势企业、建设村里的文化活动中心和村级敬老院,他总能先人一步。在村民的眼里,这个干部搞得定。只要他出面,就能第一时间发现问题的症结。他几十年来,用行动和成绩树立起来的威信和口碑,让大家信服。

"火车跑得快,全靠头来带。"唐祝平曾获全国劳动模范、上海市劳动模范、上海市先进村委会主任、上海市优秀共产党员等称号,可他从不居功,从不显耀,而是把它当作党和人民的鞭策,今后工作的新起点,因为他始终恪守着一名党员干部的准则,在平平淡淡、默默无闻为百姓谋利的工作中显示人生的真谛。

一茬韭菜　村两委班子

在联西村的两委班子里,"大蒜"和"韭菜"喻指两种干部。大蒜是说那些只立足当下政绩的干部,一旦调走,如同大蒜收割,拔掉就是一片光地。韭菜是能够为村民做长远规划的干部,如同地里的韭菜,割了一茬,还能再长一茬。提出这个说法的是唐祝平,在唐祝平言传身教下,立志做"韭菜"的,是联西村两委班子的全体干部。

那如何做好"韭菜"呢?联西村两委班子有一套自己的"三字经"。第一篇叫"三公开":公开手机号码、家里电话、办公室电话。第二篇叫"三个点":每天上班早一点,每天下班晚一点,工作时间勤一点。第三篇叫"三套衣";在防汛抢险第一线要穿的雨衣、雨鞋,在工地监督施工要穿的工程衣、工地鞋,去村民家联络感情体察民情要穿的茄克衫、休闲鞋。联西村两委班子的

“三字经”并不复杂，都是唐祝平从实践中总结出来的，所以都非常有用，能切切实实地为老百姓解决难题。

2013 年 10 月 9 日，“菲特”台风肆虐，东村村民组因地势低洼，出现严重积水。唐祝平的手机首先被打爆了，他带着班子成员，穿上雨天“装备”，一家一户去查看情况。积水太深了，穿雨鞋水要倒灌进来，于是大家打赤脚，手执竹竿探路，排成竖列，每人隔开几米，走着去村民家。“台风天容易漏电，要是排成横列走，触电就全死啦。排成竖排，后面的还能逃命呢。”唐祝平走在第一个，去敲开了村民的家。在 70 多岁的李永达打开家门，看见几个“落汤鸡”干部站在面前，怨气全无。唐祝平说：“伲在这儿，你们有什么问题就讲，争取第一时间解决。”经历了“菲特”，联西村两委班子讨论后，给东村村民组低洼处筑起石驳，疏浚河道，修建水闸，再修建了一条 50 米长、6 米宽的新路，根除了水患。

联西村两委班子的执政理念，就是要“服务到底、服务到家、服务到位”。这种“不怕事、爱扛事”的负责态度，拉近了干群之间的距离，得到全村百姓的认可和信任，也在党员队伍中起到很好的模范表率作用。在“党的群众路线教育实践活动”中，全村 154 名党员，8 个党支部参加了民主测评，村里有 97.5%的村民群众对他们进行了打分，测评结果为“好”的党员有 153 名，测评结果为“一般”的党员 1 名。

强基固本　党群零距离

“抓基层打基础就是强基固本。各级党组织要把基层党建作为重中之重，要满腔热情地支持基层干部大胆创新，尊重基层的首创精神，敢于为他们承担责任，尽力解决他们工作、生活上遇到的困难和问题。”习近平总书记这段讲话，给了联西村党总支极大的鼓励，不仅是村干部倍感振奋，基层党员的工作劲头也更足了。

“群众的需要就是我们的追求。”为了进一步做好百姓事，联西村党总支开展了两项活动。第一项是“党群心连心”活动。“一根百姓热线”牵住党员干部的心,“一张连心服务卡”连着百家人,“一个百姓讲坛”让村民做主人,“天天走一家”情系你我他,“一本百姓日记”记的都是村民的心声。第二项是“党员组团式”服务。党员通过各种形式的走访,及时为村民解难题,办实事。连心知民情,服务零距离,有了目标,工作就更好开展了。村党总支坚持群众反映无小事的精神,通过“心连心”和“组团式”两项活动,使党总支在工作上掌握了主动,先后为群众解决了不少实际问题。

村民老万虽然是位智障人士,但看见村干部走访,总是竖起大拇指。在一年多前,老万家中断水了,一直向邻居借自来水用。该村民组的党员上门了解后,发现水厂进行了水改,每户都安装了智能水表,需要去银行购水,后再输入密码,才能继续用水。老万有智力缺陷,可做不了这些。村民组长来回走了 8 公里,跑银行、输密码,为他解决了用水难题。老万还得到承诺:今后他的用水事务由该村民组的党员包下来。事情被村党总支获悉后,大家担心高龄老人和独居老人也遇到相同的问题,逐家走访,为所有老人消除了断水隐患。像这样细小但贴心的例子,在联西村不胜枚举。

后来,党总支又提出了“五个一”工作内容:摆正一个位置、树立一块牌子、举好一面旗帜、照好一面镜子、记好一本簿子。把这项工作与村干部的考核相结合,基本做到走访全覆盖,做好了联系服务群众工作和环境卫生检查工作两本工作记录。一年里,通过走访,解决了群众关心的热点难点问题共 51 件。

在关心群众、帮助群众、团结群众的工作中,联西村坚持从群众最关心的具体问题抓起,从群众不满意的地方改起,以脚踏实地的务实精神,切实解决了联系服务群众“最后一公里”的问题。工作做到位了,说话也就有了分量,看似无法解决的难题,也就有了调和的余地。

2008 年,联西村和联星村又合并成为新联西村。两个村的经济实力不平衡,村民间的生活水平差距明显,要怎么样和谐发展?这成为联西村不得不面对的一个棘手问题。唐祝平采取的对策是:发展时,适当向原联星村倾斜,特别在基础建设方面,争取尽快缩小两村之间的差距。

原联星村财力有限，很少看到修路修桥，两村合并后，原联星村村民家前屋后的路越修越宽，越修越好，从泥路变成了水泥路再变成了沥青路。原属联星村的东村村民组地势低洼，几乎“逢雨必淹”。而现在，河道淤泥被疏浚，两岸垒起了石驳，河中建起了水坝，村民终于告别了“水乡泽国”的困扰。据统计，自两村合并以来，村里共新筑、翻修村级道路约 7 000 米，65%在原联星村区域内。

生活水平的差异问题，至今依旧存在，比如大部分原联西村村民已住进联民花园，但原联星村村民还住在老村宅里等着。对此，村里的态度是“继续加大管理和投入，一定要争取尽快把这条沟填上。”那么原联西村村民的态度呢？那边贴的多了，这边给的可自然就少了。

“没有这边那边，我们原本都是一个村的呀。”“跟着书记 30 年，从来没吃过亏，所以我相信党的领导。”“现在我家有房有车有工作，分红少点就不计较了，做人良心平点，更开心。”朴实的话语、豁达的胸怀映射出的是联西人的文明乡风。

两村合并的难题，正在“和风细雨”中被慢慢消融，这是联西村党总支 30 年来“执政为民、立党为公”的深厚积淀，也是村党员干部率先垂范、无私奉献，村民物质和精神双重富足的喜人回报。积善之家必有余庆，和谐之村万事俱兴。

结尾语

如今的联西，人人就业，家家别墅，户户入股这些实事工程的实现，无不凝聚着村党总支和村委会一班人的心血。没有石破天惊的豪言壮语，没有沸腾张扬的热烈场景，如一泓汩汩的清泉，静静地淌过联西的每一寸土地，是朵朵艳丽夺目的幸福之花，悄悄开在每个村民的心田。回眸 30 年来的发展历程，不能不感慨联西发生的翻天覆地的变化。感慨之余，更让人敬佩联西掌舵者们那一份睿智聪明、果决无私。

无论是在“雄关漫道真如铁”的昨天，还是在“人间正道是沧桑”的今天，抑或是“长风破浪会有时”的明天，联西人都始终不渝地恪守平衡协调发展的信条，坚持三个文明建设的轮子一起转动，坚持以党建为引领，经济民生齐头并进。联西村的村容是日新月异的，但联西人那种昂扬的精神，那种创新的意识，那种“齐心协力谋发展、万众奉献为家园”的风貌，是百世不易的。联西村社会主义新农村的建设、联西人追求幸福的步伐，没有休止符，一直在路上。

发展集体经济，建设美好家园

——嘉定区北管村中国特色社会主义的实践

三十多年来，北管村在践行中国特色社会主义道路中的探索，可以概括为三句话：在工业化进程中奋斗出一条生路；在社会治理中闯出一条新路；在党的建设中走出一条实实在在的路。正是凭着北管人脚踏实地、艰苦奋斗的精神，今日的北管村，成为上海嘉定区经济发展和社会治理双丰收的一个先进典型。

在工业化进程中集体经济的凤凰涅槃

北管村位于马陆镇东南部，与宝山区相邻，与南翔镇交界，区域面积2.65平方公里，有11个村民小组，650户人家，户籍人口2 400余人，外地来沪人员近1.2万人，村可支配收入2 400万元。1997年获国家造林绿化千佳村、1997年至2006年连续五次获上海市农村五好党支部；1998年至2006年连续五次被评为上海市文明村等多项称号；2006年获上海市整洁村荣誉。

改革开放之初，北管村一度是马陆镇经济实力最差的6个村之一。其原因是多方面的：

一方面，北管村交通条件落后。上世纪80年代，嘉定同上海市中心区的连接依赖国道沪宜公路，但北管村距离该道路超过3公里。1983年宝安公路全线通车，北管村有小部分区域与其相临，但出村道路简陋，均为窄小的“烂泥路”，如果企业在此建厂生产，运输将被堵在“最后一公里”。制造业企业十分注重交通物流便捷性，曾经也有企业前来考察，但因北管村的交通物流劣势而摇头走人。

另一方面，在改革开放新形势下，北管村经济发展所需人才不足。村里也经营着村属企业，但受限于经营者能力而效果不佳。比如，80年代北管村利用闲置房屋开办一家村办西装厂，希望提升村级经济实力，但因缺乏专业人才而经营不善，造成20多万元的负债。

经济条件的落后，严重制约了北管村的社会民生发展。比如，村里的卫生室因长期交不起电费，甚至被相关单位强行剪断了电线。经济条件落后也使得北管村陷入了“越穷越得不到资金，越缺乏资金越无力发展经济的恶性循环。村干部曾经为发展村级经济而到农村信用社借2万元发展企业，被对方一句“你怎么还”问得哑口无言。如何发展村级经济、打破“恶性循环”，成为了北管村的首要任务。

1986年，沈彪担任北管村党总支书记。面对这个负债累累的北管村家业。沈彪没有气馁，他和村干部们商量，认为出路只有做强集体经济，才可能改善北管村落后的硬件设施条件，打破目前的困境，走出交通物流的“死角”，才能谋取未来更大的发展，改变北管村的经济面貌。

认定这条路后，北管村首先从寻找人才入手。村办企业要制造出符合客户需求的产品，必须依靠专业人才引入符合条件的生产线、联系物资供应，也需要“懂行”的专业人士寻找销售渠道。

为此，沈彪等村干部开始挖掘北管村“亲友圈”。通过翻阅村里的户籍信息，村干部发现北管村籍的，在上海市中心区担任厂长、工程师的人有近10位，沈彪于是带着村干部每周数次上门拜访，希望对方能够出力支持家乡的经济发展。

当时，村干部发现上海电器技术研究所有一名北管村出身的工程师管允文。沈彪等村干部反复上门劝说，希望管允文“出山”。上海电器技术研究所的领导在了解此事后，也被沈彪等村干部的诚意和发展愿望所感动，在其支持和安排下，除管允文外，还有另外两名技术员以停薪留职的方式驻扎在北管村，提供技术支持，在1987年帮助村里建起了村办企业“上海华通电器厂”。

从现在来看，华通电器厂的建立是北管村集体经济发展的一个转折点。但在当时，有了人才支持后还是面临各种发展难题。比如，启动资金从哪里来？村干部在借不到钱的困境下，发扬奉献精神，纷纷拿出积蓄一起凑成1万元，用来开模具、支付工程师、推销员工资等。而场地问题，则是利用村内一处80平方米的闲置房屋。由于没有叫得响的品牌，一开始，华通电器厂主要进行代加工。沈彪回忆，由于管允文等专业人员倾力支持，华通电器厂的产品质量得到客户认可，第一年就赚得七八万元，“救了一个村”。随后，华通厂逐渐调整转为做自己的产品，生产的JF系列接线端子在同行业中具有一定声誉，产品达到150多种，企业产品达到ISO质量体系标准。1999年，企业利润达到100万元。

华通厂建立之后，北管村在两三年内又开办“上海灯头厂”、“上海奥斯衬衫厂”、“上海精德五金厂”等村办企业，其中衬衫厂创立的奥斯衬衫品牌还成为上海市名牌。这些村企不但使得北管村有了较好的经济基础，也解决了五六百村民的就业问题(当时外来务工潮尚未到来)，在嘉定轰动一时。

1992年，邓小平发表南方谈话，进一步激发了北管人搞工业化的积极性。他们有了新的思路：村办企业无论在规模还是产品质量上难以和大、中型企业抗衡，北管村如果要在村级经济上实现飞跃，除了村办企业外，还须积极招商，发展外向型经济。

当时沈彪和村干部在交通不便利的条件下，时常坐拖拉机、公交车到市中心区，利用各种关系同市贸促会、外资办等进行联系，希望多了解招商信息。在他们不懈的“跑腿”下，有8家外资企业表示有意愿入驻北管村。然而，当时北管村基础设施较差的老难题还是没有解决。企业入驻需要好的道路，北管村没条件只得租用周边其他村的交通便捷性较高的土地供这些企业使用。而获得的收益，这些村自然也要“分一杯羹”。

多次受制于基础设施问题，北管村迫切需要补上这一短板。因为前期村级经济和招商引资取得较好效果，村里已经积攒不少资金。上世纪 90 年代起，北管村先后投入 750 万元于基础设施建设，修路补桥、“筑巢引凤”。而嘉定另一条交通主干道浏翔公路也随后建成，紧邻北管村，虽然当时只是 7 米宽的石子路，但对于北管村来说也已是个“及时雨”。

90 年代前期，嘉定不少农村在招商引资用地中还欠缺整体规划的观念。沈彪和村干部却已经将目光投向周边地区进行比较和学习。在对昆山、苏州等地的考察中，他们发现“工业园区”的模式较为先进——既能更有效利用土地资源，又便于服务和管理工作的开展。于是在 1995 年，北管村尝试建设了 500 亩“蕰藻浜工业园区”，这在嘉定首创了村级工业园区的模式，因此再次引起全区轰动，同时也吸引了更多的外资和民营企业入驻，到 2004 年已经达到 40 多家。此后北管村稳扎稳打，深耕工业园区和招商引资。1998 年，北管村村级集体经济总收入首次突破 1 000 万元。到 2014 年，村级集体经济总收入达到 2 371.82 万元。

沈彪总结，北管村在 20 世纪的经济快速发展有多重因素：村企经营收入是基础，土地资源收入、厂房出租收入和政府奖励税收是主要力量。然而，近年来，无论是土地资源优势还是政策红利，都随着时代变迁而在逐渐消失，村企的竞争力也逐年下降。

针对这些新形势，北管村积极转型。沈彪介绍，一方面，在财力允许的前提下，他们正酝酿进行一些资产收购；另一方面，北管村正在进行优质资源重新组合，通过提升服务来增加附加值。比如对 1.8 万平方米的村属“外居中心”进行二次开发，提升改造后满足周边企业租房需求。目前，北管村村级经济可支配收入达到 2 400 万元，经济发展较为平稳，在全区处于前列。

村级集体经济成为北管村发展强有力的经济基础。正是在这个基础之上，北管村村民的收入和各项福利不断提高，村的各项工作才不断发展。

2015 年，北管村人均收入达到 22 400 元，劳均纯收入 29 104 元。村民享受着各种福利：每户村民年底都可享受粮油补贴；退休村民在敬老节时可得到慰问品和慰问金，村里每年还为村里 60 岁以上老年人购买“银发无忧”保险。每年高温季节、中秋节、春节时，村干部还会走访 80 岁以上的老人并送上慰问；村里如有孩子考上大学，可以获得 1 000 元的奖励。每年八一建军节、春节，村干部对重点优抚对象进行慰问，对全体退伍军人发放慰问金。

婚丧是村民生活中绕不开的大事。凡是北管村村民在北管餐厅办理婚事、丧事等的，村里只向村民收取极少的成本费。凡是本村村民过世，村里还会及时向家属送上花圈及慰问金 500 元（包括墓地补贴）。每年年底，北管村都会对因病至生活贫困的给予经济补助，2015 年，共发放补助金 20 多万元。每年春秋两季开学时，村里困难家庭的子女还将获得助学慰问。

工业化中沦为“厂中村”，北管人面临的新挑战

在村级经济开花结果的同时，社会管理问题却成为北管村的新挑战。从 2004 年开始，村干部普遍发现各种社会管理问题浮出水面。具体包括：

村内不少产能落后企业带来管理乱象，安全隐患多、沟通难度大。在北管村内现有各类企业 130 余家，其中虽有不少优质企业，但也有 30% 的企业因为环评标准、经营成本等原因，已经不再生产经营，而是转租给二房东、三房东。村干部在上门交流时，二房东、三房东一般不予理会或者敷衍应付，需要房东与其沟通转达才勉强配合。即使这样，交流也比较生硬，效果不理想。同时，北管村入驻企业中，一些低端物流、木制品加工企业业主社会责任意识普遍较差，工业污染、安全隐患较多，亟需淘汰或调整。对北管村来说，安全检查、违法搭建等问题稍有松懈，就容易引发安全事故。

“厂中村”现象带来大量流动人口，对村内管理秩序造成冲击。近年来，

北管村人口流动量较大,每个村民组都有 800—1 600 名新村民,每月“来登去销率”最高达 10%,也就是说平均每天新增和变更 5 人。人口大量涌入带来乱设摊、非法劳务中介、无证废品收购等情况。以一个细节为例,如今村里企业多了,很多人上班路上吃完早餐就将包装袋随手一扔,村里的明合路上几年前天天早上铺满白色垃圾。相比脏乱差的环境,偷盗现象的猖獗更让人闹心。2000 年前后,甚至每个月都有 10 多辆电瓶车被盗。村干部不得不“白天当队长,晚上当保安”,大半夜在路口蹲点抓贼。

治安问题只是一个方面,公共设施配套也因人口原因遇到压力。过去,百姓用水用电、下水管道维护都是不用太过考虑的问题。但随着租客的增加,因为这类生活纠纷而情绪激动来村里讨说法的百姓不在少数,迫切需要北管村提高公共配套设施,如公共厕所建设、水电用量多次扩容、下水管道多次翻修,保障基础供应;目前村里一天产生 96 桶左右生活垃圾,如不及时打扫,3 天就有近 6 吨垃圾(还不包括企业的垃圾数量),因此百姓生活区、村内各个角落都需要保持卫生环境常态化清理……面临巨大的人口管理服务压力,北管村一刻也不能松懈。

管理任务重,管理成本压力也越来越大。农村发展需要经济支撑,现在,受到经济大环境影响,北管村的投资渠道收窄,社会管理及用人成本却逐年升高。比如,过去村里卫生员的月酬只要数百元,而现在退休返聘人员的薪酬也要超千元;目前全村有 140 名工作人员在各窗口、卫生岗位上服务,全年的管理费用支出近 670 万元。

如何应对这些新挑战?北管村的村干部展开过多次讨论,逐渐明确了思路:种种社会管理难题,确实源于村级经济的快速发展所带来的“厂中村”现象。但是,经济发展同社会管理不矛盾。扎实的经济基础,能够成为北管村社会治理的基础。社会治理需要大量的人力、财力保障,北管村目前的经济条件可以满足这些支出;而社会管理对提升服务能力大有帮助,反而会促进村级经济的转型健康发展,改变目前入驻企业中存在的产能落后、隐患重重的问题。

在统一思想的基础上，北管村开始积极践行中国特色社会主义道路，将如何切实做到“守好土、看好房、管好人、服好务”，作为最重要的课题，希望探索出一条经济发展和社会治理双丰收的好路子来。

在社会治理中也要闯出一条新路

（一）把服务阵地建在“最后一公里”

北管村党总支书记沈彪经常挂在嘴边的一句话是：社会治理当中，哪里有轻而易举做成的事情？确实，社会治理涉及人口、治安、拆违、基础设施配套等多方面，又牵涉不少人的眼前利益，要啃的“硬骨头”真不少。

北管村在社会治理中的难事之一，就是村民需求和农村服务间的巨大差距。村民要娱乐健身没地方，要开会说事没场地，要修水修电没处找，要开证明时间慢……千头万绪之下，一些党员干部的畏难情绪不可避免。沈彪给大家鼓劲：过去我们经济工作那么多困难不也走过来了？想明白了就去做，碰到难题再想办法解决！在村干部的努力下，近年来，北管村理清思路，陆续在村内建设了 4 个“中心”，整合服务资源，丰富服务内容，提高服务质量，把服务阵地建在了“最后一公里”，使群众话有地方说、事有地方办、问题有人管、困难有人帮。

一是文化活动中心，有门球、舞蹈、戏曲、棋牌、科普读书等服务，尽可能为老百姓提供更多的文化服务内容，充实他们的文化生活；二是会议培训中心，每月开展村干部、组长、党员、新村民等群体思想交流，就村级实务、百姓大小事进行双向互动；三是物业保障中心，以水电维修、生活保障为主，由卫生专管员牵头，将村集体资产、百姓个人财产维护好；四是社区服务管理中心，发挥前沿监控、新村民服务、联勤联动的安防功能，依靠 24 小时监控、实时对讲，3 到 5 分钟解决“牛皮癣”问题，夯实问题“即发现、即处置”的基础。

同时，建立新村民办证、房屋租赁等六项新村民服务统一窗口，便于新村民事务办理。

除了这四个“中心”外，如今北管村又结合社会治理实际需求，有了一个新的“中心”——村级联勤中心。村里近年来安装了一百多个监控探头，在联勤中心内，要看哪里可以“现场直播”。北管村还独创了“三三三”工作机制，即在联勤“三级”梯队基础上，创建“三级”响应模式，划定“三分钟”响应圈，群众是“眼线”，村民组长管好“责任田”，联勤队员24小时轮流巡逻。

解决社会治理难题，北管村还积极从建章立制上找切入口。

比如，针对乱停车难题，北管村就相继修订村规民约，难事变得有矩可循。过去，村里货车乱停放现象极为严重，影响了企业正常的货物进出。就拿一根小小的限高杆来说，每辆货车进村时必须填写通行单，货车司机报出前往哪家企业装卸货物，出村时敲上企业公章才能放行。村委会还和企业协商，每月缴纳300元管理费，请专人看管货车进出，企业主表示“你们管得好我们就交”，如今货车乱停放现象几乎绝迹，企业主们每月都乐呵呵地交上这笔钱。

北管村还创新推出无证餐饮备案纳管制度。在北管村有一批完全符合餐饮业要求的商户，因为没有房产证等历史遗留问题而暂时办不出经营许可证，若是“一刀切”全部赶走造成商铺空置未免有些可惜。北管村先“瘦身”再“塑身”，与验收合格的经营户签约，加强日常管理，21家餐饮单位由此获得镇食安办发放的备案登记证。

北管村还制定了不少带有“温度”的公约。比如针对本村葡萄种植户专门辟出市口较好的区域，每天缴纳10元管理费就可设摊，在自留地种点小菜售卖的村民甚至不用花钱就能在菜场里做买卖。再比如，整治茶水炉时村里给了每位经营户一定补贴，被取缔茶水炉者说：“补贴多少不重要，关键是有商有量的方式让大家舒心。”

农村出租屋外来人员人去房空是常有的事，有顾虑的房东往往不敢破门而入。北管村规定，3个月后仍找不到人，且长期拖欠房租，联勤队员、村民组长、房东同时在场，打开房门清点物品、列出清单，房东就可租给他人。近期，按照以房管人、以房控人的目标要求，北管村还重点推进农村私房出租纳管工作，形成规范有序的农村房屋租赁管理机制，实现房屋租赁事务平台化运作。通过房屋纳管，实时掌握两个实有人口信息数据，通过前端控制，调控来沪人员数量，优化实有人口结构，实现人口管理的长效机制。

（二）把服务能力提高在“最后一公里”

农村管理往往“理不断剪还乱”，没有较高水平的服务能力无法应对，北管村把提升服务能力的重点放在创新思维上。

进出北管姚家村民组的大门，你不经意之间，头像已经从3个角度被抓拍记录，进出没有门禁卡？那就得跟门口的保安人员说明一下来意了。说起封闭式管理，北管村姚家村民组的陈金娣直说“拥护”，几年前邻居家被连偷3台电脑，她至今记得清楚。“那时候不认识的人也能进到我们村组，想想就让人不放心，现在进到村组的都是熟面孔，陌生人没事可进不来”。

姚家村民组是北管村实行封闭式管理的试点组，这是北管村在嘉定区率先进行的新探索。所谓的封闭式管理，简单来说就是在村组的唯一出入口装上电子闸门，安排人员、车辆出入都要经过刷卡或是检查工序，同时在村组设立工作站及站长负责监督。北管村户籍人口2 400余人，外来人口有1.2万人。大量的流动人口曾经给村子的管理和治安方面带来安全隐患，封闭式管理则是村子针对自己的实情想出的一种管理模式。

试点之初，村党总支书记沈彪就带着党员干部前往外地进行考察，在吸取别家之长的基础上，北管村在姚家村民组加大治安防范技防、物防设施投入，扩大监控探头覆盖面，引入即时报警系统；另一方面，以村民组网格化管理模式为依托，加强组务工作站建设，因地制宜地开展封闭式管理工作。在姚家村民组，甚至出现了非法行医者唯恐违法行为败露而匆匆搬走的情况。

又比如，为了提高管理水平，村干部经常到上海各区县、江浙各村镇随机调查，发现安全治理、环境卫生好的地方，就带村干部实地学习。北管村新村民导入初期，乱设摊、乱倒垃圾渣土、治安矛盾等问题突出，为此，北管村建立起村级联防队，为管好队伍，沈彪带村干部到闵行、桃浦等地，学习他们的管理经验，使综治干部、卫生专管在抓三乱、卫生问题时思路更加清晰；近年来，北管村还逐步摸索出一套保洁、安防的奖惩制度，使村级管理升级为技防+人防的联勤、卫生体系。

服务能力的提升，说到底在“人”。用沈彪的话来说，干部有“几把刷子”，群众才会认可。村干部只有“吃透上头、把握下头、关注外头、盘活里头、啃硬骨头”才能切实提高服务能力。近年来，北管村着力打造一支高素质村组长队伍。近年来，北管村选举专职村组长，年龄在30—50岁，工资在5万—7万元。作为村组第一责任人，一要为每户办理房屋租赁手续，提供群众双向保障；二要定期巡逻，收卫生费，掌握人口动态；三要做好邻里调解、帮办婚丧喜事等工作，树立群众威信。

北管村蔡家村民组长余晓东是北管村最年轻的村民组长。在他的案头上，堆了联勤巡逻日志、“六小行业”安全隐患排摸表等六七本台账，记录内容甚至包括村民的养老情况，可谓细致入微。连同余晓东在内，通过竞选上岗的村民组长共有10位，他们每年的聘任合同上详细列明了考核内容，包含人口信息、房屋租赁等七大类、十多项要求，涵盖村组工作方方面面，与其对应的是一揽子考核机制：每天4次通过“城管通”点名，每月核准人口信息准确率，一个月2次卫生大检查……虽然任务多，但余晓东认为这种倒逼机制很管用，“要是没有监督，时间长了工作肯定会松懈”。

（三）把依靠群众体现在“最后一公里”

北管村村党总支书记沈彪等村干部一有空，就喜欢在村里转悠，发现什么问题就要求相关条线干部马上处置，“怎么敢放松，村里事情那么多，就怕哪个环节出岔子”。但是，北管村有4 800多间出租房，130多家企业，100余户商家，700多辆私家车……单靠沈彪等村干部几个人“转悠”，毕竟不是长久之计。北管村通过依靠群众，为社会治理找到强大的力量源泉。

在嘉定区，北管村的村级“小联勤”机制颇有名气——以联勤联动机制解决以往执勤管理力度分散，执法权限交叉不清，执法效率效能低下的实际执法问题。不少农村都在搞“小联勤”，为何北管村能够脱颖而出？答案正是群众的热情参与！

姚家村民组的沈福兴就是村里的一名联勤队员，北管村开展“小联勤”后，沈福兴每天都要更新来沪人员信息并及时上报。而这仅仅是沈福兴需要记录的7本台账之一。在沈福兴的办公处放着7本台账，分别是村民小组工作记录本、外来人口信息采集汇总表、户籍家庭信息采集汇总表、外来人员卫生管埋费汇总表、“六小行业”安全隐患排摸表、房屋租赁合同资料以及联勤督查考核队日巡逻记录，记录内容甚至涵盖村民的养老情况，可谓细致入微。

沈福兴还有两名帮手。每天，姚家村民组的平安志愿者封惠芬和须培芳都会定时在村里巡逻，并将当天情况记录在联勤督查考核队日巡逻记录本上。“联勤队伍大了，发现问题就更快了。”沈福兴说，实行“小联勤”以来，北管村偷盗事件不断减少，较之过去有了巨大的变化。北管村开展“小联勤”后，已经吸收50名平安志愿者充实联勤队伍。

近年来，北管村注重调动一切可用的群众力量，诸如党员、村民代表、新村民、志愿者、卫生保洁、商业业主等，让他们在村组、外居、商业街发挥着观察员、宣传员、调解员的辅助作用。2013年，北管村在村组延伸监控设施建设，同时，挑选热心志愿者，加强村组巡逻，使治安案件、卫生死角、群众矛盾等问题动态化解。西南宅组与邻村交界，案件多发，在技防+人防的双向推动下，党员干部和志愿者对一些四处张望的人进行跟踪，使可疑人员没有作案机会，成效显著，曾连续半年没有发生一起案件。全村员工每年签订工作合同，明确责任义务，进行浮动奖惩；对义务服务群体，每年进行“三个文明”表彰，弘扬社会正气。

有村干部做过一个统计，每年村里举办的大大小小的培训会近百场，培训对象包括村民组长、卫生人员、经营户、企业主等等，“这些会议可不是走过场，培训的同时，还给大家‘敲敲木鱼’，时刻紧绷一根弦。”

如今在北管村，“人人是主人，人人有责任”的共治氛围已然形成。不少村民会主动参加志愿者活动，每天下午准时赶到菜场，劝导大伙儿规范停车。正是因为村民志愿者的加入，村里组建了安全防范、矛盾调解、家电维修等多支服务队伍。更难能可贵的是，新村民也开始把这里当家。比如，曾经有人来北管村销赃，一名新村民得知后及时上报，警方由此破获一起团伙盗窃案。有租客拖欠卫生费，还有新村民给村民组长“帮腔”，“一个月才交10元，村里倒贴钱处理垃圾，还不愿意交啊？”

有了群众的参与和支持，北管村不少社会治理难题迎刃而解。过去，北管村不少公共场地尽是村民乱堆放的物品，村里计划将其清除后建绿地，但一些村干部担心村民反对，“会得罪人”。但在沈彪等村干部的劝说下，一些村民虽然在工作开始时不理解，但最终还是主动支持。而眼见着脏乱差区域变身绿地和健身步道，不少村民组更是纷纷要求参与环境改造。

市委书记韩正暗访当天，一场大雨刚过，却没在村里发现一处积水点，仅此一个细节，就引来他一番褒奖。沈彪认为，北管村能够在小细节上不留死角，依靠的正是群众参与构建的治理网络，让这些问题能够尽早发现、尽早解决。

实实在在搞党的建设，党建带动村建，党员带动村民——北管村将党建工作从“虚”踏“实”

北管村党总支有党员141名，下辖5个党支部，其中“两新”党组织2个。无论在经济发展还是社会治理中，北管村能够发挥“三不怕”、实现三个最后一公里，依靠的是北管村实实在在搞党建，用党建带动村建，用党员带动村民。

（一）将以民为先的服务理念作为“支撑点”

“党员思想觉悟低，村里工作就弄不好！”这是北管村党总支书记沈彪经常说的话。北管村在抓党建中，把树立以民为先的服务理念作为“支撑点”。具体来说有“三个结合”：

一是将坚定理想信念和增强服务意识相结合。以开展党的群众路线教育实践活动等，下大力气解决党员干部中存在的宗旨意识淡化、责任意识弱化等作风问题，把好“民意脉搏”，开好“民生处方”，切实解决群众急难愁问题。比如，不少村民曾反映因机动车增多对村主要道路造成损坏，为此，在北管村党总支的推动下，村里实施了主要道路黑色路面改造工程，将各村民组主要路段从水泥路面改造为更为耐用的黑色沥青路面，总投资约300万元；过去雨季一来，北管村蔡家村民组的不少村民就“看海”，根据群众反映，北管村党总支推动该村民组的下水道扩容工程，确保消除道路积水现象，保证村民出行便捷。

二是将把握发展形势和提升服务能力相结合。围绕社会发展和社会管理的目标要求，开展各类培训，建立多层次、多维度考核体系，不断提高党员干部服务群众、服务发展的能力水平。比如，近年来，随着党员电教系统、终身学习网课件等平台的引入，北管村以此为依托，结合村域管理重点，定期开展党员、群众等六大群体月度培训活动，除常规会议外，北管村每年开展群众培训超过70次，志愿者、联勤、新村民、80后党员等群体座谈交流超过80人次，党员、群众义务劳动更是达到数百人次，确保多支队伍每月互动，形成思想共识。

三是将统筹管理力量和细分志愿服务相结合。北管村提出，通过抓好“一班人”，推动党员“一层人”，带动村域“一群人”，维系村域常态平安、和谐。比如，党总支把党员志愿者编入村街道保洁、治安巡逻、矛盾调解等多支志愿者服务队伍，鼓励具有家电维修、水电维护、个人护理等特长的新村民积极参与村级志愿服务，形成以党组织为核心、全体百姓共建共享的大服务格局。

（二）将多听多问了解诉求作为“切入点”

近年来，随着城镇化进程的加快，村民需求和诉求日益多样化，村党总支工作重心逐步从过去注重经济发展，向经济发展和社会管理齐发展转变，在加强党建引领、提升为民服务水平上，主要的方式是“四听五问”。

“四听”，指的是“深入群众进门听、积极求教向上听、敞开大门向外听、广开言路向内听”。“有的党员干部怕群众说不好听的难为情，怕是因为你工作没有做好！”沈彪在同党员交流时经常这样说。近年来，北管村党总支坚持以党员议事点、党代表接待日、“走村入户”、“两代表”进社区等工作平台，把群众急需解决的问题、提出的建议摆上党总支议事日程和重大决策，并坚持“事前沟通、事中监督、事后评价”，进一步保障群众的表达权、参与权和监督权。

在听取群众意见的基础上，北管村党总支在村里先后推动建成了集门球场、舞蹈场、戏曲室、棋牌室、阅览室于一体的老年服务中心；用于开展培训、座谈、演出等活动的会议培训中心；负责村组、新村民中心、商业街的物业保障中心；由办证中心、新村民服务中心、联勤指挥中心组成的社区服务管理中心，使老百姓真切享受发展成果。

“五问”，指的是“问作风改进的不足、问困难群众的诉求、问为民服务的举措、问能力提高的差距、问谋求发展的良策”。北管村在推进重点民生工作时，始终坚持把握找准工作关键点，打造服务“升级版”。每年，北管村党总支都会根据群众提出的十多条民生问题，为群众办实事。比如，针对群众提出的常有可疑陌生人在村内走动的问题，村里就施行了村组封闭式管理改造、村宅视频监控系统安装等 11 项为民实事工程，总投资约 638 万元，村里组织党员成立巡逻队伍，分布在村里各个村民组进行巡逻。村干部举例：“不久前好几个新村民家里失窃，通过党员巡逻队‘火眼金睛’，没过几天便将偷窃者从租房内揪了出来。”

（三）从学习交流、多跑多看中寻找“创新点”

北管村党总支善于学习交流，近年来通过多走多看，组织两级村干部参观学习先进地区发展经验。仅2014年，北管村就组织村干部、村民组长参观闵行区马桥镇民主村、江桥镇幸福村等其他区县、街镇的社会服务、社会管理先进经验。与此同时，村全年接待各级领导检查指导工作150人次，接待兄弟单位来访250人次。

北管村党总支喜欢“没事找事”。近年来，看到媒体报道闵行民主村、常熟蒋巷村等地的先进做法，村党总支书记沈彪就带着党员去“取经”。比如前不久在太仓地区农村考察时，沈彪就和同行的党员干部仔细研究了对方的河道治理工作和社会管理工作。而他们每次“取经”时，总有3个必问题：“这个村和我们村有什么相同和不同的情况？”“这个村有什么做法值得我们借鉴？”“我们在借鉴的基础上能不能做得更好？”学习到的经验很快就纷纷运用到实际工作中。比如，在闵行区莘庄地区，商业业态的管理取得较好的成效，北管村的党员干部对其进行学习考察后，对管理机制进行创新，鼓励更多的北管村商业店主参与到社会管理等多方面的工作中来。使得原本让人头疼的脏乱差的村里店铺成为周边小有名气的“农村商业一条街”，不但市场秩序井然，而且商户积极配合村里工作。

北管村党总支还鼓励党员“借题发挥”，让工作成效更进一步。比如，走进北管村的人，很难不被干净的村容村貌所吸引。其中很大一个原因，是北管村组织村里的党员和卫生保洁工作者、村民志愿者组成多支巡逻队，总人数约80人，每周四开展义务劳动，尤其对村里的各个旮旯进行打扫。“这其实是对上级党组织号召的‘拓展’.”村干部表示，镇里“规定动作”只是要求村班子的党员干部参与义务劳动，而北管村将义务劳动扩展至全村各个村民组和每位党员。过去人手不够难以清扫，如今党员齐心协力解决了问题。

北管村还结合市委关于社会治理的相关精神，运用新媒体技术，启动“百管堂”党员志愿服务项目。由党员（包括新村民党员）牵头，凝聚村内村民、来沪务工人员、商业业主等群体共同参与村域治理、百姓服务。项目将线上和线下相结合:线下,党员带头每周、每月开展覆盖村组、村域的义务劳动、志愿服务、思想培训等活动,发挥党员实干精神,服务村域百姓。线上,则依托微信平台,及时解答关注用户的困难,对村民(包括新村民)提出的合理需求及时解决,减少村域治理卫生、安全、服务盲区。所谓"百管堂",就是要真正做到"管"思想、"管"能力、"管"分工、"管"统筹、"管"自治。

依靠群众,参与村内建设

在党建工作中,北管村的另一个"法宝"就是走群众路线,依靠群众,共同参与,搞好村里的各项工作。

说"一呼百应"或许有些夸张,但在北管村,无论是文体活动、治安巡逻,还是村容改善、为老服务,"叫人"很是容易。事实上,志愿者队伍已经成为北管村在精神文明工作方面的一支生力军。而其中更不乏新村民的参与。

"首先得有好的机制!"一位村干部坦言,送一块香皂、给一块毛巾,这样"吸引"来的志愿者心里不情愿,参与也不积极,"如今村里人都挺富裕,小恩小惠有几个人在乎呢?"北管村的主要做法是评优机制的完善。村级逐步建立和完善"优秀先进个人"、"优秀新村民"、"优秀租户"等评选机制,让不少村民自愿加入志愿者队伍。村民童志浩就是一名热心参与村务的村民。他退休前是一名私企厂长,没想到退休后反而更忙碌了。甘家村民组过去存在如厕难的问题。村里在这里建了公共厕所,但公共厕所散发出的臭味让不少村民怨声载道。童志浩主动接下打扫厕所的活。甚至为了方便打扫,童志浩在家里反复琢磨,还研制出了一把"铁耙",专门用于清理厕所内的垃圾杂物。如今他的事迹已是远近闻名。

居民热心参与,村里也积极为村民搭建参与平台。一方面,依托老年活动室等各娱乐设施场所做好各项服务工作,如做好阅览室、健身室、麻将室、录像室的开放工作，每月两次看电影工作等；另一方面，村里十分关心老年人健身队伍的组建与活动，门球运动队、戏曲沙龙队伍建设，不仅锻炼了身体，而且也丰富了老年人的业余生活，营造了健康向上的氛围。其中北管村的门球队，更是因为多次代表镇里参加各种比赛而小有名气。

新村民数量这么多，他们如果参与进来，该是多大的一股力量？村里的商业店主大多是新村民，北管村鼓励店主积极参与志愿服务工作。促进本地村民和新村民和谐相处的同时，也让这些店主感受到“家”的感觉。一位来自浙江的新村民总会给村里的老人发名片，老人遇到需要物业维修、不便外出配药等情况时打他电话，他再忙也坚持免费上门服务；一家村里洗脚店的员工主动来找村干部，咱们这手艺能不能帮上忙？在村干部的指导下，如今他们经常作为志愿者走进村里的托老所，为老人们洗脚捶背，颇受好评。商户热情参与村务和服务的同时，在经营上也自觉主动地遵守各种村规民约，彻底改变了过去环境的“脏乱差”。

在科学发展观中寻找农村发展新路——北管村关于践行中国特色社会主义的启示和体会

科学发展观强调的人口、资源、生态环境与经济发展的协调。在践行中国特色社会主义中，北管村的特色在于在深入贯彻科学发展观理念，推动社会治理创新，使得如今村容村貌整洁、氛围井然有序、生态环境优美。其中也产生了一些启示和体会：

一是坚持发展集体经济，让农村在发展中的诸多难题得以突破。1995年时，北管村就建起 500 亩工业园轰动全区，背后依靠的是党总支对搞集体经济的决心。北管村所走过的道路使村民们明白：只有村级经济发展了，才能带动民生等各方面发展：村级经济发展了、村民也能共享发展成果。

二是依靠党的建设。村党总支之所以有号召力、凝聚力，是因为抓好了党的建设，党总支一班人风清气正，能谋大局，能干实事。党员能起模范带头作用。北管村无论是发展经济，还是搞社会治理，都是依靠党员的坚持和执着推动各项工作的开展。比如之前北管村推行卫生费缴纳制度，初推之时因为生活观念、利益得失等问题的阻碍并不顺利。但党员干部坚持不懈地向村民做思想工作，最终让这项制度顺利落地实施。而从如今的效果来看，确实对村里卫生环境的改善起到了积极作用。

三是农村发展需要科学发展观的引导。这在北管村得到生动实践——经济发展同社会治理互相支撑、“良性循环”。北管村通过艰苦奋斗，实现了从经济薄弱村到经济强村的跨越实属不易。但近年来的面临的管理压力让北管村愈发清楚地认识到：要实现农村的全面、协调、可持续的发展，必须补上社会治理的“短板”。单独依靠经济“一条腿走路”，并不能实现“美丽乡村”的目标，终将为牺牲社会环境和生态环境造成的后果“埋单”。北管人目前的统一认识是：没有经济发展打基础，社会治理就不可持续；而社会治理做不好，反过来又会影响北管村的服务能力，进而影响村级经济的进一步发展。在这样的新观念下，目前北管村的村级经济发展和社会治理工作进入“良性循环”，这也是村民为北管村党员干部叫好的原因之一。

四是要有“提前一步”的意识。无论是建起村办企业脱贫、招商引资还是社会管理，北管村在嘉定区的探索都想在前面，走得最快。这离不开北管人“提前一步”的意识。沈彪举例，在2004年，嘉定不少农村在社会治理方面还处在请人打扫卫生的“初级阶段”时，北管村已经意识到问题的严重性。因此已经在卫生、租房、治安巡逻等问题上，探索建立了相关制度，这为如今的工作顺利开展打下了基础。

五是加强党员干部学习，能够为农村发展提供创新活力。可以说，善于学习和思考，正是北管村的活力所在。从同区的太平村、新华村，到兄弟区县的七宝老街、青春村等，再到周边的太仓地区、著名的华西村等，村党总支书记沈彪和党员干部们都会去实地考察。这些“先进”的信息从何而来？沈彪笑着说，就是经常留意电视里、报纸上的信息，看到有好的做法、新的做法就记下来。这种“凡事留心”背后，其实就是北管村主动学习的体现。还有一例，过去村里的卫生管理是个难题，村干部开会讨论时想到，“村的园区里有日企和韩企，都说日本、韩国在卫生方面井井有条，我们为啥不就近去学习?”通过考察，在清扫人员管理机制、村民素质提升等方面确实对北管村有所启发。

六是群众的参与热情，离不开党员干部的带头与引导。村党总支书记沈彪这样总结:“村官不算官，一心想当官，也做不好村干部。既然选择扎根基层，就要爱百姓，不为自身名利，但求为乡亲创造更好的环境。这样群众才会信任我们，支持我们，参与到北管村的工作中来。”在这样的氛围之下，北管村无论是新老村民、驻村企业、村内商户等都被凝聚起来，各自发挥所长参与社会治理。

“让村民都过上幸福的好日子”

——青浦区郏一村建设和谐富裕小康村的奋斗之路

郏一村位于青浦区香花桥街道东首。改革开放之初，这里还是一个穷村。用当地群众的话说叫“桌子缝里舔芝麻——穷相毕露”。三十多年来，郏一村走过一条不平凡的发展道路。郏一村两委班子把这条道路称为“发展村级集体经济，改变穷困面貌，让村民过上幸福的好日子。”如今，郏一村村级集体经济可支配收入超过 1 000 万元，人均可支配收入 3 万元，昔日贫困破败的郏一村建设成了和谐富裕的小康村。

迈向小康，敢问路在何方？

郏一村，地处青浦区香花桥街道最东面，东邻重固镇，南接赵巷镇，区域面积 3.26 平方公里，曾有耕地 2 780 亩，现有常住人口 4 479 人，其中户籍人口 1 605 人。

昔日的郏一村，因地势低洼，河沟纵横，素有“水乡泽国”之称，是一个全乡闻名的贫困村。村民常以民谣的形式来描述这种的贫困。如“地处偏僻荒塘多，烂泥壁脚草屋多；人口稀少移民多，缺食少穿单汉多。”“雨来一片白茫茫，雨停到处烂泥滩，九年三熟六年荒。”整个郏一村大河小港几十条，没有一座像样的桥，出门办事基本靠摆渡。本地人不愿到郏一村落户，不知什么朝代开始，不少来自河南郏县等外省市的逃荒户，来到郏一村落脚生根，因此被人们笑称为“小小郏一，七省一市”。老百姓经常挂在嘴边的一句话是：“扳扳手指头，一年做到头，还是两个空拳头”。村里太穷，本村姑娘争着往外嫁，村里的小伙子讨不上媳妇。

新中国成立后，在中国共产党的领导下，郏一村通过合作化，特别是在人民公社时期，群众被组织起来，用自己勤劳的双手，兴修水利，开垦荒地，使荒地逐渐变成了良田，逐步解决温饱问题，告别了低矮的草房，初步改变了郏一村的面貌。

1978 年十一届三中全会后，郏一村也融入了改革开放浪潮。在邓小平提出要以建设小康社会作为中国社会主义现代化的目标后，这个既宏伟又务实的目标也在郏一村激起了千重浪。郏一村两委班子认为，要改变贫穷落后的面貌，仅靠农业不行。特别是实行家庭承包制之后，土地基本上分给了农户，虽然农民的积极性都调动起来了，但一家一户的农业经济发展的空间有限，要想致富，唯一的出路就是发展村级经济，提出了“主攻工业、稳定农业、发展副业”的思路。一方面改造两个老村办企业，先后兴办福利厂、印刷厂、喷塑厂等，另一方面发展养殖业，鼓励村民养鸡、养鸭、养鱼等，增加村民农副业收入。根据 1989 年统计，郏一村工业厂房总建筑面积 3 000 平方米，固定资产 160 多万元，工业总产值 212.34 万元，利润 35.62 万元，人均分配 1 560 元，分别是十一届三中全会前的 25 倍、20 倍和 3.5 倍。

随着改革开放的推进，郏一村的村级集体经济也有所发展，但发展后劲不足，没有一个像样的支柱产业。特别是进入 20 世纪 90 年代，随着市场经济的发展和民营经济的竞争，村办企业越来越难以维持。村级集体经济不能发展，村里无钱办事的矛盾日益凸显，村中需要道路无钱修路，一些群众迫切需要的公益服务活动难以开展等等，一定程度上影响了党组织在群众中的威信。“穷”字当头，怎么办？路在何方？

一个好带头人带出一个好班子

“村民富不富，关键看支部；村子强不强，要看‘领头羊’。”这句话反映了在全面建成小康社会的过程中组织建设的重要性。选好一个人，就能带出一个好班子、一支好队伍，就能带领农民群众建设一个富裕、和谐的社会主义新农村。农村发展快慢，与村两委班子有着重要的关系。郏一村两委班子在改革开放以来，十分重视人才的培养，“灵活多样，唯才是举”，把一些有知识、有专业，又愿意为集体奉献的年轻人充实到领导班子中去，使他们成为郏一村经济发展的骨干。在20世纪80年代，郏一村在发展村办企业中就培养了8名这样的人才，王雪林就是其中的一名，1987年担任郏一村福利厂厂长。当时福利厂一无资金、二无设备，王雪林带着福利厂一班人，四处奔波筹集资金，购置设备，发展壮大了福利厂。王雪林懂金属喷塑知识，又善于经营和管理。村两委班子在20世纪90年代初又任命王雪林担任群伟童车厂经理。面对童车厂的销售不佳情况，王雪林多次到市区一家生产儿童用品的著名国企沟通联系，签订代工协议，为村办企业带回一份“超级大单”。在村办企业中的经历，使王雪林增长了才干，也更坚定了他要努力改变郏一村面貌的决心。

1993年，年轻的王雪林经选举担任郏一村党支部书记、村委会主任。面对郏一村落后的面貌、面对全村1 500多位父老乡亲的殷切期盼，王雪林决心不辜负大家的期望，开始全力以赴带领全村干部群众摆脱村级困境。上任后，他与村班子成员一道带领村民填河修路，改变“水乡泽国”的面貌，改善村民出行条件。与此同时，加快郏一村招商引资步伐，经济发展产业，壮大经济集体。

由于过度劳累，2003年经检查王雪林被诊断罹患胃癌。他经历了2次手术，接受了为期4个月的重症监护，整个胃部被切除，因健康原因不再担任村支部书记。两年后，他的名字本来不在村支部换届候选人之列，可是全村村民一致推举他参选。几经权衡，王雪林为了村民的信任而复出，担任党支部书记。2011 年 4 月，全村 453 户村民又一次全票投给了王雪林。村民深知王雪林重病在身，何尝不想让他肩上的担子轻一些？可他们实在舍不得这位好书记。面对群众的殷殷期盼，王雪林再次下定决心，“就是累垮了，也绝不辜负百姓的信任。”王雪林是这么说的也是这么做的。

这些年来，在王雪林书记的带领下，郏一村党支部获得“上海市五好党支部”称号，郏一村先后获得上海市文明村、上海市健康村、上海市美好家园示范村、上海市平安小区、上海市民主法治示范村等称号。郏一村的党员和村民心里明白，这些荣誉的取得正是因为有了王雪林这样的好村支书，能够想群众所想，盼群众所盼，急群众所急；能够把群众组织起来，共同奋斗；正是有了这样一个好的村两委班子，才能在基层组织中以苦干、实干的精神，实实在在地了解民情、村情；正是有了这样一个好的村两委班子，他们的足迹踏遍村里的田间地头，他们的身影穿梭于村民的庭前屋后，为改善民生掌握第一手资料；正是有了这样一个好的两委班子，才能不断地对村情、民情作出正确的分析研究，大胆探索，不断创新，终于走出一条符合本村村情的致富路。

一套好思路开辟致富路

“穷则变、变则通”。面对发展困境，郏一村始终把加快村级经济发展作为首要任务，积极转变发展思路，学习借鉴周边先进村成功经验，结合本村实际，通过班子反思、群众谏言、有识之士会诊，终于找出问题症结，理清了发展思路。

过去，村里唯一通向交通主干道的机耕路被村民戏称为“弹弯路”，坑坑洼洼、弯弯曲曲，交通问题严重阻碍着郏一村的发展。“要想富，先修路”，这个道理谁都懂，可资金从哪来？地处“水乡泽国”，当时，村民人均年收入也就一千余元，要想让大家集资修路，确实很困难。90 年代初，村两委班子开动脑筋，最后下定决心，“如果郏一村不修路，村民永远没出路”，发展村级经济，筑路必须先行。而要修路，首先要解决资金问题。村两委班子四处奔波联系了几家企业，筹措了 80 万修路资金。但这些钱用来修路还远远不够。为了节约资金，王雪林和村两委会班子成员决定，修路采取“包清工”的形式，石子、水泥、钢筋等材料村里买，基础工程发动村民一起干。动员村民修路，不仅可以节约资金，而且也是一个很重要的动员村民关注集体的发展、共同奋斗的过程。村两委班子在积极动员群众参与修路的同时，以身作则，两委班子成员天天在工地上搬土挑泥，晴天一身灰，雨天一身水，手磨出了泡，肩磨出了茧。村民也都被带动起来，跟着两委班子一起干，使工程提前完工。郏一村从此告别了“弹弯路”，村民把这条路命名为“致富路”、把桥取名为“通福桥”。修好主干路后，郏一村又投入资金对全村的机耕道路全部浇筑白色路面，通到家家户户。如今，郏一村已彻底解决交通问题，方便了群众出行，也大大促进了经济及各方面的发展。

在郏一村发展过程中，一个重要的转折点是墓园的开发。在农村习俗中墓园不是吉祥之地。但对大上海的郊区来说，开辟一块墓园，在为往生者提供安息之地的同时，也可以给村集体带来巨大的经济效益。1994 年，市民政局想在青浦县的农村寻找一个合适的地方，建一处公墓。王雪林得知这个信息后，马上意识到这是一个不可多得的机会。他召集村两委班子开会，很快统一了思想，大家一致认为应抓住村里的土地开发机遇。然而在征求村民意见的时候，很多村民表示反对，认为搞墓园“阴气”太重，太不吉利，尤其三队队长老陆放出话来：“搞啥都好，就是不能搞墓园。”面对村民的强烈抵触，是放弃？还是坚持？村委陷入艰难的抉择：眼下村里积累薄弱，开厂无资金。建墓园呢？投入少，而且有民政局的支持，可以顺利解决耕地非农使用的转性问题，见效快，还可以解决百姓就业。一一分析比较利弊，班子人员认识更坚定了。大家就分头上门挨家挨户做村民工作。工作做通了，当时规划面积 50 亩的上海福泉山留园在郏一村顺利落成。20 年来，留园从 50 亩扩展到 200 亩，取得巨大的经济收益，现在每年销售额达到 1 000 万元。如今，每讲到此事，全村党员、干部、村民群众都不由感慨地说：“还是我们村领导班子观念新、眼光远，不是他们力排众议建墓园，也许就没有我们郏一村的今天。”

基础设施建好了，郏一村发展经济条件越来越好，招商引资也步入快车道。郏一村先后办起上海群伟童车厂、上海福泉山喷涂厂等村办企业及联营企业。村办企业上海群伟童车厂，在科学经营的理念下，生意红红火火，订单接二连三，在当时蜚声全市，得到了市、区领导的充分肯定，区领导多次赴企业进行视察与指导。

短短几年的时间里，村经济落后的面貌得到大大改善，“面朝黄土、背朝天”的农民一改往日的模样，和城里居民一样进了企业，每月领工资，成了“上班族”。此时郏一村兴建了2万平方米的厂房，用于出租。同时王雪林书记带领村班子抓住有利时机，集思广益、广开门路、以商会友、以友会商，充分利用一切可以利用的资源，村里先后建成和引进26家实地型企业，同时以招商引税的形式，引进76家企业注册落户在青浦工业园区，为村级集体经济增加了税收收入。

随着社会老龄化，“养老事业”是一项新兴的产业。郏一村通过摸底调查，提出兴办养老院的想法，决定投资5 000万元，建设一座占地面积35亩、拥有500多个床位的养老院。目前这个养老院经过审批，正进入施工阶段。养老院的兴办，不仅可以解决本村老年人的养老问题，还可以为社会老年人提供养老服务，从而为村级经济持续发展添砖加瓦。

在郏一村党支部、村委会和全体村民的努力下，近四年来，村级可支配收入均超过1 000万元的大关，2014年村级可支配收入1 500万元。村民年人均收入超过3万元，村级经济良性发展，成了远近闻名的富裕村。

一揽好举措造福一方人

在老百姓眼里，干部好不好，首先看你这个人能不能做到一事当前，心里是否想着百姓。在这方面，郏一村两委班子让乡亲们敬重。有许多事情，乡亲们永远难忘。村党支部书记王雪林常说："村级经济发展了，就要让村民实实在在地改善生活，让村民在发展中有更多获得感。"村党支部、村委会把村民的福利作为重要的民生工程。今天的郏一村，每年支出250余万元用于教育奖励制度，为村民发放口粮补贴，为村民免费体检，向特困户、残疾人发放补助及福利，重阳节、春节为退休老年人发放慰问金等21项福利，其中，本村学生考取大学每人奖学金5 000元，每户每月发放大米100斤，80岁以上老人进养老院每月补贴800元，村民因病住院药费自付部分由村报销50%，合作医疗就诊药费自付部分由村报销30%等。

近3年来，郏一村又成为青浦出口加工区招商引资、企业落户的主阵地，25个工业项目相继落地开工，共需动迁村民169户，还要动迁50户。在村干部眼里，动迁工作，迁的是房子，可动的是人。针对80岁以上老人动迁之后借不到房子、老人过世后没地方办丧事等问题，村两委班子经过协商讨论，一方面，齐心协力想办法帮助老人借房子，照顾困难老人；另一方面，对村民的祖坟统一免费安置到福泉山留园，对此，村里多支出了300万元。动迁后的老人过世，在青浦殡仪馆设立灵堂的费用和亲属往返通勤费，由村里报销。正是这样将心比心的换位思考，解决村民的后顾之忧，才推动了郏一村每一项动迁工作的顺利完成。

一项好机制激活一支好队伍

郏一村现有党支部班子成员4人，正式党员83人，预备党员1人，积极分子1人，党员议事会成员12人，划分为3个党小组。2011年起，在全街道率先实行党员联系群众"四级树状网络"机制。

随着农村城市化进程的加快，群众的利益诉求越来越多元化，经济社会发展中的问题和矛盾也日益凸显。如，人户分离带来的社会管理问题，工业开发建设带来的动拆迁、环境保护等问题。这些问题都关乎群众切身利益，不及时解决，可能成为影响社会稳定的不和谐因素。在这样的形势下，迫切需要党组织和党员认真贯彻群众路线，维护好群众的根本利益。村党支部增强群众工作的主动性，改变原来等村民上门求解的工作方法，积极主动地加强与群众的联系，尽早发现群众的困难，及时掌握群众的需求，把群众的诉求解决在基层。具体做法是：依托党员代表议事会，建立“党组织班子成员—党员代表议事会代表—村民小组党员—村民小组村民”四级树状党群联系机制，即：每一名村党支部班子成员联系 4 名党员代表议事会代表，每名党员代表议事会代表联系其所在村民小组的党员，每名党员就近联系 6—8 户村民家庭。

四级树状党群联系机制坚持从群众需求出发，要求党员、党员代表和党支部班子成员加强与群众的沟通联系、加强彼此间的双向沟通。每一名党员每个季度至少走访一次联系户，宣传经济发展政策，听取村民意见建议，了解村民所思所想。实行“一卡一册”制度，畅通群众反映问题的渠道和途径。“一卡”就是党群联系卡，一张 A4 大小的塑封卡片上印有党员姓名、联系方式以及联系村民姓名等，发放到各村民家庭，做到每户家庭一张党群联系卡；村民遇到问题和困难，只要向卡上的联系党员反映即可。“一册”，就是党群联系手册，每名党员一本党群联系手册，记录联系村民的基本情况、走访联系情况以及村民诉求等，方便党员及时反映群众的问题。加强考核监督，细化考核内容，从工作态度、工作要求落实情况、帮助群众解决问题情况、群众评价等方面对党员进行考核，对获得“五星”评级的党员给予奖励，推广这些党员好的经验和做法，对考核末位的党员进行“谈话”，查找问题和原因，积极帮助党员加强改进。

建立四级树状党群联系机制以来，党员的先锋模范作用进一步体现，党组织的凝聚力和吸引力进一步提升，党群、干群关系进一步密切。具体成效如下：

一是改进工作作风，进一步树立为民务实清廉形象。全村 78 名党员是党群联系机制中直接面对群众的一线战斗者，处在维护群众利益的最前线，通过经常性走访联系群众，党员加强政策宣传、及时化解矛盾、征求群众意见，党员“服务群众”的形象深入人心。如，党员陈祥立经常上门走访群众，关心弱势群体，帮助村民解决实际问题，村民老王身患重症，陈祥立便经常上门了解情况，得知其生活上的困难后自掏腰包送去慰问金，深深感动了老王及家属，赢得群众的认可和好评。通过党员、党员代表议事会代表的传递，村党支部的各项工作都为村民所知晓，同时党支部掌握了第一手的民情信息，为及时解决群众困难创造了条件，为科学民主决策提供了参考，为民务实清廉的党组织形象进一步树立。

二是密切党群关系，进一步夯实党组织的群众基础。四级树状党群联系机制，加强了党员与群众、党员干部与群众的沟通和联系，扩大了群众反映民意和诉求的渠道。群众一改原来动辄上访的心态，增强了对党员和党组织的信任，有困难愿意向党员反映，有想法愿意与党员沟通。村党支部的凝聚力得到提升，把群众紧紧地团结在周围，齐心协力，为推动郏一村的经济发展、社会稳定作出贡献。

三是解决实际问题，进一步提升联系服务群众的能力。推行四级树状党群联系工作机制以来，从群众普遍关注的事情着手，解决了一批群众迫切需要解决的问题。在普遍联系群众中，了解到群众非常关注村民就业、农民建房、动迁等三大问题，也迫切希望及早给予解决。为此，村党支部充分征求意见、汇集群众智慧，力求尽早解决这些问题。如，前几年动拆迁矛盾比较突出，部分村民因就业、就学、交通等问题经常到街道、区上访。推行党群联系新模式后，村党支部能及时了解村民的实际情况和对动拆迁的真实想法，使党支部能针对性地开展群众工作、最大程度地满足群众需求，动辄上访的情形得到扭转，近两年的动拆迁工作比较顺利，2012 年以来已经动迁 133 户，没有出现一起群众信访。

一条治理新路　提升两个文明

郏一村两委班子心里明白，只有经济的发展，“富了口袋”那还不是中国特色的社会主义，中国特色社会主义不仅要“富了口袋”，还要“富了脑袋”，物质文明建设和精神文明建设要同步发展，两手抓，两手都要硬。创造良好的居住环境和丰富的文化生活，是村两委班子工作的重中之重。

这些年来，郏一村外来人员越来越多，流动性强，治安成为一个突出的新问题。村班子成员想了很多办法，探索了一条群防群治、保一方平安的综治新路。从2009年开始，建立来沪人口“一户、一箱、一簿、一奖”管控机制，即每户安装实有人口信息登记箱、每户发放一本实有人口信息登记簿，以奖励的形式促使出租户对出租房内的人员进行登记，做到来登去销、疏而不漏，确保实有人口信息准确率。村委将根据信息登记情况及外口办的汇总统计数字实行奖励，对登记入户的人员每人奖励人民币2元（必须持有效身份证件及外来人员暂住证）；对及时采集信息并配合登记好来沪人员信息登记的家庭，村委将另行奖励每户每月10元（以派出所、外管办检查为准），对漏登、不登的户主，造成一定影响的，按照上海市人民政府86号令抄告并处以200元以上、500元以下罚款。这一管理模式为协管员避开上门采集的时间差减少了工作量，又为人口管理工作开展奠定良好的基础，并取得良好的实效。2009年9月，郏一村投入资金50万元，在村内的每个交叉路口与隐蔽角落安装了26个探头，调动村里的12位年富力强的退伍军人为村级保安队员，同时建立由老年人、退休党员、老干部组成的“红袖章”巡逻队伍，加强辖区内的治安、防火、安全、违章搭建等值班检查。

在一系列的创新举措下，来沪人口无序增长得到控制，郏一村治安案件直线下降，村民的安全感得到大幅提升。这一举措得到市政法委的肯定，并在全市公安系统加以推广。

在大力推进生产生活基础设施建设的过程中，郏一村没有忘记精神文明创建活动。为丰富群众文化生活，村上先后建起图书室、篮球场、老年活动中心、农家会所等场所，使村民在家门口就能享受求知、求乐、求健康的服务。近两年，每年承办一次区总工会主办的“同一片蓝天”大型文艺晚会，让村民不出村就能看到电视里的文艺名角，享受到高质量、高水平的文艺大餐。2016年，郑一村积极筹划开展“三新家庭”（文明礼仪有新风气、遵章守纪有新面貌、和谐发展有新景象）、“五新小组”（道德风尚有新提升、社区面貌有新改观、社会稳定有新气象、党员形象有新风采、村民素质有新提高）创建活动，把解决实际问题与解决思想问题结合起来，在村居中培育崇尚文明、倡导和谐的良好氛围。

郑一村在探索村民自治管理过程中，先后制定、完善《社区联防队管理实施细则》、《外来人员管理工作制度》、《郑一村自治章程》、《郑一村村规民约2015版》，使村里的各项治理工作有章可循，家喻户晓。

回顾以往：“四坚持”促华丽蜕变

郑一村的改革与发展走过的三十多年，是在中国特色社会主义理论体系指导下经济社会发生变化的30年。三十多年来，郑一村的发展取得显著的成效。这些成绩的取得，离不开郑一村两委班子对走中国特色社会主义道路信念的坚定不移，离不开干部群众的扎实苦干、辛勤努力，也离不开有关职能部门和社会方方面面的关心支持、协调配合。总结其发展经验，有以下四个方面的启示：

（一）坚持解放思想，更新观念，是郑一村“华丽蜕变”的基本前提

回顾郑一村的改革与发展，解放思想首先是敢于冲破长期以来形成的条条框框的束缚，不断更新观念，发扬大胆试、大胆闯的精神，发挥集体智慧，走出了一条强村富民的路子，由一个贫困村华丽蜕变为小康村。其次，冲破小农经济习惯的各种束缚。紧跟上海工业化、城市化、国际化、市场化的步伐，根据郑一村的情况，摒弃满足现状、小富即安的观念，不断开拓创新，抓住机遇，谋求新的突破，保持了稳中有进、难中求进、乘势而上的发展态势。

（二）坚持发展壮大集体经济，走共建共享之路是“华丽蜕变”的基本出发点

（1）发展壮大村级集体经济是坚持发展中国特色社会主义和基本经济制度的需要。习近平曾在2010年全国组织部长会议上指出：“要坚持党在农村的基本经济制度和基本政策，把发展壮大村级集体经济作为基层党组织一项重大而又紧迫的任务来抓，着力破解村级集体经济发展难题，增强基层党组织的凝聚力，提高村级组织服务群众的能力。”习近平的这一论述，从建设中国特色社会主义和巩固农村基层政权的高度，阐述了发展壮大集体经济的重要性和紧迫性。同时从某种意义说，它不仅是个经济问题，而且是个政治问题，对于巩固党在农村的执政地位，全面推进中国特色社会主义事业具有重大意义。郑一村就是一个很好的例证。郑一村多年来一直坚持发展村级集体经济，80年代兴办了童车厂、福利厂、印刷厂、喷塑厂等，为村级集体经济积累了第一桶金，随后兴建标准化厂房用于出租，开办福泉山留园，大力招商引税，为村级集体经济添砖加瓦，2011年村级可支配收入超过1 000万元，2015年达到1 600万元左右。

（2）发展壮大村级集体经济是实现共建共享的必由之路。实践证明，只有集体经济发展了，才能发挥对农村公共基础设施建设和提高农民社会福利水平的支撑和保障作用。凡是村级集体经济发展好的村，群众对村两委班子的满意度就高。满意度之所以高，就在于富裕的经济基础保障了全村村民共建共享，就在于全村村民有了良好的“获得感”。郑一村农民人均收入和各种福利随着村级集体经济的快速发展水涨船高，2014年人均收入超过3万元。每年投入250万元用于民生工程，从教育奖励制度到发放老年人慰问金，从村民因病住院补贴到补助特困户等各项一揽子措施，让村民享受发展成果，有更多的获得感，大大增强了村集体的凝聚力。

（3）发展壮大村级集体经济是巩固基层政权的根本保证。集体经济发展比较好的村，村级组织经济有实力，服务有手段，党组织就有凝聚力、号召力和战斗力，党群关系、干群关系就融洽、就紧密。相反，一些集体经济薄

弱，或者根本没有集体收入的村，村里工作开展起来举步维艰，这样的村群众意见大，干部威信低。可见，集体经济的状况如何，直接影响着党群、干群关系，影响着党组织的威信和作用的发挥。郑一村之所以能够快速发展，关键是有一支“团结、战斗、能吃苦耐劳”的好班子，尤其是有一个党性强、思路清、懂经济、肯实干的带头人。郑一村在党支部书记王雪林的带领和影响下，历届村两委班子团结奋斗，一任接着一任，一张蓝图绘到底，带领群众坚持走共同富裕道路，在农村工业化、农村城镇化和社会主义新农村建设中取得显著成绩。

（三）坚持尊重村民的意愿和参与精神，又注重对村民的引导教育，是郑一村“华丽蜕变”的关键

这些年，在产业发展、基础设施建设、公共服务配套等方面，郑一村两委会坚持《郑一村村民自治章程》，通过村民代表大会广泛听取村民见，让村的决策接地气，确保农民群众真正享有知情权、参与权、表达权和监督权。在实际生活中，村民的认识有时会受传统的或错误的观念影响，并不正确。这种情况下，党支部就不能做群众的尾巴，而是要通过细致的思想工作引导和教育群众，以达到思想的统一。比如，在开发墓园的问题上，没有广泛地征求群众意见，可能就会变成村里不稳定的因素。而在许多群众表达了反对意见后，没有向群众算账、深入细致的思想工作，也就无法达成共识，顺利开展这个项目。在提升村民文明水平方面，郑一村创新思路，激发农民参与美丽乡村建设的积极性、主动性和创造性，变“要我建”为“我要建”，变“等等看”为“主动干”。村两委班子坚持尊重村民的意愿，调动村民参与建设的积极性，又善于教育和引导村民，使郑一村的改革发展不断推向前进。

（四）坚持两个“注重”，是郑一村“华丽蜕变”有力保障

郑一村经过二十多年的经济社会的发展，正在朝经济繁荣，基础设施完善，农民生活富裕，乡风文明，生态环境优美的目标迈进。这得益于两个“注

重”。一是注重促进经济发展与民生改善同步进行。郏一村从大力发展村集体经济入手，时刻关心农民切身利益；强村不忘富民，使农民生活不断得到改善，确保村民心齐气顺，社会稳定，各项改革的顺利进行。二是注重加强村党的建设和精神文明建设与推动农村社会各项工作的发展相互促进，同步进行。通过实行党员联系群众“四级树状网络”机制密切了党员与群众的联系，使村里的各项工作能得到群众的支持与参与，形成村里的发展和工作村民共建共享的局面。

展望未来：脚踏实地，走向明天

事物发展永无止境，郏一村在村两委班子的带领下，继续走中国特色社会主义道路，追求美好生活的脚步也不会停息。郏一村两委班子认识到“发展起来以后的问题不比不发展时少”，但他们相信只有坚持中国特色社会主义的道路自信、制度自信和理论自信，才能在发展中不断完善和进步；只有继续坚持解放思想，实事求是，坚持与时俱进，大胆创新，坚持科学发展，务实求新，才能更好地沿着中国特色社会主义道路脚踏实地，走向更好的明天。地处青浦工业园区先进制造业腹地的郏一村，正处于城市化、工业化蓬勃发展的重要阶段。站在新起点，展望新未来，郏一村村支部书记王雪林常说，“郏一村的发展没有完成时，只有进行时，未来郏一村的发展将继续沿着中国特色社会道路不断前行，发挥村民的集体智慧，建设一个更具活力、更具魅力的郏一村，让所有村民都过上幸福富裕的生活。”

合力建设社会主义新农村

——宝山区合建村的实践

组织和动员更多的力量参与社会主义新农村建设工作，努力奋斗，扎扎实实把我村建设成为生产发展、生活富裕、乡风文明、环境优美的新合建！

——合建村党支部书记金永康

一、合建村概况

合建村位于宝山区罗泾镇中部，下辖 9 个自然宅(其中 3 个已完成动迁)，共有 425 户，户籍人口 1 442 人，外来人口 2 826 人。全村区域面积 1.65 平方公里，原有耕地 2 136 亩。自 2007 年起，宝山工业园区及宝山经济发展区征用村 760 亩左右的土地，许东、许西、蒋家三个生产队被宝山工业园区动迁。全村现有耕地面积 450 亩左右。

改革开放以来，合建村以集体土地为主要资源，不断发展村级集体经济；以新型合作经济组织为龙头，实现了农业生产的规模化和现代化。全村共有落户企业 12 个，主要产业项目为：袜业、冶金材料制造、金属加工等，2014 年销售产值在 1.8 亿元左右，完成区级税收 461 万元。村级各项经济指标均名列全镇前列。

就业是最大的民生。其中,村级集体经济和集体土地上招商入驻的企业,在村民就业上发挥了重要的作用。村企业农场拥有员工 20 人,保洁队 25 人,护村队 7 人,周边企业就业 50 人,其余村民大多在罗泾镇范围的企业和单位就业。2015 年村民人均纯收入达到 2.8 万元。超过 85%的 60 岁以上老年人享受社保、镇保待遇,其余人员也参加了农保及合作医疗。改革开放三十多年来,合建村实现了由建设小康社会向全面建成小康社会的历史性跨越。

二、 中国特色社会主义道路指导下的各项工作

(一) 经济建设——以集体经济为基础

在人民公社时期,合建村为罗泾人民公社合建大队,1984 年撤销人民公社建制之后,改称合建村。

20 世纪七八十年代,长江三角洲农村工业化的发展走在全国的前面。合建村也开始发展社队企业,1984 年开办的上海宝山烘漆厂、1985 年开办的上海宝山合建五金厂,这些企业在当时为合建村的经济发展作出很大的贡献,但是由于企业缺乏足够的市场意识以及经营人才,到 20 世纪 90 年代,随着外资的进入和民营企业的发展,村办企业逐渐陷入困境。宝山烘漆厂、合建五金厂先后因环境污染和行业不景气而停产。农村经济往哪里去?在工业化进程中是否还能争取自己的一席之地?特别是集体经济的道路是否还能走得下去?一道道难题摆在了合建村领导面前。

1996 年开始,上海郊区普遍出现集体资产转制的风气,大多数经营不善的村镇企业都采取了向民营化转制或出让集体所有的土地进行招商。到底是随大流进行转制、出让土地,还是坚持继续发展集体经济?合建村党支部

经过反复讨论、最终达成一致——集体资产，特别是集体的土地是集体经济发展的基础，一旦流失，村级集体经济的发展就成为无米之炊，更谈不上未来的发展。因此合建村领导班子作出决定，不出让任何集体的土地和厂房，而是将其作为招商引资的基础，同时明确引进企业的一条底线、两大标准：即以企业生产不污染地区环境为底线，以企业效益良好、尽可能满足村民就业为标准。因此，经过20年的发展，合建村不仅尽数保留了集体资产、厂房、土地等珍贵资源，优质企业的引进也极大改善了村级财政状况，2005年落户合建村的日建大中冶金材料有限公司占地30亩，不仅吸引村民30余人就业，每年还能贡献税收数十万元。而在筑巢引凤的同时，合建村也积极响应上级号召，积极盘整资源，淘汰落后产能，培育新兴产业，2000年初，上海瑞雪机械有限公司到这里寻求发展，作为一家只有二十多人的初创型企业，村两委班子在全面考查后，认为企业主攻的农机配件领域未来大有可为，符合引入企业标准，因此提供场地以及租金方面的优惠，如今，公司的产品赶上了农业生产机械化的大潮，获得国家农业部的补贴，企业发展蒸蒸日上，已经成为村域落户企业的佼佼者。

这些年来，随着地区经济社会发展，坚持以集体经济为基础的合建村也渐渐尝到了甜头，厂房租赁出让金和在地引进企业的地方税返税成为村里收入的重要来源，使村的可支配收入每年有了保障。2014年合建村村级集体经济可支配超过400万元，成为保障村的各项建设和村民福利能够逐步改善的主要财力来源。

虽然产业发展健康稳定，但是合建村仍然保留了一定数量的耕地，因此，农业生产也是全村发展的重要组成部分。与上海郊区的其他村庄一样，合建村也需要完成上级政府每年下达的粮食生产指标，同时，这里所面临的人均土地少、耕地较为分散等难题更为突出，经过征地后留下的耕地本就有限，如果继续按照家庭联产承包责任制，采取一家一户的种植方式不仅效率低，无法适应现代农业的要求，也不能保证完成粮食种植任务。因此在农业发展上，合建村同样坚持走集体发展的道路，建立合建村合作农场。由村级组织对农民手里的土地集中流转，土地经由整治连成片，交由合作农场统一耕种，统一核算，统一分配。既保障农民的利益，也提高了农业生产的效益，并为村民的就业提供岗位，创新式地走出一条工农业共同发展的道路。据统计，2015 年合作社全年收入超过 46 万元，取得较好的经济产出。其中，水稻生产全程机械化播种面积达到 100%，夏秋两熟作物持续保持较高产量，夏熟小麦被宝山区种子公司选中为种子粮，确保在有效提高农业产出效益的同时，也提升村民的收入。

（二）工作理念——以公共服务为宗旨

合建村党支部把为村民服务作为工作的宗旨，落实在日常村务的每一个细节中。

一是加强村委会日常工作制度的建设，从而实现对村委会成员的监督和制约。合建村根据《村委会组织法》，不断完善村民委员会的工作制度，制定村委会议事制度、财务制度、村务公开等制度，使村民委员会为广大村民服务落到实处。这些年来，合建村就业人口基本都能实现就业，村委会做了大量工作。对于自行就业有困难的人员，村委会通过推荐给驻村企业、在村里安置就业等办法予以解决。特别是对于低收入、困难家庭，做到保证主要劳动力能够实现就业，辅助劳动力村里用工优先考虑。

合建村的集体经济可支配收入并不算大。但是村两委尽力做到让经济社会发展成果最大限度惠及村民。村两委每年至少投入 50 万元用于孤寡老人、困难党员、困难家庭、重病家庭的补助和慰问。为全村 60 周岁以上老人每两年免费体检一次。全村在实现养老保险、农村合作医疗保险全覆盖的基础上，还对困难家庭和特困家庭提供救助救济，特别是对患重病、大病的村民发放救助金。2015 年，合建村定期走访、慰问因病致贫的村民，认真了解生活情况、主动帮助落实补助，发放补贴 500—1 000 元/每户不等，全年总计收益家庭超过 150 户。

尊老爱老是中华民族的传统美德，近年来，随着越来越多的年轻人因学习、工作等原因不再居住于这里，合建村也成为名副其实的老年村，全村60岁以上老年人占户籍人口的32%，因此，让村里的老人老有所乐、老有所养、老有所医、老有所学成为一项重要工作。每年重阳节，村委会都会为本村60岁以上老人发放过节费，并组织开展一日游活动，老人坐着统一租来的巴士，或走访区内、市内知名旅游景点，体验上海、宝山的发展速度，或畅游江南水乡，感受党的关怀与温暖。此外，针对不同年龄段老人提供不同服务，合建村70岁以上老人可以免费享受合作医疗，80岁以上老人还能在年底收到村委会特别准备的慰问品和慰问金，一项项举措暖了人心，也聚了民心。

二是加强村内公共基础设施的建设。长期以来，地处上海北部的合建村因地理位置较为偏远，村域内的公共基础设施并不十分完善，随着时代发展，村民对日常休闲锻炼、交通出行、安全保障等提出越来越高的要求，村两委班子在研究后决定，将有限的村级财力，用在村民最需要的地方。2010年合建村投入二十多万元，在朱家、马北这两个还没有晚间照明的宅子安装了近2公里的路灯，使全合建村的村宅都实现了亮灯工程，解决了村民夜间出行不便的问题，受到村民的欢迎和好评。

考虑到村民日常休闲锻炼的需要，2006年，合建村启动并完成7个村民健身点的建设工作，配齐各类器材设备。2008年建设村公共篮球场，总投入逾10万元，在全镇范围内率先实现体育设施全覆盖。

在生态环境方面，合建村也积极整合地区资源，根据实际情况，于2015年在陶家宅收储土地18亩，投入10余万元统一改建为生态林地，一棵棵树苗茁壮成长，不仅有效改善了村容村貌，未来的经济产出也不可小觑。

道路设施的修缮方便了村民出行、体育场地的增加丰富了活动内容、生态林地的建设美化了村庄环境，一笔笔资金的投入，一个个项目的落成，合建村，这座上海北部的现代化新农村的雏形日趋明晰。

（三）社会管理——以公共管理为支撑

随着经济结构的多元化和复杂化，随着人口的增加和结构的变化，村委会所面临的社会管理任务大大加重，要求也大大提高。合建村不断创新理念，努力把社会管理落到实处。

1. 加强治安管理，建设平安家园

对一个村来说，安全是第一要务，无论是本村村民，还是来沪人员，平平安安是每一个人最大的愿望。合建村领导班子清醒认识到，社会治安事关人民群众切身利益，必须下大力气抓好。

2011 年，合建村被列为宝山区社会管理创新试点村，村两委班子牢牢抓住这一契机，努力创新社会管理，从四个方面入手，把合建村建设成安居家园，为给村里居民的生产生活创造良好的环境。一是加强封闭式小区管理。对于有条件实行封闭式管理的马南、马北两个村宅建立封闭式小区管理模式，实行白天由护村队巡逻，夜间在主要道口设岗亭由专人值守的管理模式，并在主要出入口安装摄像探头，为 130 户村民免费安装红外线报警器，形成全天候人员巡查不间断，技防控制无空隙的安全高压态势。对于没有条件实行封闭式管理的村宅，村里通过在主要路口安装摄像头监控和发动群众等举措，充分发挥技防 + 人防，1 + 1 大于 2 的叠加效应，建立村民“护村队”，对村里的治安情况进行巡查，及时发现问题，消除治安隐患。二是加强外来暂住人口管理与服务。随着企业入驻，村内的来沪打工人员不断增加，合建村户籍人口与来沪人口倒挂。对来沪人员的服务管理成了农村基层工作的重点、难点。合建村从加强对来沪人员的服务入手，包括租房登记、外来人员办理证件、帮他们解决生活和工作中的困难，使他们能够融入合建村的环境，在合建村有归属感，共同配合做好社会管理工作。对来沪人员村外来人口管理员上门办理暂住证，做到登记率 100%，信息及时准确。三是加强村企沟通与联动。合建村的 12 家企业既是治安落实的单位，也是维护治安的重要力量。合建村要求驻村企业必须设立专人负责治安。村委会定期与村域内企业负责人、治安负责人召开联席会议，除督促企业做好安全生产管理外，沟通社会治安的情况，听取企业对村里社会治安方面的意见，帮助企业排查治安薄弱环节，村企联动形成社会治安的合力。四是加强法制宣传教育。针对不同人群，与派出所、交警中队、司法所、综治办等单位联合开展不同的法制宣传教育，对青少年开展未成年人保护法、交通安全等讲座；对老年人开展老年人权益保障法宣传教育，结合热点介绍防盗、防骗等知识；对外来人员开展禁毒、消防安全等知识讲座。近年来，合建村保持了良好的治安水平，无重大刑事案件发生，一般案件发案率逐年下降。于2011、2012年连续两年获得上海市平安小区称号。

2. 抓好生产安全

安全生产责任重于泰山。合建村领导班子认为，安全生产不仅是驻村企业的责任，也是村两委会的责任。为了确保安全生产工作落到实处，村里设立专职安全员，定期对落户企业进行检查，严格落实各项检查、考核措施，发现问题及时要求限期整改。通过每月一次的安全隐患排查，晨园袜厂消防通道狭窄、灭火器材不足；友爱冶金材料厂厂房陈旧、设施老化等安全隐患被一一查明并得到整改，全村有半数以上的企业在村专职安全员的督促下，开展了不同形式的整改工作，将隐患消灭在萌芽状态。

此外，村里还督促在地企业严格安全生产制度，加强安全劳动保护，分考核项目、考核内容、考核标准三大块建立健全安全生产责任制。为加强企业的安全生产责任，村委会与各企业签订了生产安全目标管理责任书，明确生产安全的第一责任人，并要求企业将安全责任层层分解，逐级落实到岗位，落实到人。每年合建村都与企业举行总结会，梳理发现情况，汇总工作经验，排查安全隐患，剖析存在问题，完善安全生产考核细则，抓好企业生产安全和消防安全，有力地促进了村域内企业生产的安全、平稳运行，确保近几年无生产事故和火灾发生。

3. 建立调解机制，化解村民矛盾

随着家庭联产承包责任制和市场经济发展，自然村与自然村之间、户与户之间、人与人之间因经济、利益导致的矛盾也日渐突出，村民之间、家庭内部的纠纷增加，不仅伤了和气，有的还影响到村的稳定。调解好村民之间的矛盾，是农村基层组织的一项重要工作。合建村以党员和村里有威望的老人为骨干，建立村调解委员会。以村民小组为单位，村民小组长为责任人，一旦发现纠纷的苗头和出现纠纷及时向村调解委员会汇报。村调解委员会制定了矛盾纠纷限时办结制度，根据上门走访情况，将纠纷分类分级，简易纠纷当场调解了结，一般纠纷 5 个工作日内调解了结，疑难纠纷 10 至 15 个工作日内调解了结，确保纠纷及时得到调解，避免矛盾的激化转化。为营造乡邻和睦的生活氛围提供了保证。

通过多年调解情况来看，目前，因“房屋”问题导致矛盾激化的情况最为突出，无论是农村动迁房的产权归属，抑或是宅基地上的房屋翻建，由此产生的各类矛盾层出不穷，有些甚至闹上法院，反目成仇。针对这些新情况，村调解委员会全体成员一方面从自我做起，认真学习相关法规和条例，在调解过程中动之以情、晓之以理，尽一切可能缓解矛盾；另一方面妥善保存好调解过程中的各类档案、资料和证据，一旦发生民事诉讼，主动配合司法部门取证查案，做到公正公开、不偏不倚。

(四) 文明乡村——以村民自治为途径

行政村是我国农村的基层群众自治组织，以自治的方式实现群众的自我组织、自我管理和自我教育。在合建村的村民自治中，村民代表、村民小组长和在村老党员发挥了重要作用。

合建村把村民代表作为村委会和村民沟通的重要桥梁。41 名村民代表通过组内村民选举产生，村里重大事项先通过代表讨论，或由代表征询村民意见再表决实施，如制定、修改本村的村规民约；讨论决定本村的全年工作计划和要开展的各种公业事业。村民代表负责宣传党的路线、方针、政策和国家法令，密切联系村民，收集村民意见和建议及时向党支部、村委会反映。

按照原来生产队的架构模式，合建村在村民委员会下设村民小组，村民小组长由本组村民选举产生。村民小组长的职责包括：收集并向村委会反映本组村民的建议、意见；向本组村民传达村委会作出的有关决定；协助村委会办理本村的公共事务和公益事业；维护本组村民集体利益，管理好本组村民共有的财产。

村里的老党员在村民中普遍较有威信，是党支部联系村民、协助做村民工作的重要力量。他们不仅参与村内各种矛盾纠纷的调解，还协助村民代表、村民小组长履行职责，提出建议，也在村民自治中发挥了很大的作用。

村民自治，成为推进村的各项工作的重要保障。合建村为建设“美丽乡村”，经村民代表的充分讨论制定了《维护农村生态环境村规民约》，鼓励村民自觉维护村域内基本农田、公益林、河道、市容环境，营造村民共同参与的良好氛围。在对环境进行整治的同时，引导村民做好“自我管理、自我约束”。

合建村两委严格执行村民民主，建立了村委、财务公开制度。凡涉“三重一大”工作及村民利益的重要事项都要提交党员征求意见、交由村民代表会议讨论决定，定期对村务进行公开公示，每半年召开一次村民代表大会通报村务工作，有效地保障了村民的知情权、参与权、决策权和监督权。

由于合建村在村民自治方面的出色工作，矛盾问题都能在村里化解，无信访案件，2010年，合建村获评上海市民主法治村。

（五）文明风尚——以文化建设为抓手

社会主义新农村建设离不开社会主义核心价值观的传播、践行和文化建设。随着政府在农村公共文化服务体系的落实，东方影院、农家书屋、老年活动室先后建立起来。合建村两委班子认为，不仅要利用好这些文化设施和条件来丰富村民的文化生活，也要抓住这个契机宣传落实社会主义核心价值观，强化村民的社会公德、家庭美德教育，不断加大对文化建设的投入。

2011年东方百姓影院建立之后，村里坚持每月为村民放映1至2部电影。2012 年，合建村投资 10 万元翻修陈家宅、马南宅仓库，建成文化广场，满足村民跳舞健身的需求。2014 年，对各自然村健身点 30 余件年久失修的健身器材进行维修更换。近年来，村里组建了罗泾十字挑花、健身舞蹈、沪剧等 6 支群众文体活动团队，每年还举办以健康养生、实用技术等为主题的各类培训讲座十多场，特别是依托合作农场，有针对性地邀请农业科技人员或有一技之长的乡土人才，为农民开办实用技术讲座，提供生产技术指导和技术咨询服务，深受群众的欢迎。

为了让文明风尚深入每个家庭，合建村组织开展“学习型家庭”、“文明家庭”、“优美庭院”等评选活动，通过表彰，倡导文明风尚和家庭美德。在这个活动中评选出金益明、陈伟等典型家庭，在村民中树立起文明风尚、美好家风的榜样，有力推动了群众性精神文明创建活动向纵深发展。2014 年合建村又开展“践行好家训，培养好家风”活动，通过家训家风来实现群众的自我教育，收到良好效果。

以志愿服务树立文明标杆。为进一步发扬“我为人人、人人为我”的志愿精神，合建村主动学习兄弟村的优秀经验，通过宣传、整合、募集，建立起一支由党员、热心村民组成的志愿者队伍，2013 年以来，这支 40 人的志愿者队伍累计参与环境整治 7 次，为孤寡老人服务 32 次，交通协管、治安巡逻等 160 人次。无论刮风下雨、无论夏暑冬寒，他们始终以“志愿者”这一称号为荣，美化环境、慰问孤老、看家护院，一件件小事聚沙成塔，一个个故事口口相传，在志愿者的努力下，社会主义的文明风尚蔚然成风。

（六）美丽合建——以宜居家园为目标

2006 年党中央提出建设社会主义新农村的号召，在合建村领导班子中引起强烈反响。像合建村这样既有工业，也有农业，村民主要还居住在老村宅中，又有许多来沪人员，怎样才能建设好社会主义新农村？经过讨论，全村上下形成的共识是，必须把美化村容村貌、建设宜居家园作为工作重点。自 2007 年起，在镇党委、政府的支持下，合建村加快新农村建设的步伐，首先是对老村宅的改造：村内道路全面硬化拓宽，一条条土路变成水泥路，每条路旁都新增了路灯。每个村宅都开辟了休闲健身的场地，安装了健身器材。2013 年，合建村又投入 35 万元对一河、一路、一宅（即陶家宅河、新陶路、陶家宅）进行“三个一”改造工程，河道疏淤净化，道路修整加种绿化，大大提升了合建村的绿化生态环境及整体景观效果。建设工作十分艰难，后期维护则更加任重道远，为了确保新农村建设成果的长效化，村里定期组织对园沟宅河进行疏浚，路边及河岸绿化也安排专人养护。如今的合建村河道整洁，环境优美，面貌焕然一新。

随着村级经济不断发展，村民生活越发富裕，为改善生活条件，越来越多的村民选择翻新自家住宅，然而，随之而来的便是建筑垃圾乱堆放、村子环境受影响，为了改变这一状况，合建村每年投入 40 万元左右，聘请专业团队，专门负责建筑垃圾的清运，并在每个自然村划定区域，避免了垃圾乱堆放的现象，有效保障了村域的环境面貌。

而在日常生活方面，合建村制定了生活污水、垃圾集中收贮、运输的工作制度，建立起 22 人的保洁队伍，居民的生产生活垃圾做到及时搜集，每日清扫出清，生活垃圾废弃物处理率达 100%。2015 年集中开展环境整治 4 次，清理积存垃圾 100 余吨，基本杜绝了乱堆、乱放、乱倒垃圾等现象。严格执行全面禁烧秸秆的举措，每年农场收割后产生的秸秆，由专人统一处理。为村民营造了干净、整洁、舒适的居住环境。

随着一项项举措、制度落到实处，经济发展、环境美化，合建村正发生着天翻地覆的变化，而正是这些改变，也让全体村民更加坚信，走集体发展的道路符合地区实际，利于合建发展。目前，合建村在社会主义新农村建设中走在了前列，特别是乡风文明、村容整洁、管理民主受到各方的好评。连续五年获评上海市文明村，2015 年又被评选为第四届全国文明村。合建村党支部书记金永康表示，创建全国文明村本身不是目的，而是提升合建村的物质文明、精神文明水平的重要过程，为合建村的进一步建设明确了方向、提供了动力。

三、 通过党的建设发挥好领导核心作用

合建村共有86名党员，其中老龄党员56名。如何加强党的建设，发挥基层党支部的堡垒作用和党员的模范带头作用，是合建村党支部始终思考和探索的重大问题。

抓好党组织的学习。合建村党支部始终重视并认真落实“三会一课”制度。党支部自1953年成立以来，坚持每月固定于20日开展党员教育课。由于在职党员大多在外就业，参加集体学习有困难。党支部通过网络通信平台成立合建村在职党员学习讨论小组，共享党员教育课的录音、讲义等文件，并定期收集整理适合年轻党员学习的内容进行分享，开展网上讨论，取得较好的成效。合建村老龄党员占大多数，他们到了退休年龄，有的对自身的学习要求不免有所松懈。党支部也成立了老龄党员学习小组，讨论最近阅读、听课、思考的心得，引导他们不断学习。在职党员与老龄党员在不同平台上学习讨论，党支部做好这两个平台的交流工作，相互激励，相互启发，带动了大家学习思考的积极性。在学习的基础上，党支部十分注重过好党内民主生活，定期召开支部党员大会、支部委员会、党小组会，发扬党内民主，总结工作经验，交流思想，开展批评与自我批评，党支部和党员通过党内民主生活接受批评和监督。

在日常工作中发挥党员的先锋模范作用，为群众作出表率。合建村的许多老党员为人正派，对自己要求严，在群众中也有威信，能协助党支部做好群众的工作。村民往往较多考虑眼前和个人利益，对全面情况也不了解，遇事容易七嘴八舌，引起纠纷，对党支部和村委会产生意见。通过老党员做解释工作，往往事半功倍。合建村许西宅动拆迁过程中，工业园区补贴18万元，群众要求将这笔钱分掉。因涉及资金分配的人数较多，近几年人员变动较大，要让群众都觉得公平满意并不容易。如果村两委班子关起门来作决

定，可能众口难调，本来一件简单的事反而会引发许多矛盾。党支部决定，这钱主要涉及许西宅的村民，就在这个村民小组范围内解决。办法是让许西村民小组里的老党员发挥作用，理清楚户籍资料，听取群众意见后拿出初步方案，再与群众沟通解释。这样分配方案就很顺利获得大家一致同意，使这项工作得以圆满解决。在合建村由老党员们出面，协助做好群众工作的例子还有很多，他们不仅帮助支部推进了具体工作，而且也通过他们的工作在群众中树立了共产党员的形象。在党的群众路线教育实践活动中，合建村党支部以宝山区树立的支部书记排头兵金永德等同志的优秀党员形象，推动党员思想建设和党性建设，再影响和带动身边的人讲文明话、做文明事、创文明村。在新的历史条件下，发挥了共产党员的先锋模范作用。

保持与发扬党的密切联系群众的优良作风。合建村党支部要求党员积极开展"进农家门，解百姓忧"活动。每个党员至少与一名农村群众结队，定期与群众联系，了解群众的思想、工作和生活等情况，帮助他们解决问题和困难，向他们宣传党的路线、方针和政策，做好思想工作。党员每月向党支部汇报一次联系群众的情况，支部进行记录，定期在党员大会上进行讲评，每半年进行一次总结。党支部用各种形式听取群众对支部工作的批评和意见。一时难以办到的，耐心地做好解释工作。凡是错误的意见、无理的要求，进行说服、教育，引导群众正确对待。

合建村的党建工作亦得到上级部门的充分肯定，2004 年至 2006 年、2008 年至 2010 年分别获得上海市三好村党组织，2007 年、2008 年获评宝山区五好党支部；2011 年获得宝山区先进基层党组织，2003 年至 2008 年连续六年获评先进基层党组织。一面面奖牌、一本本奖状展示了合建村党建的累累硕果。

四、对未来的展望

改革开放以来，合建村在中国特色社会主义道路上经历了风风雨雨，进行了极不容易的探索。20 世纪 90 年代在社队企业陷入困境的过程中，合建村没有像别的村那样出让集体的土地、厂房，而是艰难地保留了村级集体经济，坚持走集体经济道路。合建村领导班子坚信只有集体化的道路才是共同富裕的必由之路。由于政府征地和对耕地的保护，合建村的非农用地数量有限，村级集体经济的体量也因此受到限制，但是，正是以集体经济为基础，合建村在经济、政治、文化、社会、生态环境方面都得到不断发展。这些成果都离不开村领导班子始终坚持的理念——服务群众、团结群众、依靠群众。合建村走过的道路，也是上海郊区农村坚持中国特色社会主义道路的一个缩影。

今天，合建村虽然取得一些成绩，取得一些荣誉，但是与上海的先进兄弟村相比还有不小的差距。其中，摆在合建村领导班子面前的重大课题就是村级集体经济如何突破瓶颈进一步发展，社会主义新农村建设如何进一步深化，农村基层党支部的建设如何继续前进。对此，金永康书记与合建村的领导班子感到担子重，责任大。在党中央、上海市委和宝山区委的领导下，合建村的领导班子有决心与全体村民一起，在中国特色社会主义道路上继续前行。

一个农业村的建设社会主义新农村之路

——青浦区万隆村的实践

万隆村是上海远郊一个以纯农业为主的村庄，发展经济、为民致富是历任书记共同为之奋斗的目标，“直面困难，班子成员挺起腰杆子；发挥作用，干部党员做出好样子；自身充电，向老干部征集金点子；发展经济，让村民过上好日子”也是万隆村班子成员明确坚持的工作服务理念。多年来，先后被评为上海市先进基层党组织、市级妇女之家示范点、市级卫生村、市级文明村、市级健康村、市级整洁村、市级村务公开民主管理示范村、市健康自我管理小组等。现任村党支部书记张利明当选为上海市人大代表，先后被评为区优秀共产党员、区级健康家庭。

一、 贫困村的艰难发展之路

万隆村地处千年水乡古镇朱家角镇东南侧，2002 年由原马家埭村和原龙甸村合并而成，现有 11 个自然村落，16 个村民小组，区域面积 2.6 平方公里，其中耕地面积 3 175 亩，总户数 684 户，户籍人口 2 043 人，外地来沪人员 1 775 人。

万隆村地处远郊，地理位置不占优势，交通不便利，没有工业和产业可赖以支撑。20世纪五六十年代，万隆人依靠纵横交错的河流，形成了以船只为主的交通出行方式。以水路为主的交通出行使万隆人外出购物、经商贸易深感不便，大部分万隆人一年到头外出不了几回，几乎人人都秉持着日出而作日落而息的传统农耕方式。1984年，农村改革实行责任制分田到户，万隆人人均分得4亩土地，在上海按照人均计算土地面积已不算少，然而地势低洼，在万隆村经常因自然灾害导致颗粒无收。不少家庭缺少劳动力，分散经营后生产资料不足，再加上自然灾害，万隆村民几乎家家“透支”，经济物资极其匮乏，农村自杀现象频发。贫困逼得一部分万隆人为了生计，想尽办法外出打工经商。大队和村领导为了摆脱贫困局面，也想办社队企业来改变面貌。七八十年代，原龙甸村为了发展村集体经济，借款100万元兴办工厂，由于经营不善，最终全部亏损。90年代，马家埭村的党支部书记同样为了搞活村集体经济，借款200万元办客车厂，最终也以失败告终。经济情况差，人心散，万隆村出现了干部人才难寻的尴尬局面。在20世纪八九十年代原龙甸村的支部书记不少是乡政府从其他村调派来的。万隆村的党支部书记换了好几茬，但贫困局面始终未见好转。

80年代后期到90年代，村庄主干道路形成，交通出行得到改善，外出务工的人越来越多，万隆人的经济来源也不再单一地局限于农田作物，有畜禽养殖收入，有工业务工收入，一部分外出务工的农户开始把自家的田地转包给来沪人员，种植水稻和蔬菜。村民通过不同的劳动方式，家庭经济收入稳步提高，“透支户”成为历史，开始出现万元户家庭。但村集体经济仍负债累累。没有集体经济，也就没有村干部的威信，村民群众不把村干部放在眼里，党员干部纪律观念也不强，村里召开党员大会或者村民代表大会，往往“台上领导讲，台下大家一起讲”，会风会纪可谓“一盘散沙”。

2002年，原马家埭村和原龙甸村合并为万隆村时，累计共欠债近700万元。万隆村老会计在回忆过往历程时，感叹道：“当时村里实在太穷了，欠债又多，几乎每天有人来讨债，快到年关时，村里的大门都要踏破了。可老百姓年底的分红钱是一分都不能少的呀，老百姓一年农耕到头，就指望年底的分红钱了，所以好不容易从银行取点钱都像做贼一般，取了钱也不敢回村，生怕哪个要债的把钱讨了去。我们当干部的则是年年分红打白条，除非哪个干部家里真的有急事了，才稍微支一点开销”。

21 世纪初，随着村领导班子的调整，万隆人终于迎来了转机，村党支部书记汤明根抓住鼓励招商引资财政给予返税奖励的政策，以招商为契机使万隆村的村级债务不再增加。2003 年，张利明担任万隆村党支部书记，为改变基础设施差、村庄环境差以及村集体经济负债累累的局面，外出四处取经，与村两委会共同分析万隆村的情况后形成共识：万隆村总体地理位置不占优势，也缺乏经营型人才，自办企业没有条件，招商入村生产也没有优势。在朱家角镇党委、政府号召各村进行招商注册型企业可予以返税的机遇下，张利明带领村干部以招商为突破口，打响了改变万隆村的战役。自此，万隆村连续十年招商名列全镇第一。通过注册型招商返税，万隆村的负债金额逐年减少，至 2011 年止，累积了多年的债务全部还清，集体经济账面开始扭亏为赢。

张书记意识到，通过招商引资虽然改变了万隆人的命运，但招商政策一旦变动万隆村又会重陷困境，村集体经济发展必须走实体化的道路。第一步是开展农业产业结构调整。万隆村是拥有 3 175 亩耕地面积的农业大村，出路是发展现代农业。张利明和村两委先后组织村民代表、党员代表多次外出至现代农业发展成熟的街镇取经、学习。2008 年，万隆村向青浦区农委申请建立“青浦区蔬菜示范基地”。2009 年 400 亩现代农业示范基地项目在万隆村落地，承包给擅长现代农业的公司种植各类四季果蔬。示范基地的建立也为万隆村发展现代农业在家门口就树了标杆。第二步是加强集体资产管理。万隆村的集体土地和厂房十分有限，又破旧简陋，以往出租给一些小型私人加工企业，但租金常年被拖欠。2010 年，万隆村通过盘活集体土地、厂房等村集体资产，妥善解决了多年拖欠的企业租金，每年收入近 30 万元。第三步是灵活开展招商服务。由于注册型招商面临的竞争日趋激烈，张书记要求招商团队“加强服务，留住老客户；加强培训，力求新创新；加强管理，寻找新的增长点”使万隆村的招商引税工作始终保持较好的势头。至2012年底，万隆村经济实力有了较大的增长。运用村级集体经济的收入，万隆村开展了危桥的改建、道路的新建维修、停车场、垃圾箱房、公共厕所、“村村通”公交车等一系列村内建设，村民的生活环境得到很大的改善，群众的心情舒畅了，村干部在村民心中的地位也提高了。

2002年两村合并时万隆村负债累累，人均可支配收入仅3 000元，到2015年底，万隆村不仅还清欠债，村级集体经济已有相当的收入，村民的年均可支配收入达到1.7万元。村民年底的分红也从并村前的不足500元，到如今人均达到2 000余元。在朱家角镇，在青浦区，万隆村随着经济的翻身各项工作开始走在前列。

二、抓好基层党组织建设，以党心带民心，建设社会主义新农村

（一）严抓干部队伍建设，建好两项议事制度

基层党组织的建设是农村各项工作的根本。万隆村党支部把抓好两支队伍作为党的建设的基础工程。一是抓实干部队伍建设。村党支部、村委会作为一个村的领导班子，必须保证干部队伍的清廉自律，重点是选好人、管好人、用好人，以及后备力量的培养。万隆村党支部对此严抓不怠，村两委会干部严格自我要求、认真履行职责、真心为民服务，在群众中建立了威信和信任。自2002年两村合并以来，在连续4届党支部及村委会的换届改选中，党员和群众对村干部工作都表示了认可。二是建立两委会议事制度，发挥党员代表议事会作用。从2002年开始，万隆村两委班子就开始了每周六上午召开村班子工作例会的常规运转模式，定期交流各条线一周工作情

况，同时商讨下周工作计划，此项制度坚持至今已有13年从未间断。为发挥党员的骨干作用，万隆村建立了党员代表议事会，共16人，其中女性2名。议事代表中有德高望重的退休老书记、老干部、党小组组长、企业业主、个体经营者，也有上班族及普通党员代表。他们既是党员中的“领头雁”，更是村委会与村民之间的“连心桥”。村民有什么意见，都愿意找他们反映。村中无论大事小事，村干部都要听取他们的意见建议。通过他们的工作，村两委会与村民紧密联系起来，带动了村内各项工作开展。

（二）凝心聚力抓党心、抓民心、聚人心

一是抓党心。要凝聚人心和民心，首先要抓党心。万隆村现有党员86人，分5个党小组，60岁以上老党员50人，占58%。由于农村居住区域分散，平时各忙各的，党员干部之间的交流也仅仅局限于两个月一次的组织生活，部分老党员由于长期卧病在床，在党员之间的交流更少，缺少精神关怀。2014年万隆村把“党员关心党员、党员看望党员、党员帮助党员”作为党建新举措，以党小组为单位走访慰问老党员，通过上门陪他们说说话、聊聊天，让他们深深感受组织这个大家庭的温暖。

二是抓民心。万隆村共有户籍人口2 043人。抓民心，村里“三管齐下”。第一步，抓实事工程建设。这些建设事关群众利益，村干部只要有半点马虎，矛盾就会凸显。万隆村每年年初都要围绕村内路、桥、公厕、卫生室、老龄室、垃圾房等公共设施进行排摸，并制定一年内的实事项目，切实解决村民对公共设施的需求。第二步，抓村民的福利。万隆村在集体可支配收入稳步上升的条件下，每年都会安排对村民的回馈。比如，提升老年人的福利享受，为60岁以上老年人夏日“送清凉”，重阳节发放“欢度重阳节”活动费，冬日为全村60岁以上的老人发放保暖用品。有一年，一个老妈妈在收到村里发的福利品后，感动地说：“村里真的好啊，我的子女都没有给我买过，但是村里却想到了我们”。第三步，抓对残疾人的关爱。万隆村现有105名残疾人，涉及15%的家庭。万隆村已经两次于12月3日举办纪念世界残疾人日大

会，并为每一位残疾人发放蚕丝被和棉被套，体现了对残疾人的关爱。

三是聚人心。抓党心、民心，是为了聚人心，共发展。聚人心，靠的是精神文明建设。万隆村党支部以“身边人教育身边人”的方式，在村民中推荐选出了7户先进文明家庭，将他们的先进事迹拍摄成专题教育片《身边的感动》，以纪实手法表现了生活在周围的先进典型和榜样。万隆村还通过召开年度先进表彰大会树榜样，弘正气。9年来，成为村内精神文明建设上的导向。组织老年健康劳动志愿者活动。万隆村老年人占全村人口的25%，老党员占全体党员的58%，是一个已进入老龄化的社区。怎样发挥老年群体的作用，使老年人活得健康快乐有意义，对村民具有带动作用。在村党支部组织下，2009年万隆村成立“老年健康劳动志愿者队伍”。通过党员骨干带头，以一传十的方法在全村老年人中加强健康意识和环保意识的宣传，发挥老年人的余热和价值。万隆村以学校教育、社区教育、家庭教育为抓手，连续开展“小手牵大手，大手小手一起来，共建绿色家园”活动。通过学校对学生的养成教育、家庭对孩子的言传身教、社区搭建传承好家风好教训活动平台，以家长教育孩子，孩子带动家长这种教育反哺相结合的方式，养成健康文明的生活方式，在全体村民中弘扬优秀传统文化，构建万隆村美好家园。

万隆村在创建精神文明的过程中，涌现出不少先进文明家庭代表。66岁的郁永康，母亲88岁是盲人。为了照顾母亲，他几十年如一日，每天5点多钟起床烧饭洗衣并给母亲洗漱。郁永康白天要外出工作，给母亲喂完早饭后，他把干粮和水备在床头供母亲中午食用。下班后他还要做晚饭，给母亲洗脚、擦身。外来媳妇许建平，丈夫五年前因中风导致残疾，丧失劳动能力。一家人的生活和经济重担全部压在她一人身上。2013年许建平本人被查出患有脑肿瘤，住院一周后，她毅然决然地选择回家照顾中风的丈夫和正在上学的孩子。作为家里唯一的顶梁柱她咬紧牙关，挑起生活重担。外来媳妇王桂平女儿出生后被查出患有先天性过敏症。为了给女儿看病，她和丈夫花完了家里的积蓄。为了照顾女儿，她辞去工作，把所有的精力都花在对女儿的细心呵护上，让女儿健康快乐地成长。还有残疾人自强模范——

范秋平家庭。范秋平和妻子陈霞两人均因患有小儿麻痹症而导致残疾，但他们把自尊、自信、自强、自立作为精神标杆，不甘于依靠政府和村里的救济，依靠自己的力量办了小店，每年夏季给村里老年人送夏令饮料，十多年如一日。这些家庭通过家庭美德在村里传递着正能量，带动着整个万隆村精神文明的建设。

（三）加强村务监督，把基层民主落到实处

作为基层群众自治组织，村务民主是村民的基本权利，也是建设新农村的要求。万隆村党支部紧紧抓住村务民主这根红线，通过抓管理、抓制度、抓监督，真正让村民当家作主。

村党支部在发挥两委班子和党员代表作用的基础上，充分相信群众，依靠群众，让村民代表参与到基层治理中来，通过建立村务监督机制，包含村务监督委员会建立每月例会制度、村级财务审核制度、“党、村、财”三务公开管理制度、村民小组监督考核办法、村民小组卫生考核细则，对村级事务进行全方位监督。其中村务委员会经过层层协商推选，由在村民中有极高威望和群众基础的代表出任。

村务监督委员会也参与到协助村两委会的各项事务中来。通过事前参与决策，事中积极参加，事后及时公开，使村干部时时处处受到群众监督。以往群众对村里一些重大决策或财务等方面存有异议或疑惑，借助村务监督委员会和村民小组长事务受理平台能及时明察细究，解惑释疑，有效地消除了村民对村务活动的各种猜疑和不信任，使村民和村干部的关系更加和谐。

万隆村党支部通过建立村务监督委员会，与村两委会形成村民自治过程中的“三驾马车”，在村务民主的路上迈出了坚实的一步。

（四）创新机制，强化队伍，完善基层管理服务

1. 建立村民服务点，依靠村民小组长做好为民服务

法律规定行政村作为农村基层群众自治的基本单位，但是，不是作为统

一组织生产、分配的基本单位的生产队或自然村，要做好群众自治并不容易。2002年，行政村的合并，把万隆村的范围扩大到原来两个生产大队的范围，村民与村委会之间的联系距离更远，村民之间也相互不熟悉，村委会要及时地了解全村的情况、做好为村民服务就更为困难。在这种条件下，万隆村党支部意识到，要以整个村为单位来实现群众自我组织、自我服务、自我教育有困难，但如果以原来的生产队，即村民小组为单位，村民之间相互熟悉，搞好基层群众自治就有条件。从2014年起，万隆村开始探索在基层群众自治中，把群众自我服务的功能下放到村民小组，在村民小组中建立村民服务点，通过充分发挥村民小组长的作用，赋予村民小组长在村民自治中行使代表村委会为村民服务的职责。这样，搞好全村村民自治中的群众自我服务就有了扎实的基础。万隆村的这项改革，为朱家角镇积极探索推广以村民组为基础单位，以村民小组长队伍建设为核心的基层群众自治工作起到了示范作用。

为建立以村民小组为村民服务的基层单元，万隆村在每一个村民小组建立村民服务点，地点就在村民小组长的家中，办公设施由村里统一提供。为亮出村民小组长的身份，村党支部还在每一位村民小组长家门口悬挂一块"万隆村第×村民小组事务受理点"的铭牌。这样村民有关村内服务的需求、对村内各项工作的诉求不出组就能得到满足。村民服务点除了帮助村民办理为村民代交医疗保险、养老保险、申请低保、临时困难救助等一些业务外，村民对村内工作有什么大事小情都可以来这里反映，再由村民小组长将村民的建议和诉求及时向村里汇报。同时，万隆村也把村民服务点作为村务公开的延伸点，一些村内重大事项也在村民服务点内公开，方便村民了解整个村的工作。

农村的工作没有上下班的时间界限。为村民的服务也不能搞八小时工作制。根据农村的实际情况和在征求了村民小组长的意见之后，万隆村提出村民服务点实行24小时便民服务，只要村民群众有需要，有诉求，村民小组长随时接待、随时受理。对于村民小组长所做服务群众、联系群众的工作，村党支部要求做好台账，再以“每周一汇报”的方式向村两委会汇报，畅通党支部、村委会与村民小组长之间的联系沟通。在此基础上，全村每月召开一次全体村民小组长工作例会，一方面由党支部村委会通报全村的主要工作，使村民小组长心中有数，另一方面也使村民小组长之间有了互动交流，介绍工作经验的机会，以利于他们更好地开展工作。

为了进一步完善村民小组服务群众的工作，万隆村建立了对村民小组长的考核制度，考核由两个方面进行：一是由万隆村村务监督委员会每月对村民小组长进行一次考核，二是由各村民小组代表对村民小组长进行年度考核。村两委会根据这两个方面的考核情况，形成最终的村级考核意见，与村级村民小组长收入挂钩。考核制度进一步增强了村民小组长的责任心，保证了为村民服务的质量。

在整个村的群众自治工作中，通过村民服务点村民小组长起着关键作用。他既是村委会与村民之间联系的桥梁，也是具体落实对村民服务的责任人。村民小组长的工作、责任都变实了。根据这一情况，万隆村对村民小组长的报酬进行了改革，由过去的每年 4 500 元的津贴，增加到每年最高达 2.6 万元，进一步调动起村民小组长的积极性，确保他们能够把主要精力投入对村民小组的工作中。以前，村民组长在村务工作和群众自治过程中是被动的，村委会安排什么就做什么。现在，村民小组长服务群众的自觉性大大提高，工作内容也在拓宽，小到帮助卧病在床的老年人配药，主动走访与小组内的独居或纯老家庭聊天，了解来沪育龄妇女的生育情况等；大到拆违、安全维稳、防汛、值班巡逻等。村民小组长的工作深入每一个村民家庭。万隆村八组、十四组两个村民小组自从上任以来，不仅仅履行了村民小组长的职责，更协同保洁员一起，清理村民宅前屋后、农田水沟、停车场、村民道路周边的垃圾和堆放物。大年初七，万隆村十五组村民谢郁根一家和租住在隔壁的来沪人员发生肢体冲突，村民小组长姚三毛第一时间了解情况并陪同作者到医院救治。由于村民携带的现金不够，姚组长主动帮他们垫付了医药费用。回到家的他也没有忙着休息，立即找到来沪人员一方，并做起

“调解员”。小组长姚三毛能够如此尽心尽力，不分白天黑夜的化解村民矛盾，离不开他的热心肠，更离不开村民小组长所赋予他的责任，他俨然把自己当成是第十五村民小组的“家长”了，同时他也率先做了村民小组长 24 小时为民办事的领头人。

建立了以村民小组为单位的村民服务点之后，村民小组长实质性地参与到了村务工作中，村委会的工作量和压力得到缓解，形成“千斤担子众人担”的局面，工作不仅更容易做，而且更为深入和扎实。为建设好村民小组长这支队伍，逐步向年轻化、专业化方向发展，万隆村明确村民小组长任职年龄男性在 55 周岁以下，女性在 50 周岁以下。在工作职责上村民小组长不仅要完成村党支部、村委会布置的各项工作任务，还要及时掌握本小组内的户籍人数、常住人数、来沪人员数、育龄妇女怀孕数等，同时主动做好农村建房、矛盾调解、拆违等动态工作，把组内所有的村民看作自己的亲人，尤其要关心留守在农村的纯老家庭、独居老人及老弱病残群体。

2. 建立多层次的队伍，完善基层社会治理，树立文明新风

随着经济、社会的不断发展，农村社会治理的任务越来越重，为了适应这样一种局面，必须建立多层次的队伍，共同参与社会治理。这些年来，万隆村逐步建立起由以下七个方面组成的队伍。

一是安全管理员队伍。万隆村现有安全管理员 4 人，安全管理队伍成员 16 人，分布在各个村民小组，主要负责村路交通安全、食品安全、生产安全和环境安全工作。通过每天一次的巡查、每周一次的排摸和每月一次的上报，落实和加强全村公共安全的管理工作。二是人口协管员队伍。人口信息采集是进行社会综合管理的基础性工作。为了准确地掌握人口变动的信息，人口协管员需要每天走访来沪人员家庭，采集人口居住和流动的信息，及时变更人口网上传的信息。按照法规来沪流动人员开具“合法稳定居住”证明，协助政府做好人口协调工作。三是综合治理队伍。万隆村综合治理队伍有 12 人。这支队伍全面负责全村社会治安综合治理工作，主动对接镇网格化工作机制，形成镇和村互动互助的联动模式，有效保障全村治安稳定和

社会管理有序。四是保洁员队伍。万隆村保洁员队伍有 30 人，分别从事道路保洁、生活垃圾搜集、倒马桶、公厕保洁、垃圾房保洁、洗刷黑广告等多项工作，保证全村的环境整洁。五是健康劳动老年志愿者队伍。按照以“劳动”促“运动”，以“运动”促“锻炼”，以“锻炼”促“健康”的想法，从村里老人多的实际出发，万隆村组建健康劳动老年志愿者团队，他们每天拿出一个小时的时间，做好自己宅前屋后的环境卫生。这六年多来，打麻将的老人少了，扫地搞卫生的多了，村容村貌变了，老人的精神面貌也发生了很大的改变。六是红袖章巡逻队伍。万隆村在老年健康劳动志愿者队伍的基础上，组建了一支由 16 位党员、村民组长、保洁员、村民组成的“万隆村红袖章巡逻队”，负责村内治安巡逻和向村民进行安全提示，使万隆村在社会治理工作上多了一双监督的眼睛。2014 年起，万隆村红袖章巡逻队还担负起义务发放《新民晚报社区版朱家角报》的工作任务。七是红领巾志愿者队伍。寒暑假中小学生在家时间长，缺乏有意义的活动，也容易产生安全隐患。为使下一代能够更好地成长，万隆村自 2011 年开始成立红领巾志愿者队伍，已经连续 4 年在寒暑假期间组织回家度假的中小学生，开展适合年龄段的各类志愿者活动，如信息房的卫生保洁、农家书屋的图书整理、协助保洁员开展道路保洁等等，引导他们热爱自己的家乡。同时在寒暑期，村委会也根据学生的特点，开展各类安全知识讲座，以“1 传 10”的方式开展“小手拉大手”活动，让他们帮助父母、长辈摒除不良的生活陋习，进一步加强了村风文明的建设。

三、 在建设社会主义新农村中谱写新的篇章

万隆村是上海远郊一个土地主要作为耕地保留，主要从事农业生产的行政村。目前村民的收入虽然有了很大的提高，但与先进的兄弟村比仍有差距，尤其是村级集体经济发展还不够稳定，集体经济的主要收入依赖招商引资的返税奖励，现代农业发展的形式较为单一，还未形成从农业向旅游业

转化。今后,万隆村将根据中央和上海市的政策,继续探索发展村级集体经济的道路。同时,随着朱家角镇的开发,进一步挖掘自身地理优势,争取使古镇旅游进一步延伸到村,探索开发乡村旅游、生态观光,把农村、农业资源转化为旅游资源。

近年来,在上级党委政府的领导下,万隆村依托村级集体经济,按照"生产发展、生活宽裕、乡风文明、村容整洁、管理民主"的要求进行探索,取得一些成绩,但是整体来看离这20个字的要求还有很大的距离。万隆村将不断努力,争取在建设社会主义新农村中谱写出新的篇章。

发展集体经济，带领农民共同富裕

——浦东新区棋杆村社会主义新农村建设的实践

改革开放以来，在中国特色社会主义新农村建设中，浦东新区周浦镇棋杆村在探索过程中取得了可喜的成绩。目前，在进一步解放思想推进浦东改革创新大讨论中，身处上海迪士尼南大门的棋杆村正积极参与其中。村两委会正在积极谋划借助国际旅游度假区核心位置的地理优势，结合美丽乡村建设，积极打造生态旅游村，让棋杆村的经济发展再上一个台阶，让棋杆村村民在共同富裕的道路上不断向前。

在"统分结合"改革道路上的艰辛探索

周浦镇棋杆村坐落于周浦镇东北，与建设中的上海国际旅游度假区和迪士尼乐园仅一路之隔。2002 年由棋杆村和平桥村合并而成。全村总面积 3.5 平方公里，户籍人口 4 026 人，来沪人员 1 400 余人，耕地面积 2 000 亩，各类企业 28 家。全村党员 175 名，下设三个分支部，8 个党小组，总支委员 3 名，村委委员 4 名，合计人数 5 人，平均年龄 44 岁。

作为 A 类农田基本保护区，棋杆村不断巩固第一产业发展，全村有农民专业合作社 54 家，水稻种植面积 450 亩，小麦种植面积 200 多亩，玉米种植面积 170 亩，油菜种植面积 140 余亩，每年都较好地完成上级部门下达的种植任务和农业产值目标。同时，第二、三产业协调发展，自营、租赁收入达 1 000 多万元，村可支配财力逐年增强，2014 年度达 1 600 万元，全年实现社会总产值 23.4 亿元，人均纯收入超过 2.6 万元，经济实力位居周浦镇首位。

改革开放初期，农业生产以传统的水稻、小麦、油菜为主，以及少量的棉花种植，从事农业生产的家庭年收入仅有 300 元左右。棋杆村通过办翻砂、五金、塑料制作、混凝土生产等村办企业发展经济，每年村集体收入约有 20 万元，总体收入相对周边村庄略高。当时村办工厂的职工每月工资 28 元，明显高于从事农业生产。村里尝到了发展村办企业的甜头，尽可能扩大企业的规模，本村村民近百人在村办企业中实现了就业。

随着改革开放的深化，外企开始进入、民营企业发展，集体的村办企业的效益不断下滑，仅能维持村里日常的基本开支，根本没有结余。其主要原因一是企业管理缺失，造成其技术能力和产品无法取得市场竞争优势，需求下降。二是土地承包到户和发展市场经济后私人、个体观念增强，集体观念减弱，村民对于集体经济的关注度不高。三是集体资产流失严重，其中很大一部分作为村民福利发放了，比如当时村民大量建房，所需的水泥、建材、五金等就从村办工厂以几乎低于成本的价格拿，也间接造成村办企业经营的困难。面对这样的情况，转制可能是唯一的出路。20 世纪 90 年代，棋杆村对村办企业进行转制，村里除了保留一家小规模的生猪养殖场外，其他所有村办企业全部转为承包责任制，由专人经营，每年向村里缴纳固定的承包费用，转制后村集体经济保留了土地等资源，止住了收入不断下滑的困境，收入相对稳定，日常开支也有了保障，但一时找不到发展的路径。

1995 年，龚卫国担任村党支部书记。他认识到，实行家庭承包制之后，靠一家一户的小农经济再怎么努力，发展也有限度。更重要的是村里的许多公共建设难以进行，村的面貌无法有大的改变。村里要建设，村民中的困难户要帮助，村民的福利要提高。但是，如果没有集体经济就寸步难行。在这个意义上，村的“统”的功能是不能取代的。他决心带领棋杆村找到发展集体经济的突破口。他根据棋杆村的具体情况，仔细研究了政府关于村集体经济的相关政策，决定先以“招商引税”为突破口，利用自己的一些人脉资源及棋杆村的地理优势吸引企业注册于此，利用政府对企业税收对村里的奖励来增加集体经济收入。同时进一步实施“招商引资”，争取企业落地，努力为企业发展营造良好的周边环境，通过优质服务留住企业，也为村民提供更多在家门口就业的机会。

2002 年，棋杆村与平桥村合并。两村合并后，集体经济总收入只有 86 万元。面对更大的摊子、更多的村民，怎样发展集体经济的压力更为重大。2003 年，村里果断地抓住了一次机遇。邻村有一块可开发为公墓的用地，但缺乏开发的意愿。龚卫国书记与村两委果断地作出决策，以土地置换的模式用村里的一块闲置土地来置换这块土地，由棋杆村来进行公墓开发。村里委派有经验的专业人员经营管理，很快开发形成“绿园山庄”公墓，向社会公开发售。从此，棋杆村的集体经济发生重大转折。这个项目每年为村集体带来的收入超过 1 000 万元。从中，龚卫国也认识到，发展集体经济不能只有意愿，还必须找到适合村集体经营的产业实行重点突破，避免分散经营、小打小闹，同时充分运用好党的政策和区位优势，注意积累资金和经验、在村里发掘能人，为进一步发展奠定坚实的基础。

拓宽发展思路　打造经济强村

“生产发展”是社会主义新农村建设的首要任务。棋杆村的基本特点是属于 A 类农田保护区，绝大部分土地属于耕地，不能发展工业。在发展工业经济受到限制的情况下，棋杆村从积极调整农业结构入手，通过发展高效农业产业来增加效益。

2004 年，浙江的葡萄大户叶竞荣在一次偶然的机会中找到了棋杆村，说要在这里承包土地种葡萄，当时村里正苦恼于传统农业作物种植产量和效益都到了瓶颈期，需要谋求产业结构调整和转变，双方一拍即合。村里出面从农民手中承包了近100亩土地通过土地流转的方式交给叶竞荣经营，经过前期的试验性种植发现棋杆村的土地、阳光和雨水都极为适宜葡萄的生长，葡萄产业由此发展壮大起来，种植面积从100多亩发展到目前的700多亩，其中规模化种植519亩，散户种植200多亩，现已成为浦东新区最大的葡萄生产基地，大大提高了农业的产出率，带动了一批农民脱贫致富，也促进了村级经济的快速发展。2005年，平棋葡萄专业合作社成立，目前已发展365户。合作社已累计投入1 000多万元资金，改善基础设施，选择优良品质，培训技术人员。2010年被评为浦东新区十佳农民专业合作社，并于2011年6月成功注册“平棋”商标。

棋杆村的平棋葡萄合作社生产规模大、品种多、上市周期长，现拥有夏黑、醉金香、美人指等20多个优质品种，众多葡萄品种成熟期不一，上市时间从7月下旬到11月上旬长达4个月，加上冬春季节还轮种草莓，因此，平棋合作社的葡萄园在长达半年多的时间内可以成为市民游客休闲体验的好去处。目前，平棋葡萄平均亩产2 000斤，产值达24 000元，2012年，平棋葡萄总产值达1 800万元。平棋葡萄产业发展带动了周边村民965人就业，从业人员人均年纯收入近3万元。如今，名声在外的平棋葡萄基地，拥有繁多的葡萄品种，品质优良。2012年，棋杆村曾被国家农业部评为“一村一品”示范村；在“上海市优质葡萄评比”活动中，平棋葡萄获两项金奖；同时，平棋葡萄已连续4年在上海市农博会上获得“最受市民喜爱的十大农产品”称号。棋杆村依托平棋葡萄种植专业合作社这个平台，充分发挥毗邻迪士尼乐园的区位优势，突出生产功能、生态功能与生活功能的融合，将特色农业与文化休闲有机结合，努力打造休闲采摘的葡萄园，成为浦东乃至上海旅游的一个新亮点。随着村级经济的不断壮大，在成立美国提子生产基地后，经两委班子讨论，形成了“支部+基地+农户”的产销格局，进一步积极探索特色观光旅游产业的发展新路。

2009年,棋杆村又开始积极筹建一座占地近3 000亩的集旅游、观光、休闲、采摘为一体的"小上海"市民体验农园。2012年,棋杆村在上海市农委举办的第二届"我喜爱的乡村"评选中,获得十佳称号。浦东的周浦镇素有"小上海"的美誉,但是,知道与在建中的上海国际旅游度假区迪士尼接壤处有一个棋杆村的人却不多。当《东方城乡报》、《浦东时报》的记者获悉棋杆村刚刚获得上海市第二届"我喜爱的乡村"称号后,即刻来到该村采访。其中,《东方城乡报》采访报道中写道:"一路上首先映入眼帘的是近500亩集旅游、观光、休闲、采摘为一体的都市农业生态休闲示范区——小上海市民体验农园的葡萄种植园,这里的葡萄已经熟了!一串串葡萄颗粒饱满,挂在葡萄架上,成为一道特别的美丽风景线。在通往棋杆村委会的马路上,几乎是一尘不染。只见大大小小的河道真的是水清、岸绿。村民的宅前屋后干净整洁。"采访后,记者都感慨棋杆村真是个景色优美的大花园,步步有风景,处处皆怡人。

如今,"小上海市民体验园"的打造,不仅大大提高了农业产出率,带动了一批农民脱贫致富,解决了村民就业等问题,而且美化了环境,提高了村民生活质量。

2014年,棋杆村成功创建了上海市美丽乡村示范村。其中,包含了村内两大旅游产业,分别为"疯狂的农民"与"周浦花海",两处景点自2014年下半年运营至今,不断完善经营管理制度,创新经营模式,景点以合作社经营形式,不仅促进村级经济发展,还为一部分本地农村劳动力提供良好的就业岗位,增加了农民收入。

"疯狂的农民"占地700亩,合作社流转了200多户农民的土地,统一管理经营,着力建设集休闲、旅游、生态为一体的农业游乐区。目前,景区月接待游客数量达3万以上。而作为美丽乡村建设的另一个景点"周浦花海"的建设也应运而生。周浦花海是浦东新区2012年支农资金整合项目,也是在农业结构调整中诞生的一个创新项目。项目占地500亩总投资6 000多万元。该项目借鉴了世界十大花海及上海鲜花港、顾村樱花公园和荷兰羊角村的成功经验和做法，为配套迪士尼项目，推进现代生态农业和现代旅游业融合发展以及迪士尼乐园巨大客流导入为契机，建设而成的。该项目以一年四季大批量花卉展示为特色，集花卉种植、展示、加工、销售、科普教育及休闲为一体。同时附带烧烤区、DIY 活动室、特色西餐厅、中式简餐、特色超市、儿童乐园等休闲配套，是市民户外赏花、休闲娱乐的新型园区。项目以农耕文化为主，以美丽乡村建设为契机，在外围功能扩展、内涵功能深化的基础上，逐步打造成为浦东现代休闲农业的重要示范点。周浦花海自 2014 年 9 月 27 日正式运营以来，已累计接待游客达 10 万人次。

2015 年初，为积极配合迪士尼外围景点规范化建设，棋杆村制定了一系列景点管理制度，进一步规范两大合作社经营管理，如：游客接待管理制度、旅游市场推广管理制度、游览环境管理制度、旅游安全管理制度、应急医疗管理制度、特殊游客服务管理制度，等等。制度化的管理使“疯狂的农民”和“周浦花海”逐渐成熟，并向更广阔的市场迈进，同时，也对棋杆村进一步建设美丽乡村起到相辅相成的作用。如今，每到双休日，很多城里人会专门赶来体验，其乐无穷。而棋杆村也通过这些项目实现了社会主义新农村建设中“经济发展，生活宽裕”的要求。

棋杆村在大力发展特色农业、创意农业的同时，积极盘活集体存量资产、加大招商引资力度。目前拥有各种形式的大小企业 30 多家，其中村办企业 1 家，全年上交利润 1 000 多万元，落户企业租赁收入 70 多万元，每年返税收入近 30 万元，村级经济发展进入良性循环轨道。

加大村内各项建设力度，保障村民安居乐业

依托村级集体经济的发展，棋杆村在村庄改造过程中对区域内路面、河道、桥梁、路灯等基础设施进行全面的改造升级。这些年来，全村共投资 150 万元对村生活污水进行集中处理，并先后对全村的水网进行大规模的改造，

饮用水质全面达标，使全村村民喝上健康、安全的自来水；先后投入 1 200 多万元，对村内所有的道路进行硬化建设，白色路面已连通每家每户；投入 1 000 万元对全村的 32 座危桥进行翻建修建，保障出行的安全，也确保公交村村通线路全面贯通；在重要路段投资 50 万元，安装节能环保的太阳能照明路灯，减少村民夜间出行的不便，消除了安全隐患；对全村大大小小的河道进行整治，达到“河深、流畅、水清、岸绿”的目标；对村民宅前屋后进行全面清理，做到堆放有序，使环境面貌干净整洁。

为满足村民日益增长的业余文化需求，2004 年兴建一所集文化、娱乐、健身、卫生、保健为一体的文化卫生服务中心和两处室外健身苑。文化卫生服务中心内的农家书屋、阅览室、娱乐室、卫生室等设施一应俱全。村卫生室顺利通过上海市标准化卫生室的达标验收，内设 4 名乡村医生，方便村民前来求医问药、健康保健咨询。为进一步改善村民娱乐休闲的环境，提高村民群众业余生活质量，2012 年又建设公建配套设施，配有文化广场、健身器材等供村民朋友健身娱乐，也为老百姓办红白喜事提供了理想的场所。

棋杆村在加快建设农村公共服务设施的同时，努力提高农村公共服务水平，着力改善村民群众的生活设施。一是科教卫生事业蓬勃发展。科普活动正常开展，科普画报定期更换；每年寒暑假期间，组织青少年开展各类比赛活动，关注未成年人健康成长；以巩固上海市整洁村、上海市卫生村为基础，建立卫生工作长效管理机制。二是民政老龄服务不断深化。自 2011 年 4 月率先坚持推行老年人免费理发服务，70 岁以上镇保、农保老人可以每月享受一次免费理发服务，部分身体不适和腿脚不便的老年人还可以提供上门理发服务。2012 年，将原来 70 岁以上免费理发的标准降至 60 岁以上，扩大受益面。2013 年，又新增 1 处免费理发店，方便老年人就近理发，此项公益性服务项目受到老年朋友的热烈欢迎。三是社会救助保障体系日趋完善。每年为困难群众提供 400 余人次的帮困救助服务，救助资金核发及时、足额到位，缓解了经济压力，每年直接用于村民的各类补助累计约 80 万元。同时积极组织和指导失业、无业、征地、富余劳动力参加技能培训，促进村民就业。

深化村级民主管理　提升村民文明素养

多年来，棋杆村不断完善村级民主决策机制，采取“四议两公开”的形式，明确民主决策主体，让村民切切实实当好主人翁，真正实现“自”和“治”的有机结合。

棋杆村理事理财小组在村务公开、民主管理方面发挥着极其重要的作用，村里的各项重大决策及项目，都必须经过理事理财小组的商议，村里的每一分钱，每一张发票，也都必须经由理事理财小组成员签字盖章认可，可以说，棋杆村多年来民主管理示范村的荣誉，离不开村理事理财小组对村各项工作的严格把关及监督。

作为村务公开民主管理示范村，棋杆村规范做好村务公开工作。在公开的载体上，村里设有党务、村务公开宣传栏，每个小组设有组务公开宣传栏，并有专人负责定期更新；公开的内容上，能展示党务公开“八个一”的标准和村务公开的相关标准，定期或适时进行公开；公开的台账上，能按照相关目录整理汇总并由专人归档。

棋杆村在乡风文明的建设上同样不遗余力，平时充分利用宣传栏、黑板报、农民一点通等宣传渠道，通过张贴宣传资料、悬挂横幅等各种形式，广泛宣传文明村创建活动，做到家喻户晓，人人参与，营造浓厚的良好氛围。每天晚上，都有村民自发组织到文化活动场所开展各项文体活动；每月“文明星期六”，组织村民群众参与文明礼仪、清洁环境等活动，每年“学雷锋日”组织志愿者为村民提供免费理发、量血压、修理自行车等服务；每年重阳节，村文艺队伍为老年朋友送上精彩纷呈的文艺演出；不定期邀请镇理论宣讲队的老师前来进行理论宣讲；邀请消防局、食药监局、社区卫生服务中心等职能部门的工作人员前来进行宣传教育……棋杆村通过开展各类丰富多彩的活动，推进精神文明建设蓬勃发展，提高全村村民的思想道德素质和科学文化素质。

抓好党的建设，统领全村发展

在目前的两委班子中，牢固树立六个意识，即：服务、表率、民主、全局、超前和学习，做到职责清、任务明，班子团结。同时建立村干部联系分工制度、责任挂钩制度、例会交流制度、定期谈心制度等，充分调动村干部的工作积极性和责任心。

两委班子成员通过签订《党内廉政建设责任书》，认真对照《若干规定（试行）》的要求，进行自查自纠，规范、引导村干部的行为准则和职业道德，营造心平气畅、风清气正的良好氛围。同时，完善述职述廉制度，每年对村两委成员进行满意度测评，进一步推进农村基层权利运行的公开透明。

棋杆村重视对党员队伍的教育管理，除每月 15 日的党员活动日制度外，还开展各类党员志愿者活动，激发全村党员为家乡建设作贡献的热情。村党总支还在每年“七一”期间表彰一批表现突出的先进党员，并号召全体党员以他们为榜样，在各项工作中做好表率、当好模范，真正发挥党员先锋作用。

作为浦东新区党务公开示范单位，多年来，棋杆村党总支把党务公开、民主管理工作始终放在各项工作的首位，把它作为全村基层党建工作的一项核心任务来抓，取得良好的效果。

党总支严格按照“重大事项党员先知道、重大问题党员先讨论、重大决策党员先行动”的原则，从推行“四议两公开”工作法入手，成立 28 人组成的党员议事会，形成党员代表、村民代表共同参与决策的农村治理格局。通过“四议两公开”工作法完成包括村集体土地的承包、村重大财务的收支等重点、难点项目共计 10 余个。

棋杆村在党务公开工作中重点抓牢三个方面：一是注重公开的全面性。

主要公开村支部、村委人员分工名单以及支部、党员活动等内容;基本涵盖党总支的所有工作。二是注重公开的规范性。首先是设施的规范,架起村民与两委之间沟通联系的桥梁。三是注重公开的时效性。将涉及党员群众切身利益或比较关心的内容如集体资产处置、财务情况等及时予以公布,广泛听取党员群众对党务公开和民主管理工作的意见、建议。

实行党务公开是新形势下的安民之策,落实民主管理是促进自我发展的治村之本。由于扎实开展党务公开、民主管理,实现了农业增效、农民增收、农村稳定的目标。进一步密切农村干群关系,维护了社会稳定。随着党务公开工作的进一步推行,使党务公开更直接、更透明,民主监督更扎实、更有效,用公开和坦诚赢得大家对村两委会的理解和支持。

实践证明,开展党务公开工作,有利于加强党的自身建设,有利于强化党内监督,有利于进一步密切党群、干群关系,增强党组织的凝聚力、号召力和战斗力。棋杆村党总支将更为积极主动,勇于创新,把这项系统工程深入、持久、有效地开展下去,力争开创党务公开工作的新局面。

领头人为民谋发展，率先垂范得民心

一个村的发展,一个党总支和村委会的建设,领头人的作用至关重要。作为棋杆村党总支书记,龚卫国自担任书记以来,在抓好基层组织建设、培养年轻干部、增强凝聚力的同时,十分注重用发展村级集体经济,用集体的力量来带动村民共同发展,用发展的成果来服务民生,把共同致富的目标一步一步在棋杆村落实。

千方百计提高农民收入在龚卫国看来是“头等大事”。近年来,为了全村的经济发展,他带领班子成员拓宽思路,根据村地理位置和经济运行情况,一次又一次地调查分析,制定了一系列发展经济的对策。

村可支配收入从 2002 年两村合并时的 86 万元提高到 2014 年的 1 600

万元。综合经济实力跃居全镇第一，实现总产值 23.4 亿元，农民人均收入超 2.6 万元。

从招商引税、招商引资、置换土地开发公共墓园，成立平棋葡萄种植专业合作社，形成了“公司 + 基地 + 农户”的产销模式，到积极探索休闲观光旅游农业的新路，根据周浦镇总体规划，优化整合了村内的百年老屋——顾家宅、张家宅等旅游资源，筹建一座集农业观光、旅游、休闲为一体的都市农业生态休闲示范区，为本村 160 多名富余农业劳动力提供就业机会，切实提高了纯务农人员的收入，带领农民共同致富。

村级经济壮大了，但龚卫国首先想到的是：“如何把有限的资金用在刀口上，用在为民办实事上？”每年年初，他都会组织两委和村民主理财小组的成员共同研讨、制定年度实事工程计划。平时，他经常带领村班子人员走村访户，虚心听取村民意见，关心群众的热点、难点问题。把村民迫切需要解决的水、路、桥等问题，放在年度计划和工作的议事日程上，作为为民服务的具体体现。近年来，棋杆村加大了农村基础设施投入：新筑、翻建白色路面 4.6 万平方米，所有道路以水泥路为主，部分主路铺设了沥青；按照通行荷载标准，新建、翻建桥梁 32 座，确保了村民出入安全。主要路段安装了太阳能照明路灯 69 只。同时，对全村水网进行改造，更换所有上水管道，达到供水集约化的要求，也满足了村民日常生活用水需求。另外，完成全村生活污水处理系统改造，使全村村民的生活污水、雨水排放得到集中处理。

龚卫国还十分重视打造村级文化团队，成立村腰鼓队、舞蹈队等，并每年出资近万元购买演出服、道具等各类用品，每周固定时间排练，除了参加镇里组织的各类文艺比赛，还在每年的重阳节，为本村的老年朋友献上一台丰富精彩的节目，有效转变村民固步自封的“小农经济思想”，村文化创建全民参与、蔚然成风。他说，城市，让生活更美好；农村，让生活也美好。

为了响应党中央号召加强新农村建设，他经常同村班子人员共同研究、探索工作新机制。他组建村级治安调解信息员网络，定期和不定期地排摸不稳定因素，发现问题，及时上门做好工作，采取措施化解，并强化物防、技防、人防工作。几年来，做到小事不出组、大事不出村，实现十二年集体零上访，守好了第一道防线。

他还组建了河道、宅村、绿化专业队伍以及党员志愿队伍，开展河道、小粪缸、马路堆场、宅前屋后等整治活动；引导村民开展“人人动手、清洁家园”义务劳动；新建公厕 7 座，在主干道安装废物箱，营造了“村风文明、村容整洁”的良好氛围。2013 年，棋杆村被评为上海市生态村。

龚卫国以建设社会主义新农村为契机，倡导“创新、发展、求真、务实”的工作宗旨，积极打造“最美乡村”旅游品牌，使棋杆村的经济和社会各项事业发生了翻天覆地的变化。

这些年来，棋杆村连续 3 届获得市“五好”村党组织称号；连续 6 届获得上海市文明村称号；2008 年被国家农业部评为村集体财务规范化示范村；2011 年获上海市先进基层党组织称号；2012 年被国家农业部授予“一村一品”殊荣；2013 年被评为上海市第二届“我喜爱的乡村”称号；2013 年获上海市生态村称号；2014 年获上海市美丽乡村示范村称号；2015 年 3 月被评为全国文明村称号，等等。

如今的棋杆村初步达到富裕、美丽、和谐。但摆在书记龚卫国面前的，更多的是在思考棋杆村的未来。整个上海在党中央“创新、协调、开放、共享、绿色”发展理念的指引下，结构在转型，发展在持续。浦东新区正力争走在上海的前列。随着迪士尼乐园的开园和上海国际旅游度假区日臻成熟，既给棋杆村带来发展的机遇，也给棋杆村带来新的挑战。棋杆村怎样紧紧抓住时代赋予的契机，加强产业规划，不断强化发展动能，使经济发展水平不断提升？怎样完善社会治理和对村民的各项服务？棋杆村党总支和村委会决心以“创新发展，求真务实”的工作作风、“积极探索，锐意进取”的精神面貌，努力推动村内经济社会各项事业的全面发展，共同开创棋杆村更加辉煌灿烂的明天！

建设上海的社会主义美丽乡村

——浦东新区塘北村的社会主义新农村之路

每天都是新的起步，每年都有新的收获。

——全国劳模、浦东新区书院镇塘北村党总支书记刘芹弟

塘北村地处书院镇最南端，东临滴水湖，北倚鲜花港，南望洋山深水港，西接规划中的临港新城主产业区，两港大道贯穿全境。2002 年 12 月，原塘北村、石南村合并，建立新的塘北村。村域总面积 3.74 平方公里，耕地面积 3 300 亩，大多是盐碱地，全村下辖 25 个村民小组，人口近 4 000，外来人口登记数 816 人，党员 118 人。

在穷乡僻壤走出一条民富村强的路

90 年代初，上海也有贫困村，地处偏远的书院镇是南汇县最落后的乡镇，依偎在东海边的塘北村又是书院镇最落后的村庄。塘北村的地理位置偏僻，村里没有一个像样的办公点，有时村干部围着一口井就是一个会议室，村干部的工资经常就是一张白条，因为经济条件极差，村里的企业全部

倒闭，村民靠人均不到一亩地难以谋生，只好跑到附近的东海农场打点零工，挣着每小时1.8元的工钱，仍在温饱线上挣扎；烂泥路连着农户的房子，一到下雨天到处坑坑洼洼，“村里的小伙子要娶媳妇，一看这路谁肯嫁过来。”

1994年，刘芹弟来到塘北村任党总支书记，当时全村集体经济的可支配收入不到10万元，连村委会办公经费都捉襟见肘。穷则思变，刘芹弟为村里百姓做的第一件事，就是想办法让大家富起来，让村有更大能力进行建设。到处盐碱地的塘北村似乎没有翻身的希望，但是刘芹弟在不可能中找到了可能，“盐碱地适合种瓜”。刘芹弟想出的路子是“因地制宜，以农制农”。1996年，刘芹弟带着村干部办起一个村级小农场，主要种植西甜瓜。说是村级小农场，但村干部手里并没有地，刘芹弟想出一个“夏统秋分”，借地办农场的办法。根据当年南汇县“保粮、增值、富民”的方针，夏天，村委会将老百姓不种麦子和油菜的闲置土地以每亩350元的价格租来种植西甜瓜，收完瓜再把土地返还给农民，让农民再种一季水稻。就这样，村党总支利用村里集体的18亩土地和从农民手中流转来的20亩土地创建了村级集体小农场。村办农场既是为了通过在产业上的探路，带领农民找到适合本村的致富之路，同时也为村集体找到增加收入的途径。通过第一年的辛勤努力，小农场的产值达到38万元，利润为22万元，“贫困村”赚了第一桶金。

这第一桶金用来干吗？有村干部提议改善村委办公房。当时，塘北村村委会只有两间平房，8个人挤一间，连办公桌也没有，还有一间是会计室和档案室兼用。刘芹弟却提出：22万元全部拿来修路——他心头一直悬着一件事：有一次村民重病打“120”，救护车到了，却因路窄坑洼陷在了村口，动弹不得。刘芹弟意识到，不管是村里的生产要发展，还是村民的生活要改善，都必须修路。这也正是村民的心愿。修路难免要平掉村民的一些菜园，那时没有一个人跳出来反对。但是22万元铺2.2公里长2.5米宽的水泥路，资金不够。刘芹弟心一横，泥沙材料全部由村里自己买，劳动力可动员村民投入，这样修路的费用就大大降低了。最后一算账，1平方米的修路成本只要 40 元。终于这条塘北村的“一号路”修成了，它不只是解决了塘北村的出行难问题，也在村民中建立起对未来的希望，对村领导班子的信任和信心。

第二年，小农场的种植规模扩大到 100 亩。塘北村从外面邀请了“种瓜大王”唐仁根到村里指导，还开设“田头课堂”，村干部全部跟着下地种瓜，以此来鼓励更多的村民来小农场学习先进的西甜瓜种植技术。村委会考虑到大棚种植每亩需要 3 500 元的成本，投资风险大，农民会有所顾虑。为了让农民信服，村党总支决定在这一年以一半的价格将大棚承包给农民，并提供技术支持，让农民跟着种瓜。这一年，小农场产值达到 80 万元，利润 38 万元。小农场西甜瓜种植的成功经验，给塘北村的农民带来信心。塘北村继续发展小农场基地的辐射效应，积极引导农民种，种植西甜瓜的队伍逐年壮大。

但随着越来越多的西甜瓜产品的出现，消费者越来越注重农产品的品质和品牌。而塘北村的农户大多是以家庭为单位的经营模式，虽有品质，但无品牌，没有了市场竞争力，既使价格再低，也少有人问津。起初，由村干部帮助瓜农出售，将成熟的瓜运到集市上卖，晚上 4 点出门，10 点到宁波，一整箱一整箱地卖给外地的采购商，虽然辛苦，但总归劳有所获。可后来随着市疲价软、销路越来越不畅，塘北村的瓜果严重滞销，再加上恶劣的天气影响，收成前景变得更差。农民的损失都很惨重，有些农民甚至产生了放弃种瓜的念头，这可怎么办才好？

针对这一难题，刘芹弟提议，要发展品牌农业，让塘北村的“8424”西瓜打响知名度，不断增强市场竞争力。2000 年，小农场转成了村办的“田博”瓜果专业合作社，种植规模发展到 200 亩。由村党总支引导合作社，把分散生产经营的农户组织起来，带动本村及周边 1 000 多农户种植西甜瓜，使之成为市场竞争的主体，形成区域化布局、专业化生产、科学化管理和规模化经营的格局，解决了农民销售难的问题。同时，村党总支以合作社为平台，把一些党员技术骨干确定为党员示范户，开展“党员设岗定责活动”，鼓励党员带头学技术，先脱贫致富，然后带领群众共同致富。像过去一样，刘芹弟经常带着党员干部活跃在村头田角，手把手教农户种瓜。产前，他和瓜农一起研究决定西甜瓜品种，集中育秧苗，甚至连土地湿润度、土壤肥料度都要一起到田头瞧瞧；产中，每周都要到瓜农大棚内看看，了解种植情况；产后，要求合作社以高于市场收购价 30%到 50%的价格收购优质西甜瓜，由合作社统一销售。这种将农村基层党组织建设与农村经济发展相结合的模式，成了后来广为推行的“支部 + 合作社 + 农户”模式。这个模式的特点在于由村级组织作为合作社的组织者，统一组织生产和销售，提高了农业产值，也大大增强了抵御市场风险的能力，这是一个双赢的发展模式，既实现了农民的增收，也增加了村级集体的收入。

2002 年 12 月，原塘北村和原石南村合并，建立新的塘北村。原石南村经济基础十分薄弱，村内耕地面积 1 520 多亩，人口 1 740 人，村里的可支配财力只有 1 万多，还有 10 多万元的债务。当时，原塘北村的人均年收入已达到上万元，而石南村的人均年收入才 600 多元。当听说并村的消息后，石南村的村民非常高兴，满怀期待，盼望着邻村的成功模式早日带动着本村一起富裕起来。但是原塘北村的村民意见很大，满腹怨言，不少人表示，好不容易村里富了，村民的口袋鼓了，怕是要被石南村给拖累了。

对于两村合并这件事情，刘芹弟站得更高，看得更远：既然两个村合并成一个村，就要带领新的塘北村实现共同富裕。而要解决这些矛盾，一定要跟两个村的村民好好沟通才行。宣布并存一周以后，刘芹弟就矛盾焦点召开村民代表大会。在会上，刘芹弟推心置腹地向村民说明为什么要两村合并、村里当前存在的困难，以及今后的打算。刘芹弟提出，让原石南村的农民开展农业种植结构调整，将以往以种植粮食作物为主调整为种植经济作物，并且由村党支部带领，把原来塘北村的合作社发展模式覆盖整个新塘北村。刘芹弟和党支部的诚恳、决心、打算最后说服了村民，两村合并带来的矛盾终于解决了。更重要的是，刘芹弟的想法得到实现，不但合作社实现增收，原来石南村的村民收入有较大提高，原塘北村村民的收入也在增长。经过两年多运作，通过种植西甜瓜产业促使村级资金增长到 120 万元。随着集体经济实力的壮大，塘北村党总支和村委会不忘把发展成果惠及每一个村民。出于方便村民出行的考虑，塘北村的“两委”班子决定继续大力改善村里的基础设施，将一条条的烂泥路相继变成水泥路。宽畅的道路是村民的致富路，获得大家的一致称赞。是年，塘北村积极开展“扶贫工程”，对村里10户独生子女困难家庭进行扶贫帮困。这些家庭都是夫妻纯农户，孩子读书特别优秀。村委会让这些家庭参加到小农场里来，免费提供土地、肥料、种子、大棚，由贫困家庭负责种，村委会负责收购。村民金玲芳是第一批救助对象之一，在村党总支和村委会的帮扶下，金玲芳一家承包了3亩土地种植西甜瓜，经过一年的努力，西甜瓜产值达到4.5万元，去除成本，金玲芳家庭还净赚了3万元，生活质量有了很大提高。

与此同时，塘北村根据村里的产业特点，除上海田博瓜果专业合作社外，还成立上海田旺养殖专业合作社，养殖场面积42.3公顷，年产白对虾等水产品超过13万公斤；塘北水稻种植专业合作社，种植面积47.9公顷；书塘果蔬种植专业合作社，种植面积19公顷，品种有黄瓜、大葱等。多个合作社基本覆盖全村的产业，带动了全村的农户。村党总支在指导管理中，始终坚持“支部组织指导经营合作社、党员示范带动、农户积极参与”的经营目标。在村党总支领导下的合作社坚持“五不”原则：在发展经济过程中不搞强迫命令，在有偿收费过程中不违背农户的意愿，在营销过程中不低于市场价格压价压级收购农副产品，在包装、宣传产品过程中不向农户摊派费用，在市场价格发生变化时不撕毁与农户的“订单”，从而确保了合作社在规范中运作和发展，有效促进了农业增收和农民致富。

在社会主义新农村建设中诞生的美丽家园

党的十六届五中全会提出了推进社会主义新农村建设的任务，对塘北村来说具有重大的历史意义和现实意义。2010年，在市、区、镇有关部门以及领导的倾力指导和帮助下，塘北村按照建设新农村“生产发展，生活宽裕，乡风文明，村容整洁，管理民主”的总体要求，紧紧抓住浦东综合配套改革试点的历史性机遇，开展村庄改造试点工作，引领村民走向美好。在随后的三年时间里，塘北村按照统一规划、稳步实施、积极推进的思路，在全村25个村民小组内实施村庄改造项目，对群众最关切的村庄绿化、污水纳管和深化处理、低压水网改造、河道疏浚整治、道路桥梁改建、公建配套设施等八个方面进行全面整治。

塘北村建设社会主义新农村的规划也得到政府的大力支持。从2010年起，政府逐年加大对农村建设的投入，为塘北村的新农村建设增加了助力。对塘北村来说，新农村建设的时期是塘北村改革和发展的重要机遇期。从这一年起，塘北村的乡村道路开始逐渐升级为宽度4.5米以上的柏油路；8条主干道也将全部从水泥路升级成柏油路。村里各处不仅“120”、消防车都开得进，许多村民也买了车。塘北村是书院镇第一个通进公交车的村子，村民去镇上办事方便多了，搞“农家乐”也不用担心大巴开不进村。

“以前，路不平的时候，瓜运到屋里都烂掉了；现在，瓜有名气、交通方便，天天有几十辆车子专程从外地过来收我们的瓜。”刘芹弟眯着眼睛感受着塘北村这几年的变化。

通过三年时间的新农村建设，带给塘北村的一系列变化令人欣喜。塘北村全面完成“八纵四横”的农村道路交通体系；改建桥梁16座；完成农村自来水网改造工程；并对生活污水进行无害化处理。在改善农村生态环境方面，按照水清、岸洁、坡绿的目标，对塘北村境内150多条段河道全覆盖整治，道路、河道绿化覆盖率超过97.5%；塘北村全面完成不规范畜禽养殖场整治工作，并且是书院镇第一个实现生活垃圾桶装化管理的村，形成了“组保洁、村收集、镇运转”的长效保洁机制，进一步优化了村域环境。在公共服务配套方面：塘北村新建了村委会办公大楼、村卫生室、老年活动室、为农服务站、健身点、休闲广场、图书室等公共服务设施；还为将近900户民宅进行墙面白化工程。自从推进新农村建设，塘北的村容村貌焕然一新，村民喝上干净水、住整洁房、行平坦路、走安全桥，卫生有保洁，锻炼有器材，照明有路灯，营造出一个“宜居、宜业”的新农村形象。

塘北村的主业是农业。农业要进一步发展就必须对土地重新进行配置。土地流转成为必然趋势。那能给农民带来收益吗？答案是肯定的。2010 年 8 月，塘北村作为浦东新区试点单位率先开展土地流转工作。塘北村在充分尊重群众意愿的基础上，深入宣传土地流转法律法规以及新区促进农民增收、补贴到“人头、田头、龙头、村头、拳头”的“五个头”政策，受到群众的普遍欢迎。全村流转土地面积达 2 799 亩，流转率超过 98%，涉及 804 户农户，实现土地资源高效利用。塘北村依托“支部 + 合作社 + 农户”农业发展模式，利用龙头合作社示范引领，通过大力发展果蔬、水稻、水产养殖等特色产业，形成区域化布局、专业化生产、科学化管理和规模化经营的格局，解决了农户种植、销售难的问题，有效推动了塘北村产业经济发展。比如，上海田博瓜果专业合作社成为塘北村推广农业新科技和带领农民致富的示范基地，被评为“上海市农业科技示范基地”、“上海市农业科技示范基地”。“田博”品牌瓜果在多次评比中获得金奖和银奖，被评为上海市名牌产品和上海市著名商标。

随着土地流转工作的开展，对促进塘北村的农业发展，维护农村稳定，增加农民收入，起到了积极作用。一方面土地流转后，在确保农民拥有长期稳定的土地流转收益的同时，农民从传统农业中转移出来，安心地从事外出务工，增加工资性收入。尤其是那些会手艺、头脑活、善经营的农民可以到城镇经商置业，就近服务于二、三产业，既增加收入，又活跃和繁荣了城乡经济，为工业化提供充足的人力资源。另一方面，土地流转推进纯农户增收。塘北村有 35 户纯农户农民，通过流转共种植经济作物 370 多亩，每户平均 10 亩以上，主要种植蔬菜和西甜瓜。通过土地流转，进一步增强对低收入纯农户的带动能力。例如村民董洲海夫妻，是塘北村的纯农户之一，夫妻两人返租 10 亩土地种植大棚西甜瓜，产值达到 20 多万元，净收入达到 14 万元。蔡国民夫妻返租了 20 亩土地种植蔬菜，每亩年均纯收入 1.7 万元。在纯农户示范户的带领下，有种植技术的村民纷纷要求返租土地，一部分村民渐渐地由原来的小打小闹变成了种植大户。村民收入大幅提高：2005 年，村人均收入 4 000 元；2012 年，村人均收入 1.45 万元；2015 年，村人均收入超过 2.6 万元。

对于农民群众来说，喊十句口号，不如做一件实事。在为群众办实事上，不能轻易承诺，而一旦作出了承诺，就一定要实现。几年来，刘芹弟始终情为民系，利为民谋，把为民办实事作为村党支部的重要议事日程。作为书院镇打造的“美丽新家园”试点村之一，塘北村目标很明确：打造最甜美的村庄，让城里人更向往农村生活。塘北村提出了以“发扬首创、因地制宜”为原则，以农村道路城市化、田园风光网格化、生态环境自然化、畜禽养殖规范化、人文素质文明化、长效管理常态化等“六个化”建设为载体，带领党员干部一起建设“美丽新家园”。在书记刘芹弟的带领下，党员干部充分发挥示范带动作用，主动“晒岗位、亮承诺、作榜样”，带动群众共同参与共建家园，为构建和谐社会和扎实推进新农村建设提供坚强的组织保障。刘芹弟以身作则多次和党员群众一起开展“宅前屋后”环境评估性整治工作，党员干部齐心协力，令村容村貌焕然一新，营造了良好的舆论氛围。

来过塘北村的人都会有这样的印象：踏进村口，便看到了塘北村的甜美，一个个画面如同电影片段般在脑中回荡——既有城镇一样的规划，又有乡村的原味。村口处，醒目的 LED 显示屏树立在此，笔直宽阔的柏油路通向村民家门口，如果走到岔口，也不用担心找不到方向，村民设计的道路指示牌清楚地标明每个去处；如果开车，路口的反光镜和减速带保证着行车安全。说到塘北，就会想到“8424”西瓜，塘北村不仅瓜甜人甜而且生活更甜。6 月正是西瓜成熟的季节，田间成片的西瓜大棚飘出淡淡甜味；在 2 号路北侧，一丛丛鲜花盛开，村民的小洋房内时有花儿探出墙外；6 号路南岸，一排整齐的玉米秆，高不过腰，一阵风吹过，掀起层层绿浪……走在塘北村的路上，听得见鸡鸣狗叫，但看不到乱窜的禽畜，不禁让人奇怪，寻寻觅觅间，不远处一户人家的屋边小棚挂着一块图文并茂的牌子——“狗棚”，原来在“美丽新家园”的建设过程中，对鸡、鸭、狗“三棚”进行改造，有效改善了畜禽散养带来的卫生问题和安全隐患。

“美丽新家园”塑造的过程是一个内修外炼的过程。塘北村既追求外在的形象、口碑，更注重内在的人文关怀，以“文化塑魂”成为塘北精神家园的新方向，成为村民人人关注、人人参与、人人尽责的全民文化和特色。村里的沙雕景观、休闲广场、篮球场、老年活动室一应俱全，早晨活动筋骨，傍晚乘凉唠嗑，农村人的生活也可以很丰富。

走进村民朱正官家的大院，他正忙着浇花。宅前，花儿正开得茂盛，宅后，物品摆得整整齐齐。农村人，怎么不种地呢？朱正官乐呵道：“土地都流转给合作社了，我们每年拿流转费，而且他们种得比我们好。”有城镇化的道路，有城里的小花园，有农村的小田园，现代化的建设和农村的淳朴风融合，塘北村的甜美确实让城里人向往。

其实，塘北村的民风向来“甜美”。村里第一次拓宽道路时，由于村子穷，村民主动揽下修路费用。再次拓宽时，家家户户的围墙又主动往里挪了挪，让出地，却不要一分钱补偿费。在村民心中：“这是为我们老百姓谋福。”2013 年，塘北村被评为“上海市我喜爱的乡村”。2014 年又被评为“上海市创建美丽乡村示范村”。

2015 年 2 月，中共中央、国务院发布的《关于加大改革创新力度加快农业现代化建设的若干意见》指出，要围绕城乡发展一体化，深入推进新农村建设。中国要美，农村必须美。繁荣农村，必须坚持不懈推进社会主义新农村建设。要强化规划引领作用，加快提升农村基础设施水平，推进城乡基本公共服务均等化，让农村成为农民安居乐业的美丽家园。为着这份美好的向往，塘北村开始了“美丽乡村”建设项目，并且还启动了上海市美丽乡村建设综合标准化首个试点项目，得到了市、区、镇各级党委、政府以及相关部门领导的高度重视和大力支持。

塘北村全体领导班子成员认真贯彻落实党的十八大和十八届三中、四中全会精神，深入学习贯彻习近平总书记重要讲话精神，进一步解放思想、求真务实、振奋精神、开拓创新，把“美丽乡村”工作摆在重要的议事日程，全力以赴投入“美丽乡村”建设，努力打造“美丽乡村”特色品牌，全面推进“美丽乡村”的创建工作。

结合塘北村美丽乡村临港都市板块特点，坚持城乡融合，坚持因地制宜，提出打造“田·园·家”的理念，努力打造以“都市田园、美丽家园”为目标的“新农村建设升级版”。

在规划过程中，塘北村突出三个重点：一是尊重自然美，充分利用塘北村地形、自然景观、河道池塘等各类资源，抓自然布局，融自然特色，做好做足生态文章。二是注重个性美，充分挖掘塘北历史、文化、人文精神等，立足村民视角，打造一个群众满意、生活便利、和谐幸福，同时又拥有历史记忆、生态优美的美丽家园。三是以政府推动为供给端，群众响应为需求端，形成镇村联动、村民互动的良好格局，有效整合美丽乡村建设各方力量。镇村联动：成立书院镇美丽乡村建设工作领导小组，下设推进办公室，明确领导小组为指导主体、推进办公室为责任主体、塘北村为实施主体，坚持每两周召开协调会，加快工作推进落实。积极整合区、镇两级部门项目资金与资源，使农民建房、设施农业、环境整治、土地管理等项目进一步向美丽乡村建设倾斜，为如期完成各类目标提供政策、财政保障。村民互动：加大美丽乡村建设的宣传力度，积极发挥村民“主人翁”力量。比如，在塘北村征集“家风家训”格言活动中，村民积极参与，每家每户都分享了治家良言，体现了塘北的乡风民风。

行走在塘北村的乡间路上，你会发现即使是不起眼的犄角旮旯里，也可能藏着美好的风景，红花绿草是“美丽乡村”最好的装饰。塘北村通过开展“三小园”（即“小果园、小花园、小菜园”）建设，将隐藏在角落里的风景充分利用起来，得到村民的大力支持和积极参与，并纷纷以实际行动把美丽乡村建设融入日常生活。

村民自治，制度先行，精神文明建设有保障

随着经济的发展，改革开放和城镇化步伐的加快，围绕“三农”引发的问题日益凸显。以往村里最头疼的就是“过年难、难过年”。逢年过节来申请救助的人特别多，有不少人不符合条件，也来软磨硬泡要补助。还有“宅前屋后乱堆物”问题同样令塘北村的干部倍感压力：“农村工作不好做啊！”村党总支、村委会深入调查研究，找出主要原因：许多涉及群众切身利益的问题没有具体规定，村民自治没有可具体操作的制度，如何操作多由村干部说了算，群众不信服，要求知情权、参与权，这在一定程度上使得群众对村干部不信任，也助长了一些村民的无理取闹。

2013 年，书院镇党委、政府带领全镇 18 个村居的书记考察了合庆镇，合庆镇庆丰村及塘桥社区在村民自治建设方面的成功经验，为塘北村提供了宝贵的参考意见。刘芹弟意识到，要更好地解决当前社会管理矛盾突出的现状，就必须走村民自治、规范管理的道路。回到村里后，在刘芹弟的带头下，塘北村党总支、村委会着手研究村民自治工作。

刚开始，村里尝试制定了一个困难补助要求及说明，将补助标准清清楚楚写在纸上，让村民自己对照，符合标准的才能补助，不符合条件的不补助，这个做法在当时取得一定的成效。为确保村民自治稳妥进行，塘北村借鉴“合庆镇‘1+1+X’经验”，一方面通过走访村民、征询意见、召开党员群众座谈会等形式，深入地听取民意，广泛汇集民智，制定细则具体内容。另一方面村两委会成员主动查摆工作中的不足，总结经验做法，力求自治细则在内容上注重针对性，紧扣村里的中心工作、重点工作，方式上注重灵活性，对家庭经济困难的，量身制定多项规章。经过反复修改完善，最终在大家的努力下，形成《塘北村村民自治章程及实施细则》(试行)，涉及包括村务管理制度、村民代表会议议事制度、环境卫生长效管理制度、遏制“三违”长效管理

制度、奖学金及助学金制度在内的20项内容，几乎涵盖村级所有事务。可以说，大到农民建房的审批、征地安置，小至村民生病慰问等事宜都作了具体规定，能做什么和不能做什么，老百姓看得懂、记得住、理解得了。此外，塘北村针对特殊人群，制定了水电应急维修服务、党员结对孤老慰问等服务项目，开展了“十佳志愿者”、“十佳好邻里”、“十佳好婆媳”、“十佳小三园”等评选活动，进一步激发了村民参与自治的热情。

因为在制定的过程中，运用“四议两公开”工作法，全程听取党员群众意见，所以制定出的《自治章程》及《实施细则》就像为村民办事打开了一扇窗，村民办事有依据，村干部工作中也能自觉接受监督，以公开促公正、以透明促廉洁，切实保障人民群众对全村工作的知情权、表达权、参与权和监督权，让权力在阳光下运行。

比如针对农村宅前屋后乱堆物、乱摆占、脏乱差的现象，塘北村在《村民自治章程及实施细则》中明确环境卫生长效管理制度之外，还特别设立垃圾评估集中堆放制度，并在1号路试行。在推行过程中，村里建立了垃圾评估小组，负责估价、清运、付钱、寄放等工作，以一条龙服务当场解决宅前屋后的堆物摆占问题，实施起来快捷有效。同时，塘北村将回收的乱堆物在指定地点统一保管，如果村民有需要，可再取回，虽然这样的工作程序耗费人工、成本也高，但是能消除火灾等安全隐患，达到宅前无堆物、院内物品无乱堆放，庭院外观整治有序的效果，也迎来了村家一体的新理念。

近几年，随着村级经济的不断好转，村级集体经济收入加上政府转移支付资金不断增加，村里的可支配收入达到300多万元，为村民办的实事也越来越多，但如何让村民认可村里开展的各项实事项目？塘北村在村级资金管理上也动了一番脑筋：结合村民自治工作，把村年度实事项目与资金配置及使用列表公开，在每年底征询村民意见建议的基础上，安排第二年村级的年度实事项目，让村里的钱用在解决老百姓最关心、最直接也最期盼的事情上。村里资金摊在阳光下，接受村民监督，让村民消除了对资金去向的疑问。2015年，塘北村的《惠民工作年度计划》安排了6项实事工程和12项重点工作，制定出25个建设、服务项目。比如，美丽乡村建设、道路拓宽、小喇叭工程、综合治理、村民健身点等公共服务让村庄靓起来；医疗救助、丧葬慰问、奖学金制度、老年人意外保险、“十佳”评选、新农合医疗保险、春节慰问、特殊补助、献血补助等福利保障让弱势群体有了依靠；落实土地流转费、家庭农场等惠民补贴让村民收入有提高，真正实现了农村增色、农民增收。

自从有了这些规章制度，村民有了可以知晓村情，监督干部的途径，村干部在处理各种事务上也感觉轻松了许多，有了更多的精力投身到发展村级经济、为民办实事的工作中去。

与此同时，在村民自治的基础上，塘北村在加强农村社会治理方面也不断作出探索。随着临港地区的开发，越来越多的外来务工人员涌入书院，随之产生一系列人口管理的矛盾纠纷。村里探索建立“房屋租赁协会”，以出租房为管理抓手，由党员志愿者担任外来人口管理信息员，制定落实塘北村房屋租赁协会章程、责任书和村民租房公约。房客必须实名登记、两证齐全（身份证、暂住证），房东则要督促房客保持环境整洁有序，不得从事违法犯罪活动，党员志愿者参与协调这些“新塘北人”与本地村民的邻里关系。设立房屋租赁协会，最大限度地避免房屋租赁纠纷，同时也为外来人口调控和管理作出一定的探索。

工作上，刘芹弟真诚对待每一个反映问题的村民，面对矛盾不回避，公平、公正地提出自己的观点和意见，努力化解矛盾纠纷，把不稳定因素消灭在萌芽状态。他有强烈的创新精神，相继创新了“一本三清”工作调解制度，继而又建立了“塘北村大佬倌”调解工作室，由村里28位“新老娘舅”组成，齐心协力为村民搭建一个沟通心灵的平台，解决村民之间的矛盾。通过发动有良好威信的党员、群众组成调解后援团，碰到难分对错的家务事，由后援团来约谈当事人，你一言，我一语往往能把事情说明白，兼顾情理法，来调解的群众也容易接受这种调解方式。群众看到村干部尽心在帮助自己，心平了、气顺了、意见也少了。刘芹弟处理过的矛盾纠纷数不胜数，化解矛盾也有自己的一套方法。村民有问题喜欢找他，因为他办事村民安心，讲话公正有理。在“大佬倌”调解室里，我们可以看到墙上挂着许许多多的夫妻格言、邻里格言、兄弟姐妹格言等，这些都在刘芹弟的提议下，发动村民一起参与制作的，在他的心里早已筑就一个温馨和谐的农村大家庭画面。

随着经济的发展，塘北村党总支和村委会意识到，光发展经济不够，还应提高村民的精神文明素质，使塘北村的村民适应新的社会发展要求。家风是无言的教育，村党总支、村委会以家风促民风，以民风优村风，提高村民素质，丰富村民的精神文化生活。塘北村以创建全国文明村为契机，开展家风家训道德格言征集活动，经过梳理，将数百条优秀家训编入《书院家风家训》一书，由村委会统一制作将家训挂上了村民自家的围墙，以自律和他律的形式，深化家训在村民日常工作生活中的影响。同时，塘北村不断发挥妇女在弘扬传统家庭美德、树立良好家风方面的作用，面向全村妇女和家庭，深入挖掘、选树和宣传群众身边的“十佳好婆媳”、“十佳志愿者”、“十佳好邻里”、“十佳小三园”、“海上最美家庭”及感人故事，引导妇女和家庭在参与中接受道德教育、提升文明程度，并纳入《塘北村村民自治章程及实施细则》中规范完善，使好家风成为众多家庭追求向往的目标，村民的文明素养得到进一步的提升。

收入提高了，村民的文化生活也需要丰富。塘北村把村级文化广场建设作为促进农村精神文明建设的一项重要内容。村里搭建起露天大舞台，为村民提供文化生活阵地。村里成立田园之声表演唱、田园之韵健身舞、慧雅韵表演团等80多人的文艺活动队伍。他们自编自演的《夸夸塘北村》、《塘北大嫂像朵花》等说唱节目多次参加区级汇演，有力促进了农村精神文明建设。同时，村里举办“厨艺PK”赛活动；举办村民文化艺术节；为四代同堂、五代同堂家庭拍摄全家福等丰富多彩的活动，还根据群众的意见制定了《塘北村“新二十四孝”行动标准》，比如尊重父母的建议和想法；教父母防诈骗常识、教父母养生之道等，使孝文化简洁易懂，朗朗上口，群众喜闻乐见。塘北村在文化活动中寓教于乐，取得了积极的效果。

在塘北村党总支、村委会和全体党员群众的努力下，塘北村先后获得中国特色村、全国创建文明村镇工作先进村镇、全国计划生育协会先进单位、全国综合减灾示范社区、全国文明村、上海市文明村、上海市生态村、上海市美好家园示范村、上海市我喜爱的乡村、上海市五好村党支部等90多项称号。刘芹弟也获得全国劳动模范、上海市劳动模范、上海市科技致富带头人、上海市优秀村主任等称号。

未来，对塘北村来说是另一个新的起点，又是一种新的使命。“农村，让城市更向往的价值预设”如何得以实现？怎样才能将农村工作做得更加准确精细、迸发活力？又如何将“美丽乡村”做得更加务实，让群众更加满意呢？带着这样的思考，塘北村两委班子将严谨的态度贯彻始终，努力在群众需求和可能之间寻找一个平衡点。但无论是新农村建设还是创建美丽新家园，亦或者是美丽乡村建设，让农业强、农村美、农民富始终是一切工作的出发点和落脚点，塘北村要做的就是把更多的问号变成惊叹号或者句号，向老百姓交出一份满意的答卷。

在建设社会主义新农村的过程中旧貌换新颜

——松江区黄桥村社会主义新农村建设纪实

一、 黄桥村的今昔

泖港镇黄桥村位于松江区南部，泖港镇中心地区，北枕黄浦江，东临高速G1501，浦江之水绕村而行，由西向东流出境，沪杭高铁纵贯村域东部，水陆交通便利。黄桥村也是一个历史悠久，文化底蕴深厚的江南古村落，原为泖港人民公社黄桥大队，1984年，“泖港人民公社”撤销改为泖港乡，黄桥村建立行政村。1999年，原有的黄桥村和陆庄村，合二并一，成立新的黄桥村。黄桥村现有户籍人口2 079人，外来人口约336人，村域总面积约3.2平方公里，辖15个村民小组。黄桥村党总支下设3个支部，6个党小组，共有84名党员。黄桥村地势平坦，土壤肥沃，水资源丰富。全村土地主要为耕地，主要作物为水稻，同时兼以蔬菜种植，水产养殖，农业旅游等。

20世纪70年代，黄桥大队也创办过黄桥彩色节日灯泡厂、黄桥塑料纱管厂、黄桥塑料制品厂、黄桥服装加工厂等村办企业，原有的陆庄村办企业有针织厂、钣金厂、塑料厂等。20世纪90年代，随着市场化和民营企业的冲击，村办集体企业处境越来越困难，大部分企业处于亏损状态，1997年村办企业进行改制，大部分村办企业改制为民营，村集体保留了集体非农用地和厂房。1999 年两村合并后，村办企业仅剩下黄桥塑料纱管厂、陆庄钣金厂。以后，村集体经济收入主要来自集体土地租赁、厂房租赁、水产养殖面积租赁及上级政府补贴等。2015 年，黄桥村社会总产值 5 950 万元，人均收入 17 028 元，村级可支配收入达 298.6 万元，其中集体经营性收入 97.9 万元，财政转移收入 169.3 万元，其他收入 31.4 万元。全村就业人员 1 069 人，占劳动年龄段村民总数的 85.6%。

改革开放以来，黄桥村的发展经历了一段曲折。20 世纪 90 年代村集体经济办工业失败后，村里的耕地因村民大量转租给外地来沪人员，在经济发展和村容环境、社会治理中都出现了一系列问题。黄桥村的发展进入低谷。2005 年，党中央提出建设社会主义新农村的目标，黄桥村党总支根据“生产发展、生活宽裕、乡风文明、村容整洁、管理民主”的要求，开展社会主义新农村建设的探索。2007 年，黄桥村被市农委列为上海市“三农”工作综合试点核心区，探索建设优质水稻基地、蔬菜生产基地，同时发展休闲农业，进一步明确了黄桥村发展的方向。十余年来，黄桥村党总支以建设社会主义新农村为目标，以发展现代农业为抓手，改造原来产业结构和经营方式，重建黄桥村生态，发展了黄桥村的经济，大大改善了村民的生活，使全村的村风生活水平，村容村貌焕然一新，文化建设初见成效，村民素质普遍提高，经济社会等领域工作开展有序，并先后获评上海市十大“我喜爱的乡村”、上海市文明村、全国妇联基层组织建设示范村、全国农家书屋示范村、中国特色村、中国最美休闲乡村、全国生态文化村等称号。黄桥作为现代都市农业发展的典型，近几年，年均接待各类考察参观团 180 余批次，成为深受上海市民欢迎的休闲旅游去处。

二、 社会主义新农村建设改变了黄桥村的面貌

黄桥村自 1984 年实行家庭承包责任制以来，每户土地面积在 5 至 6 亩，

主要种植水稻。由于稻谷价格低，村民从农业中获得的收入有限，多数村民选择了离开土地，情愿进企业，到工地打工。在90年代初至中后期，村民的人均年收入不足2 000元，农业生产逐渐处于弱势。结果造成村里土地无人耕种，抛荒现象严重，不少村民以极低的价格把农田租给外来种植户，又造成农业管理无法规范，承租户为逐利擅自耕种，有的改种水稻为大葱，有人挖池塘种莲藕，随意性强；化肥、农药无计量乱施，田间杂草丛生，农田里随处可见空弃的药瓶。这种对待土地的掠夺性态度，为田间生产带来难题，农业发展几近停滞，也为农田生态环境带来极大破坏。

村庄环境也令人堪忧。当时，黄桥村还只有两条主干道，从村到队没有白色道路，路面坑坑洼洼，损坏严重；村民的宅前屋后杂草丛生，堆物乱放，鸡鸭棚乱搭，河沟污水恶臭，河道两岸乱草生长，漂浮物多见；村里有8座危桥，年久失修，隐患尽显。

由于外来人员多，与本地村民之间的矛盾纠纷不断。当时村干部几乎所有精力都花在调解村民矛盾和处理环境乱象，疲于应对。黄桥村脏乱差到处可见，村容村貌杂乱无序，而且每况愈下。

2005年，党的十六届五中全会提出了建设社会主义新农村的目标，和按照“生产发展，生活宽裕，乡风文明，村容整洁，管理民主”的20个字的社会主义新农村建设指导方针，这为苦苦寻找发展方向的黄桥村党总支指明了方向。黄桥村党总支认真学习党的十六届五中全会精神，决心按照党中央关于社会主义新农村的要求来整治、建设黄桥村。

2007年，松江区提出“一城两翼三片”的城市规划和结合区域优势与特色，错位发展的战略，根据这个规划，地处乡村、土壤肥沃的浦南地区专注于农业及相关产业发展。黄桥村地处浦江上游的农业核心发展区域，被列为上海市“三农工作综合试点示范区”和泖港镇“新农村建设试点村”，受到相关政策的倾斜与支持。

黄桥村党总支书记张永强按照区委的规划，决心从整顿和转变农业经营方式着手，来重新建设黄桥村。

当时，松江区提倡探索推广家庭农场承包经营模式结合，黄桥村第一个响应。按照松江区对土地流转制度探索的规范要求，第一步要将土地集中起来进行规模化种植，逐步清退外来种植户、养殖户。同时，将老龄农民和离土农民的土地也逐渐集中。

然而，由于规模化种植的做法鲜见，稍年轻一些的农民还看不到甜头，宁愿外出打工，并不愿回乡种地，而已承租给外来户的地多是一片狼藉，清退工作着实困难。黄桥村两委班子信念坚定，历时 3 年多，截至 2010 年，黄桥村先后复垦土地近 500 亩，包括养殖大闸蟹、白对虾、藕塘、鱼塘等 30 余家不规范种、养殖户得以清退，土地整治复垦效果显著；接着，连续 4 年开展农田全面平整工作，针对所有低洼不平整、不规则田块进行统一规划。考虑到农业机械化规模推广的需要，有效实现水稻防治喷洒无缝对接，黄桥村结合农机作业宽度开拓性进行土地改良，将本村所有农田统一改良为 18 米宽，80 米长田块，全区标准化农田创建也诞生于此。

与此同时，黄桥村整合村庄环境整治、连片综合整治、农田水利建设等各类资源，花大气力开展环境改善，加大道路、污水设施及管网等基础设施建设。2007 年，基本完成村庄整治和土地整治，完善了基础设施配套，确保可持续发展。黄桥村成为最早开展和最早完成全面清退的村庄。而这一步，也为家庭农场适度规模经营推广，以及农业现代化发展雏形的显现，打下了扎实的基础。

2008 年，黄桥村在松江区率先开展农田林网化试点。利用 5 年时间，在每 2 块 160 米长标准化田块之间打造一条标准化机耕路，进一步为农业机械化推广做准备；宽 3 米的白色水泥路面横贯东西，结合水稻生长需要，路南，一排高耸落叶杉，经午后光照，树影恰好遮蔽路面，给农耕者带去阴凉；路北，一排低矮小灌木，圆圆的树影完全不妨碍田间秧苗汲取阳光。

黄桥村还鼓励有能力农民在种田之余进行创造性探索，家庭农场主张小弟的“田头发明”，水田筑埂机可在短短几分钟内让平地变田埂，不仅压得笔直、紧实，而且密封性好，不易漏水，不易生杂草，机械化效率提升，可抵从前10个人工连续一天的作业效果。张小弟的“发明”，得到区科委项目支持，还申请获得国家专利，并早已在全村普及应用，田埂也全面美化。

自2007年新农村建设以来，随着社会经济的发展，村民的生活水平得到进一步改善，主要体现在：一是外出务工人员进一步增加，村民的失业率逐年下降；二是就业多元化，从原先一二产业模式中逐步向第三产业、新型产业等发展；三是老年农民的养老金在逐年提高，从最初的每人每年享受60元，到现在的每人每月1 493元。村民中以前普遍使用的自行车被电动自行车代替，有45%的家庭有了汽车。

根据建设社会主义新农村“乡风文明”的要求，鼓励村民参与生态管理，将环境建设与村民文明相结合，自2007年，黄桥村首次开展村民“星级家庭”创建评比活动，以十条基本条件为准入门槛，以七条硬性指标为一票否决制的原则，与创建“星级文明村埭”统一，倡导文明新风尚，内容涵盖农村经济、环境、文化、社会等各方面，至今已持续开展9年，同时积极开展健康家庭创建活动、好家训好家风活动、法制楹联进农户、法制小品进社区巡回演出等，文明的乡风日渐融入村民自觉意识中，村民的环保意识、文明意识和健康意识不断提高。

九年时间，乡村环境日益改善，如何更好地进一步保护农村，守住乡风文明，留住乡愁，成为黄桥村两委班子重视和思考的首要问题。2014年，黄桥村被纳入村庄保护性规划设计，目前，相关部门正联合展开市级调研。

在村容整洁方面，根据乡村家庭农场、自留地等易产生绿化垃圾的实际情况，自2010年始，黄桥村在原有的生活垃圾分类基础上，率先启动生产和生活垃圾分类。结合村民生活和投放习惯，在主要道路就近为每个村民小组建立生产垃圾临时堆放点，每天统一由保洁公司集中清运，保证了投放系统规范。像宅前屋后清洁，鸡鸭棚搭建，垃圾分类等针对村民卫生所拟定的7条标准，实施测评“一票否决制”。几年来，黄桥村村民环保意识不断增强，2011年，“星级家庭”创建评比活动在镇党委支持下于全镇推广。此外，2014年，黄桥村还成功创办本镇首家无烟老年活动室。2015年，黄桥村努力发挥优势，积极创建市级垃圾分类示范村。

紧紧围绕社会主义新农村建设，不断完善村级事务管理机制，强化民主、公开、透明。针对村民大事小情，自2008年，黄桥村党总支探索制定“四议两公开”、“三重一大”制度等村级管理规范，因为制度行之有效，如今已成为村内民主管理严格遵守的议事规则。所谓“三重一大”，凡是村内重要的人事制度，重要决策和重大工程，以及村民所需发放的各类补贴、补助等，皆由各村民小组向当事者以及各村民征求意见。每个村民小组设有两个评议人员，所有决定经由村两委班子参与讨论，必须由评议人员集中评议评定，再在村民小组所在片区张榜公示，若有异议，可向村委会直接提出。党风顺，民生顺。这一制度深受村民认可，村两委班子工作压力大大减轻，村民的信任度增加，村民自治工作正良性运转。

按照建设社会主义新农村的要求，黄桥村找到了发展的转机。

三、 发展特色农业，打造“都市后花园”

生态环境整治，将土地复垦和外来种植户、养殖户清退，土地规模经营，为家庭农场和休闲农业旅游业的发展打下了坚实的基础。经过几年努力，黄桥村已“田成方，路成网，渠配套，林成行”，成为上海现代农业产业的典型代表，村里的优质水稻基地连续7年被评为上海市优质水稻创建评比一等奖，先后有上海市委书记俞正声，农业部部长孙政才，市委书记韩正等领导莅临视察指导，一同探讨都市现代农业发展前景。

以产业发展带动休闲农业创收，以休闲农业推动产业发展，黄桥村抢抓新农村建设机遇，坚持走农田设施化、生产规模化、服务社会化和环境生态化的农业现代化道路，把环境保护和现代农业发展相结合，进行农业生态建设。

以粮食生产为农业生产主线，以农田园艺化和生态化为基础，在本村拥有1 503亩耕地的家庭农场中，全面推广机农结合，种养结合，严格实行“三三制”耕种模式，改善粮田质量，提高水稻产量，打好循环经济牌，实现专业化、标准化、集约化和规模化生产，有效保护农村生态环境可持续发展。同时，还先后建设有“产供销”一体化经营的加工配送中心，一个良种繁育基地，创建有机农结合示范点，以服务本村农田耕作收割，配置有功能设施学习点，并提供农机科普知识培训等。农业生产管理“一条龙”，规范有序地服务好家庭农场。

利用得天独厚的自然资源，做精做强生态农业旅游。运用北临黄浦江上游三江汇流处以及坐拥 460 亩黄浦江涵养林的地域优势，2010 年，黄桥村引进上海国盛投资集团，开发建成一家占地 800 余亩，集温泉体验、娱乐休闲和住宿餐饮于一体的上海浦江源温泉农庄。如此，将村内独有的取自地下 270 米的中生代钱塘江古河道矿泉水开发为温泉，该矿泉水常年水温保持于 22 ℃至 23 ℃，矿化度达 0.7 克/升，成为上海最优良的饮用矿泉水源之一；采用地热、风力、太阳能等新兴节能技术，将旧农舍改造为一批全木结构环保、节能的“会呼吸的别墅”，开发垂钓园区，将河塘休闲与农田美景相结合，如今，黄桥村已成为闻名沪上的都市后花园，游客纷至沓来，农民的钱袋子也鼓了起来。仅 2015 年 10 月，就接待各地游客达 11 500 人次，创造休闲农业营业额 125.4 万元。

四、 党建引领村民自治，激发基层活力

发展美丽乡村，不仅要让农民富起来，让农村靓起来，还要让农民的生活过得有滋有味，努力将黄桥村打造成为升级版美丽乡村，以建设“生产发展、生活宽裕、乡风文明、村容整洁、管理民主”社会主义新农村为起点，黄桥村党总支探索出一条“党建引领　示范带动”新路子。

过去由于集体经济薄弱，党组织缺乏凝聚力，一些年轻党员长期外出务工，参与组织活动较少，有的甚至一年不参加一次，留在村里的党员年龄较大，发挥作用有限，导致部分党员意识淡薄，如遇到开展村级中心工作，涉及

集体与个人利益的时候，他们考虑自己的多，表率作用不明显，服从大局意识不强。2007 年开展新农村建设，拆除违法建筑时，有的党员村民却利用部分违建搞副业，堆放建筑工程的设施设备。村委会多次沟通也不能取得预期结果。部分党员的率先垂范的作用不明显，影响到周边村民，导致村两委对党员、群众的号召力和组织凝聚力都受到影响。

在这过程中，黄桥村党总支意识到，打铁还须自身硬，只有把党的建设抓好了，才有可能带领全体村民建设好黄桥村。为此，党总支着力加强党建工作，想方设法调动党员的积极性，并创造性地开展量身定岗"五大员"活动。一名党员一面旗，让村内每一位老年党员在新农村建设中发挥先锋模范作用，黄桥村党总支按照"突出重点，因人制宜，自主自愿"的原则，为村内 60 岁以上的老年党员量身设岗，根据老人身体状况、个人特长和兴趣爱好，推出调解员、监督员、宣传员、巡逻员和评议员"五大员"岗位。

这一系列岗位的设立，成为村民与村委会之间，有效的调节、沟通和监督力量。村党总支利用老年党员在村中群众颇高的威信和威望，以及乐于奉献的精神，让老党员们从事一些力所能及的村内工作，多接触、联系群众，及时反馈信息，参与问题处理。同时，也把党的工作渗透到全村各个方面，有效发挥党组织的影响力。

调解员负责收集村情民意，解答党员和群众诉求，做好村民矛盾纠纷的调解工作，监督员进一步强化对党风党纪、村务民主管理等工作的监督，宣传员将根据实际，力所能及向村民宣传党的政策方针和村内重大决策等，巡逻员会定时在各处巡逻，保障村内社会治安，评议员将针对各项村民活动评比进行评议考核。在创先争优活动中，这些老党员亲身践行，不畏艰辛，被村民亲切称呼为"老啄木鸟"。

村里的事情由村民决定，议事流程被逐一细化。凡涉及村内 5 万元以下的小工程，由村两委班子、党员议事会和村民代表议事小组参与评议，5 万至 10 万元工程，则通过村民委员会提议，由村两委联席会议商榷，提交党员议事会和村民议事小组审议，再提交党员大会和村民代表大会决定；10 万元以上工程则依照规程上报镇级审批。

以党员干部为骨干，建立起党员服务、帮扶群众和化解矛盾的三大机制，自2010年至今，黄桥村党总支坚持依托“组团式服务”联系群众，及时了解村民所思所盼，为民解难题，如今，这项工作已基本实现走门入户全到位，联系方式全公开，反映渠道全畅通，服务管理全覆盖的“四全”目标，成为向村民提供各项服务，解决难点热点问题的最直接途径。根据本村实际情况，每月坚持召开一次民情分析（恳谈）会，商讨解决问题对策。自开展组团式联系服务群众工作以来，黄桥村党总支坚持走访制度，坚持普访和重点走访相结合，累计收集各类意见建议、问题征询219件，诉求全面解决，村民对基层干部信任提高了，党群干群关系也更加密切。

自2010年始，黄桥村又设立社情民意工作站，特聘两位有专业法律知识的调解员参与村民矛盾调解。而所调处的纠纷，除了一般民间纠纷外，已深入违法搭建，征地动迁，工伤事故赔偿，农村房屋买卖和农村集体土地承包合同纠纷等社会各领域专业法律问题。近年来，黄桥村纠纷发生率逐步减少，经人民调解员调处的成功率达100%，结案率100%，反悔率为零，纠纷被依法妥善解决，村民办事效率也大大提高。

黄桥村党总支把党风廉政建设作为党的建设的重要内容，对党风廉政建设建立责任制，把责任层层分解，狠抓落实，对重点岗位的职责、工作流程、制约措施等逐一纳入管理体系。党总支定期召开廉情分析会，定期进行检查，邀请村民共同参与监督，一旦发现动态性问题的苗头，及时采取整改措施，通过自我批评，信息互通，优势互补等，把廉政隐患消除在萌芽状态，确保各项反腐规定有效贯彻执行。

五、 创新社区治理，让村民共建共享

推进新农村建设，根本上还是要让更多村民和百姓在各自的家门口，就

能切实地分享美丽乡村建设带来的好处，让幸福感留在更多农民心间。要实现这个过程，农村社会服务管理便是重中之重。近年来，黄桥村坚持社会管理制度创新，在区、镇党委引导下，自2010年开始，结合组团式联系服务群众和“片区”社会创新治理模式，党总支开始实施网格化管理，不断提高农村基层治理水平，充分调动起各种力量，从细节处提高为民服务水平，切实打造“惠民工程”。

在黄桥村，15个村民小组根据地域分布，被划分为6个片区，每2至3个村民小组约百户村民划分为一个片区，片区之间形成无缝对接。每个片区设立一名网格长，网格长之下设4至5名公共服务人员，片区内成立党小组，设有党小组长。充分运用本村辖区内村干部、机关干部、网格长、公共服务员，以及老党员、老干部。志愿者等资源，上下联动形成了“网格化管理、组团式服务，片组户联系”的多级网格工作模式。目前，与片区相对应，黄桥村同样有6个网格团队，每个网格参与工作的管理人员约有5人，每个网格约管理100户左右，“一网多格，一格多员，全员参与，责任捆绑”的全新管理方式，初步解决了乡村管理人手短缺，资源不足的问题。2016年根据镇党委政府对网格整合的要求，黄桥村从原来的6个网格整合成4个网格。

网格长作为片区和网格中的主要负责人，承担着区域内百姓父母官的角色。选拔优质人才，片长通常文化素质较高，农村工作经验丰富，并富有很强的责任感。他们坚持每天与群众见面，与片区内的老干部、老党员保持信息交流，与村民互动及时，可以实地解答一些群众关心的问题。网格长通常在“家”中办公，村民有了急、难事，随时便可找到，在拉家常的过程中，工作便可开展。

黄桥村制定了《网格长职责》、《网格化工作例会制度》、《网格化工作问题反馈制度》等一系列服务管理制度，信息公开，责任明确。网格长“家”中设立的工作联系点也制度上墙，统一挂牌。网格长通过为村民建立一户一档，随时掌握每家每户的情况，同时，定期对辖区内收集的信息进行整理汇总，对村民反映和求助的事，分门别类作处理。

在网格中，仅有党员和干部参与还不够，群众也需要调动起来。结合网格化片区社会治理模式，邻里守望志愿者服务活动创新性地整合其中。依托网格化管理模式，黄桥村针对空巢老人、残障人士、留守儿童等乡村弱势群体，通过结对帮扶的方式，从关爱做起，从身边做起，从日常生活做起，开展形式多样的志愿服务，带动片区内热心公益的志愿者，通过乡村邻帮邻、亲帮亲的方式，推动形成服务他人的乡村氛围。

黄桥村参与邻里守望志愿服务活动的志愿者共有57人。活动内容从村民的实际需求出发设计，在乡村，高龄、独居老人比例高，针对这些老人，开展"天天嘎讪胡（拉家常）"活动，有志愿者每日上门陪同老人聊天谈心，拉拉家常，并保持经常性电话问候和节假日探访，及时了解老人生活困难，进行精神陪伴；爱心理发活动，在片区集中时间段开展服务，针对行动不便老人上门进行免费理发；健康守护系列活动，包括为村民建立健康档案，定期为患有高血压老人测量血压，为常见病患者提供常用药物代配服务；爱心帮帮团活动，有志愿者为出行不便老人提供代购日常用品、代缴水电费、定期上门打扫卫生、衣服修补等家常服务；还有爱心送医车队，针对遇到突发状况，需要紧急就医，但子女不在身边的老人，提供24小时守候陪同就医服务。此外，还有专业技术人员免费为老人提供日常家电或水电设施维修，针对村内房屋坏损等问题进行简单安全修缮等服务，使老人能在村里安度晚年。

黄桥村还开展了对适龄残障人士提供就业指导、政策咨询和岗位推荐等工作。对于留守儿童，片区联络具有一定学历水平的志愿者免费提供基础性日常陪读、家庭作业辅导和简单心理疏导等服务。

此外，黄桥村还推行"一带一路一到"红袖部分治安巡查（"一带"是片长带领志愿者，"一路"是治安巡逻线路图，"一到"是每日巡逻后到村综治工作站填写治安巡逻记录簿），每个片区，由网格长和志愿者三人一组，每日开展早上、傍晚两次治安巡逻，确保了社会治安的稳定，减少各类案件的发案率。相互间打个照面，关心问询，村民的日常照料和安全，有了快速掌握，邻里矛盾纠纷也能及时发现和调解，村民的安全感增强。

网格化管理、组团式服务以及片区社会创新治理模式“三者”有机结合推行，不仅给村民带来实实在在的好处，紧要关头还发挥了不可替代的作用。2013年初，“黄浦江水污染”事件对黄桥村影响很大。正是由于网格内党员、干部和群众有效联动，及时按照上级部署通知村民，安排紧急用水输送，同时，想方设法为村内孤寡老人、病弱残疾安排送水上门，第一时间解决了村民用水之急。正是有了农村社区网格管理的联动优势，能够及时应对各种突发事件，解决好群众的急、难、需的问题。

六、挖掘民俗特色，抓好文化建设

“泖田稻穗千重浪，农舍诗联万户花”，特色浓郁的乡村民俗文化，是黄桥村又一张靓丽名片。文化建设，又是黄桥村党总支作为精神文明和提升村民素质、增强乡村旅游吸引力的重要抓手。

黄桥村素有“写楹联，贴春联”的习俗和传统，举凡逢年过节，家家户户门上都会贴上对联，许多村民是楹联爱好者。“香茗一盏会故交，楹联一副觅知音”，鲜明的文化特色，也吸引了不少热衷于民俗文化学人聚集至此。2011年，黄桥村还被上海楹联学会命名并授予为“上海楹联第一村”的牌匾，并引发《解放日报》等媒体专刊整版报道。

黄桥村党总支认识到，在社会主义新农村建设中，进一步挖掘传统民俗文化，抓好文化建设，有利于村民文明素养的提升，也有助于提高黄桥村作为休闲旅游基地的吸引力。2008年，黄桥村党总支便召集热衷楹联创作的村民，发起成立黄桥楹联沙龙，此后，又演变为诗词楹联社。如今，楹联社每两个月便有一次主题交流活动，常年活跃的村民有近30人。创作主题也多种多样，像迎世博、庆国庆等重要节点，关于党建、廉政文化、普法宣传等专题均有涉及。作为松江区楹联创作的主要基地，楹联社的活动十分活跃，创作量很大。由于有松江区楹联诗词协会老师定期指导授课，每次课堂创作后都有互动点评，村民创作水平也不断提高。近几年，在中国楹联学会年度作品征集中，每年总有黄桥村村民创作的对联脱颖而出，入选年度作品选编。多的时候，所有成员创作的作品均被入选，在村里掀起了创作高潮。由村民创作的楹联反哺村民，每年春节，楹联社会与松江区书法家联合，写作楹联免费送给家家户户，很受村民欢迎。

黄桥村的村部设有楹联展示室，展示和普及黄桥村楹联文化，同时也引进市、区精品佳作，以供观赏、交流；村内自主创办的村务小报《黄桥新风》专为楹联创作开辟版面，也成为村民交流平台。

保留和传承历史文化，为村里老人带来喜闻乐见的娱乐项目，自 2007 年，黄桥村仿照传统为村民搭建了露天的专属百姓戏台，还原了老旧的看戏场景，这也是周边地区唯一的传统戏台。定期联络送戏下乡，每年，有 7 至 8 场沪剧、越剧、独脚戏等定期演出，搬着小凳坐满场，每一次，许多老人特地赶来，剧目深受欢迎。

活跃村民精神文化生活，致力于让村民在文化受益的过程中提升自身素养，黄桥村还以文明社区“八个一”活动为抓手，不断推进农村社区文明建设。每周五一次进行“农村数字电影展播”，每月一次播放电视教育片，开展党员远程教育活动；一次健康文明宣传，与松江区中心医院联合共建，定期为村民开展“送医下乡”活动，开设文明健康生活讲座；一份村务小报，同时搭建了村务网站，积极宣传村内信息动态，记录村民身边事；一系列文艺活动，以及棋牌友谊赛，读书会等活动，让村民“文化食粮”有所丰富；一垛荣誉墙，展示村民文明的邻里感人事；一副楹联，激发了村民文学创作热情；一间民情工作室，串百家门，知百家情，解群众愁；一条绿色文明村道，用草花、农作物装点村庄，道路整洁，河道清澈。

近十年来，黄桥村发生了翻天覆地的变化，获得了多项国家、市级荣誉，包括全国妇联基层组织建设示范村、中国特色村、全国示范农家书屋、全国生态文化村、中国最美休闲乡村、上海市文明村、上海市民主法治村、上海市美好家园示范村、上海市农村集体财务管理规范化示范村、上海市五好村党组织、上海市楹联第一村、上海市先进基层党组织、上海市十大“我喜爱的乡村”、上海市优秀人民调解委员会、上海科普惠农兴村示范基地等。

七、 回顾与展望

黄桥村作为沪郊重点的农业地区，同时，地处黄浦江水资源二级保护区，耕地受到全面保护。虽然相比工业化和毗邻城市地区产值相对较低，村级集体经济可支配收入仍然有限，但是，按照社会主义新农村建设的要求，黄桥村正在党中央关于“创新”、“协调”、“开放”、“绿色”、“共享”的发展道路上探索前行。经过近十年的努力，党中央关于“经济发展、生活宽裕、村容整洁、乡风文明、管理民主”的社会主义新农村建设的要求已有了初步体现，绿色现代农业在黄桥村已展现魅力，传统的乡土民俗文化在新的时代又绽放异彩。一些外出打工的村民纷纷回家，现代农业和旅游业成为他们提供了新的致富机会。在传承和重拾村落文化的过程中，在村邻守望相助、村民自治过程中，增强了村民对于这片乡土的热爱与认同。于是，黄桥村“留住了美景，富了农民”，让村民生活更具有幸福感，让城市更向往农村。

黄桥村的党总支、村委会的同志们的体会是，只有懂得尊重、顺应自然，发挥黄桥村生态优势和产业特色，做好经营环境、经营村庄、经营文化三篇文章，在规划中创设品牌，就能不断推进村庄环境综合提升，农村产业的持续发展，以及农村各项事业的进步。发展特色规模农业，发展休闲农业，开发旅游服务业，注重深入挖掘村落文化内涵，突出文化乡村旅游特色，增强乡风民俗的文化吸引力，这是黄桥村过去近10年所走过的道路，也是今后仍将坚持的道路。他们坚信：在党中央、上海市委、松江区委的领导下，黄桥村将沿着社会主义新农村建设的道路再上一个新的台阶。

图书在版编目(CIP)数据

共享发展　共同富裕:上海郊区集体经济新发展、新实践/周建明主编.—上海:上海人民出版社,2016

ISBN 978 - 7 - 208 - 13920 - 6

Ⅰ.①共…　Ⅱ.①周…　Ⅲ.①农村经济-集体经济-经济发展-先进经验-上海市　Ⅳ.①F327.51

中国版本图书馆 CIP 数据核字(2016)第 150277 号

责任编辑　罗　俊
封面设计　零创意文化

共享发展　共同富裕
——上海郊区集体经济新发展、新实践
周建明 主编
世 纪 出 版 集 团
上海人民出版社出版
(200001　上海福建中路 193 号　www.ewen.co)
世纪出版集团发行中心发行　　上海商务联西印刷有限公司印刷
开本 720×1000　1/16　印张 16.25　插页 2　字数 219,000
2016 年 8 月第 1 版　2016 年 8 月第 1 次印刷
ISBN 978 - 7 - 208 - 13920 - 6/D・2895
定价 48.00 元